第二版

缅怀 于若木

 陈云纪念馆 编

上海社会科学院出版社
SHANGHAI ACADEMY OF SOCIAL SCIENCES PRESS

《缅怀于若木》编委会

主　　　任　潘　敏
副　主　任　严爱云　吴瑞虎

主　　　编　吴瑞虎

执行副主编　房　中　陶　蕾
编　　　辑　刘启芳　陶　蕾　杜　娟
　　　　　　余　薇　张秋震　范莎莎
　　　　　　江　丹　刘　楠
美 术 编 辑　李　迪　陈佳堃

"中国营养发展论坛暨纪念于若木同志诞辰95周年"大会

国色天香——纪念于若木同志诞辰95周年　汝玉婷

序

  现代营养学是 18 世纪中叶文艺复兴产业革命开始后，在自然科学的发展过程中由化学、生理学、生物化学、医学衍生发展而来。早在 20 世纪，中国就已经成为世界上人口最多的国家。当时国力孱弱，又逢长期战乱，国民的营养不良现象极为多见。为了解决这么多人口的营养问题，中国的科学家们自然把膳食营养视为最值得研究的学问之一。于是从 1910 年以来，我国的一些医学院校根据社会和民众的需要，开始为学生讲授简单的生化和营养相关知识，并开展一些相关的营养研究。一百余年来，我国营养学的发展与不同时期的社会经济状况密切相关，从初创到发展大致经历了四个时期：初创时期——从 20 世纪初至 1937 年全面抗日战争前；动荡时期——从 1937 年全面抗日战争开始至 1949 年中华人民共和国成立；建设时期——从中华人民共和国成立到"文化大革命"；发展时期——1978 年国家实行改革开放政策以来。

  于若木同志为现代营养学在新时期的发展，也就是第四个发展时期作出了重要贡献。

1983年，于若木同志任中共中央书记处研究室科技组顾问期间，在《红旗》杂志发表了《营养——关系人民体质的大事》一文。论文阐述了营养学的发展及其重要意义，明确提出人民的营养状况如何，是关系到人民体质强弱、民族繁衍昌盛的大事，也是衡量一个国家经济与科学文化发达程度的标志，从而把国民营养与民族昌盛、经济与科学文化发展紧密地联系起来，作为建设小康社会、进而实现民族复兴所赋予的一项重要内容与指标。同时，论文还分析了蛋白质在营养素中的重要地位，我国提高蛋白质营养供给的途径，提出了建设营养科技队伍，开展营养普查，发展营养事业等对策，被誉为中国营养学发展的里程碑。这篇文章给1981年复会的中国营养学会会员们极大的鼓励。首届理事长、著名营养学家沈治平教授评价其为：我国营养事业即将复苏的标志。1988年10月24日，中国营养学会在青岛召开第二届全国会员代表大会，选举我任第二届理事会理事长。鉴于于老对营养事业的热爱，对学会复会的支持及各项工作的关怀与指导，从此时起历届大会均聘请她为荣誉理事。

改革开放初期，民众营养意识淡薄，社会上"营养盲"越来越多。要推动我国营养事业发展，最重要、最急迫的任务就是向民众普及营养科学知识。因此，他呼吁大力加强营养与健康教育宣传，培养良好的饮食习惯与生活方式。1989年10月27—28日在郑州召开第二次科普工作会议期间，上海辞书出版社和中国营养学会合作，拟编写一套"营养食谱丛书"，以指导居民正确选择食物，调整膳食结构，满足合理的营养要求，说明只要科学地按照膳食指南去做，是可以达到营养素供给标准的。"营养食谱丛书"由于若木任主编，沈治平、关桂梧和我任副主编，按不同年龄阶段编成婴幼儿、小学生、中学生、青壮年、中老年、孕产妇6册。丛书自1996年起陆续出版，于1998年全部出版，共267万字。我清晰地记得，于若木同志多次召集我们开会，讨论丛书编辑过程中遇到的问题，找到解决问题的办法，为丛书的顺利出版呕心沥血，毫无怨言。

为了更好地推进中国营养事业，中国学生营养促进会成立大会暨首届理事会议于1989年1月15—18日在北京召开。大会选举于若木同志为中国学生营养促进会首届理事会会长。于若木会长聘请我担任促进会的高级顾问。于若木同志认为，学生的学习情况和健康状况关系到四个现代化建设，关系到祖国的未来，中国学生营养促进会要切切实实地为学生办一些实事，解决一些问题，配合教育改革使学生体质有所提高。此后，在促进会的发展中，于若木同志经常向我们询问相关问题，以便促进会更好地解决学生营养问题。借助这个平台，促进会举办了学生营养日的宣传活动，推广学生营养午餐、大豆行动计划等，切切实实做了一些好事，解决了不少学生营养的实际问题。

微量元素对于人体健康十分重要。无论是缺乏还是过剩，都会带来不利影响。于若木同志认为，从生命的开始到终结，每一年龄段的健康状况都与微量元素有关，都需要微量元素调控，维持人体内环境保持平衡，才能保障人体的健康。因此，她号召营养学界重视对微量元素的研究和应用。1992年7月2—4日，我与营养学、农学、地学、预防医学等学科的专家于若木、杨光圻、夏弈明、孙树侠、程启坤等云集恩施参加恩施硒资源开发与应用项目鉴定会，对恩施硒资源给予了充分肯定并寄予厚望。7月3日，"恩施硒资源开发监督检测中心"成立，我与于若木、杨光圻在恩施市政府〔92〕31号文件上题词祝贺，该中心挂靠在恩施市卫生防疫站，于若木同志还为该站题写了站名。同年 8 月 18 日，我与卢良恕、徐冠仁、于若木、杨光圻等在《科技日报》"开发恩施硒资源，造福全人类"的通栏标题下，分别发表文章，对开发恩施硒资源的意义、作用及价值作了充分的论述。

"老牛明知夕阳短，不用扬鞭自奋蹄"是于若木同志的座右铭，也是她一生的真实写照。晚年时期，她以一名老革命家的责任感、使命感，积极投身于营养事业之中，成为新时期我国营养事业开创者和奠基人之一。

2016 年是于若木同志逝世 10 周年，陈云纪念馆将"中国营养发展论坛暨纪念于若木同志诞辰 95 周年"大会上的发言稿以及于若木同志身边工作人员、与她生前有过工作往来的老同志的回忆性文章汇集一起，编成这本《缅怀于若木》，并嘱我作序。我认为编辑此书，无论对于宣传于若木同志在营养学方面的卓越贡献，还是对促进当下营养事业的发展，突出营养事业的重要性，都是一件很有意义的事情，所以写了一点我所了解的于若木同志，权当本书的一个引子。

顾景范

2015 年 10 月 27 日

目录
Contents

序 / 1

纪念于若木诞辰 100 周年

深切缅怀于若木同志爱党爱国爱家爱人民的不朽情怀　　刘精松 / 3

于若木：不忘初心的共产党人　　朱佳木 / 6

最深切的怀念

　　——写在纪念母亲诞辰 100 周年的日子　　陈伟力 / 12

生而恪尽职守　倒而灵魂不朽

　　——纪念于若木诞辰百年　　孙树侠 / 19

纪念于若木诞辰一百周年　　程良斌 / 24

于若木殷切期望精心指导恩施生物硒资源开发利用　　邬本超 / 31

白山绿水情深　难忘老区人民

　　——追忆于若木同志对临江和白山老区人民的关爱　　侯振才 / 36

心系人民健康　情牵恩施硒业

　　——记于若木同志关心恩施硒资源开发的几件事　　彭祚全 / 47

永远铭记于若木老人　　　　　　　　　　　　　　　姚元波 / 52

为爱执着　为国倾情

　　——纪念于若木诞辰 100 周年　　　　　　　　　陶 蕾 / 55

"纪念于若木同志诞辰 100 周年"座谈会在京召开

　　　　　　　　　　　　　　　龚泓铭　程四化　杨 晨 / 62

纪念于若木诞辰 95 周年

在"中国营养发展论坛暨纪念于若木同志诞辰 95 周年"大会上的讲话

　　　　　　　　　　　　　　　　　　　　　　　陈伟力 / 71

在"中国营养发展论坛暨纪念于若木同志诞辰 95 周年"大会上的致辞

　　　　　　　　　　　　　　　　　　　　　　　燕 爽 / 75

在"中国营养发展论坛暨纪念于若木同志诞辰 95 周年"大会上的讲话

　　　　　　　　　　　　　　　　　　　　　　　黄泰康 / 78

在"中国营养发展论坛暨纪念于若木同志诞辰 95 周年"大会上的讲话

　　　　　　　　　　　　　　　　　　　　　　　王 峰 / 80

传承于若木营养观为实现中国学生营养梦而努力奋斗

　　　　　　　　　　　　　　　高影君　施承斌　邓书读 / 84

媒体的顾问指导　记者的良师益友

　　——深切怀念于若木同志　　　　　　　　　　　施宝华 / 96

回顾杭州市学生营养工作

　　——纪念于若木同志诞辰 95 周年　　　　　　　陈 端 / 106

重视全国人民营养与健康的旗手

　　——纪念于若木同志诞辰 95 周年　　　　　　　孔祥瑞 / 112

功德卓著　深切怀念

　　——纪念于若木同志诞辰 95 周年　　　　　　　蒋建平 / 118

支持生物硒资源开发　关心少数民族地区发展	王海清 / 123
一片丹心　滋养群生	
——深切怀念我国著名营养事业专家于若木	王小萱 / 125
一席话　一颗心　一片情	郑滢　张璠 / 133
于若木与陈云携手走过的岁月	姚贤玲 / 144
陈云的"特殊秘书"——于若木	叶永烈 / 151
专注　心愿　传承　激励	
——纪念著名营养事业专家于若木逝世十周年	王晓磊 / 161
于若木同志与白山老区的不了情	周化辰 / 164
于若木同志与西部贫困县的19年情缘	南来苏 / 173
大力支持开发紫阳富硒资源的故事	
——纪念于若木同志诞辰95周年	程良斌 / 189
八十七载凌霜傲雪　新世纪溢彩流芳	孙树侠 / 203
我和于若木先生的二三事	
——纪念于若木先生诞辰95周年	邓书读 / 210
缅怀于大姐	吴美云 / 226
学习于若木同志　大力提升我国营养健康水平	邹力行 / 229
留取丹心照汗青	
——深切怀念于若木同志	姜德泉 / 232
忆"和于若木同志在一起的日子"	
——于若木同志对北京食品学会的关爱与指导	蔡同一 / 236
于若木同志在北大荒的日子	孙莉　马道子 / 239
回眸"大豆行动计划"　缅怀恩师于若木	方一之 / 254

于若木同志的营养理念总是我践行的座右铭
　　——深情怀念于若木同志过去15年中的谆谆教诲　　胡承康　/　258

她是我们的一面旗帜、一盏明灯
　　——怀念于若木同志　　李和平　/　265

我心目中崇敬的于若木先生　　李无为　/　268

亲切的关怀　幸福的回忆　　许慕侠　/　273

不能忘却的怀念
　　——追忆我国著名营养学家于若木同志　　韩星海　/　275

殷殷情怀寄巴山
　　——追忆于若木同志对安康贫困山区人民的关怀　　聂长久　/　279

生命首先在于营养
　　——访著名营养学家于若木同志　　孙云晓　弓立新　/　282

食育：亟待制定的国策　　施宝华　/　287

仿佛有所思，至今肯未了　　王　凯　/　306

[纪录片文本] 上善若水　大爱若木
　　——怀念于若木同志　　汪求实　冯露丹　/　317

深切缅怀于若木同志　紫阳富硒茶香飘全国政协礼堂
　　——"中国营养发展论坛暨纪念于若木同志诞辰95周年"
　　大会见闻　　柯增伟　/　331

后记　　/　334

再版说明　　/　336

纪念于若木诞辰 100 周年

深切缅怀于若木同志
爱党爱国爱家爱人民的不朽情怀

刘精松

今年（2019年）4月15日是于若木诞辰100周年。今天，我们在这里隆重集会深切缅怀这位爱党、爱国、爱人民、爱丈夫、爱孩子、终生把爱奉献给他人的革命先辈，感觉非常有意义、受鼓舞。

于若木是我们党和国家第一代领导人、伟大的无产阶级革命家、政治家陈云的夫人，第五、六、七届全国政协委员。她出身于山东一个知识分子家庭，从小就受到良好的教育与熏陶。1935年年仅16岁的于若木就在北京参加了著名的"一二·九"学生运动，1936年加入中国共产党，抗日战争全面爆发后，于1937年10月奔赴革命圣地延安，并与陈云相识、相知、相爱。1938年3月，他们缔结连理，从此成为风雨同舟、相濡以沫、共同走过近60年革命生涯的终身伴侣。很多老同志一致认为，于若木一生为人低调，不事张扬，只顾默默无闻埋头工作。但她一生中却有很多超人之处，值得后人学习、尊崇。

一是善于学习，不断进步。她结识陈云后，深知自己知识浅薄，需不断学习，锐意进取，才能适应革命形势发展的需要。于是她在延安先后到陕北公学、中共中央党校、延安马列主义学院学习深造。在长期革命战争年代和艰难困苦工作实践中仍然坚持学习各种知识，做到活到老学到老，从而积累了较深厚的政治理论修养和科技文化知识基础，尤为可贵的是她从陈云身上学到了很多斗争知识和经验，特别是学习领悟了陈云"个人名利淡如水，党的事业重如山"的思想境界和"不唯上、不唯书、只唯实"这些共产党人的座右铭及传统革命精神和道德品质。"十年动乱"期间，她敢于战逆流、抗淫威，顽强斗争直至胜利，这是非常难能可贵的。

　　二是为了人民的健康，倾心于祖国营养事业的研究和发展。她组织各个领域、各方力量，为改善幼儿、青少年、老年人的营养健康进行深入系统的研究，提出了许多切实可行的建议和措施，及时向江泽民总书记、李岚清同志建言献策，得到了高度重视和有力支持，并不遗余力地到处宣传、推广学生营养餐、学生奶、培训营养师等内容，为我国营养事业的发展，提高中华民族身体素质做出了重要贡献。于老还编撰并出版了一系列有关专著与大量论文。2010年3月，李克强同志曾为《于若木与中国营养促进文集》一书作序，并给予了高度评价。她提出的科学养生指导也往往作为科研的依据。民以食为天，食以安为先。中国改革开放40年了，中国人民由站起来、富起来到强起来。在这过程中，关心广大人民生活，提高人民健康水准，不仅是人人的美好追求，而且是党和国家领导人始终不忘的一件大事。中共中央总书记、国家主席、中央军委主席习近平在中共"十八大"以来多次强调指出：悠悠民生，健康最大。"没有全民健康，就没有全民小康"，"经济要发展，健康要上去，人民的获得感、幸福感、安全感都离不开健康"，"人民健康是民族昌盛和国家富强的重要标志"。由此可见，于若木终生为之奋斗的全民营养健康事业是多么的伟大和深远。我们要永远感恩于若木老前辈。

三是于若木特别热心全社会公共慈善事业。她曾任中国食品工业协会顾问、研究员，中国学生营养促进会会长，中国保健食品协会名誉会长和中华爱国工程联合会名誉主席，是中国著名的营养学家和社会活动家。晚年的于若木十分热心社会慈善公益事业。她和部分老同志共同发起成立以着眼公益事业、资助贫困人群、建设文明社会为宗旨，并以她的名字命名的慈善基金会。基金会成立以来，多方筹集资金加强科学管理，为我国社会主义"两个文明"建设事业添砖加瓦。如援助西藏阿里地区卫生医疗建设、给四川汶川和青海玉树地震灾区捐款捐物、向中小学校捐赠大量体育器材、图书等。于老对人民群众特别是青少年健康成长的热忱关注，倾心、倾力的慈善精神十分感人，永远难忘。

纪念于若木诞辰100周年的活动，旨在以习近平新时代中国特色社会主义思想和中共"十九大"精神为指引，学习、宣传于老革命的一生、奋斗的一生、光辉的一生，以激励广大干部群众团结奋斗、砥砺前行，以更加饱满的热情投入到全面建设小康社会，实现"两个一百年"奋斗目标和中华民族伟大复兴的中国梦！

作者简介

刘精松：中国人民解放军军事科学院原院长、上将军衔

于若木：不忘初心的共产党人

朱佳木

今天我们在这里隆重集会，纪念革命老前辈、陈云同志夫人于若木诞辰100周年。我作为主办单位之一的负责人，首先代表中国社会科学院"陈云与当代中国"研究中心，对各位与会同志表示热烈欢迎和衷心感谢！

于若木是我从内心深处敬重和怀念的革命前辈，这固然与我在陈云同志身边工作过有关，但主要原因还不在这里，而在于她的高贵品德和人格魅力。

由于父母的原因，我从学生时代就听说过于若木这个名字，而且打从一开始就是和这件事联系在一起的：她虽然与陈云同志同在中财委工作，但坚持自己骑车上下班。说来也巧，1981年我从胡乔木同志办公室回到中央书记处研究室工作，第一次看见她，就是见她下班时骑着自行车回家。一位老同志悄悄告诉我，她是陈云夫人，现在科技组当顾问。不久后，我被调到陈云办公室工作，同她的接触就多了，对她的了解也逐渐加深。

凡是做过秘书工作的人大多有一个体会，就是和首长的关系好处，难处理的往往是和首长夫人的关系。而我在陈云处工作那几年，却从来没有这种感觉。因为她从来不干预陈云工作，更不对陈云身边工作人员指手画脚。相反，倒是我工作遇到难处时，能从她那里得到理解和支持。

于若木首先是一个富有爱国心和正义感的革命者。还在北平上中学时，她就参加了"一二·九"运动，后来被吸收入党；经过地下斗争考验后，被派到延安学习，又经过组织挑选，被派到陈云身边做医疗护理工作。陈云提出和她结为夫妻时说过一句话："我是个老实人，你也是一个老实人。老实人跟老实人在一起能够合得来。"后来的事实说明，于若木确实是一个老实人，而且是一位党性极强、极守政治规矩的老实人。延安时期条件艰苦，陈云和她只住一孔窑洞，有领导同志来谈工作，无论冬夏，她总是自觉地躲出去。陈云工作上的事她从不打听，不交代做的事她从不擅自做主，有时简直到了刻板的程度。记得1982年春天，陈云确定了去杭州休养的时间，我去通知于若木做准备。她却说："首长没讲让我去呀。"我一听赶紧向陈云报告，陈云说："她当然要去。"有了这句话，她才着手准备行李。

陈云不交代的事，于若木不越雷池一步，但对交代了的事，她总是尽心尽力、一丝不苟地去做。延安时期没有打字机，陈云的一些手稿交给她抄写，她总是一笔一画，抄得整整齐齐。正因为如此，她对陈云的字迹十分熟悉。1982年5月，陈云在杭州休养，我把中央档案馆请他辨别的一份有关遵义会议的无头档案送给他看。过了不到一个小时，他把我叫去说："这份东西是我的笔迹，我让于若木也看了，她也说是我的字。这是我在遵义会议之后，为向中央纵队传达会议情况而写的传达提纲。"正是对这份档案的确认，解开了我们党史上很多很长时间弄不清楚的问题。

于若木从不干预陈云工作，但当她了解陈云所关心的事情后，总能及时提供一些材料和情况，默默无闻地协助他工作。比如，现在大家都知道，困难时期陈云为解决居民营养不良的问题，提出给城市人口每人每月供应3斤大豆。这个主意就来源于于若木提供的一份材料，上面说每人每天至少需要70克蛋白质，一斤粮食是45克，一斤蔬菜是5克，一两黄豆是20克，凑起来刚好70克。现在大家知道，20世纪80年代初陈云提出重视和解决中年知识分子生活困难问题，对现代化建设起到了十分重要的作用。而向陈云提供中年知识分子生活负担重、工资收入低、健康状况差这一材料的，也正是于若木。1982年的一天，陈云交给我一封北京航空学院教师写给中央书记处研究室科技组的信和全国政协关于知识分子政策问题调查组的报告，说这两份材料反映的情况很重要，要想办法提高中年知识分子的工资，把改善他们的工作和生活条件当成基本建设的一个"项目"，好钢要用在刀刃上。他要我替他就这两份材料反映的问题起草一封给中央常委的信，并对我说，这两份材料是于若木送给他的。

于若木从不以首长夫人自居，更不养尊处优、游山玩水，而是利用自己相对特殊的社会地位和在科技管理岗位上长期积累的知识，独立开展一些公益活动，如关心和支持老区建设、非物质文化遗产的传承等等，用这种方式，力所能及地为人民服务。在这些活动中，她做得最多的是关心、宣传、推广营养科学和营养事业，并且是充满热情，全身心地投入。那些年，我常听她说的几句话是："一杯牛奶可以强壮一个民族"，"什么时候我们喝的牛奶比喝的酒多了，什么时候我们国家就有希望了"，"宴会桌下是棺材"，等等。最近我翻看她的《中国营养促进文集》，发现被她关注的营养种类，从微量元素到植物蛋白、菌类食品、花粉、茶叶、牛奶、豆奶、椰奶、水产品、低聚糖、离子水，几乎应有尽有；营养工作，从营养配餐到营养午餐、方便食品、速冻食品、营养教育、厨师培训、烹饪技术学习，几乎面面俱到；营养对象，从婴幼儿到青少年、老年、贫困地区人员、运动员，几乎无所不包。

于若木做起事来十分认真，而且非常执着。只要她认为是科学的、对人的健康有益的事，就到处宣传，可以说到了不论时间、不看对象、不知疲倦的程度。有一年，我和她同乘一辆火车去北戴河度假，她了解到我儿子食欲不大好，便把他叫到身边，对他讲了很多有关饮食、保健品方面的知识，几乎讲了一路；回到北京后，又托人为他买了专门的保健品，还亲笔给他写了一封信，提醒他要注意的事。这封信我一直珍藏着，不时拿出来教育孩子，也教育我自己。有一年，于若木了解到在手指穴位上贴胶布有保健作用，便到处推广，还亲自把事先剪好的胶布给人一个手指一个手指地贴，我也被她贴过。那年于若木已过了八十岁，身体又不好，每当忆及此事，她那股真诚待人、助人为乐的神情便浮现在眼前，令我感慨不已。

凡是接触过于若木的人都有一个共同感受，就是她的朴实无华、处事低调、待人真诚、平易近人。她说起话来总是细声慢语，有时声音小得甚至让人听不清楚。她为人善良，对市场经济带来的社会变化不很适应，对人总是像在革命队伍里那样往好的方面看，有时甚至到了轻信的程度。但她也有十分勇敢刚强的一面，有时甚至能做出惊天动地的事。

"文化大革命"期间，陈云被疏散到江西南昌郊区，她被下放到中国科学院在湖南的"五七"干校。1970年"一打三反"运动中，谁也没有想到，处在那样的逆境，她竟然敢给江青贴大字报，而且一贴就是两张，一张题为《铺张浪费、挥霍无度的盖子必须揭开——江青是党内最大的剥削者、寄生虫》，另一张题为《必须揭开铺张浪费的盖子——江青是马克思主义者还是修正主义者》。在江青如日中天的年代，她当然会毫无悬念地被打成"现行反革命分子"，批判斗争，隔离审查，开除党籍。直到两年后，陈云回到北京，就此事给毛主席写信，她才被解除了"群众专政"，允许回家，但党籍却拖到1975年"全面整顿"时才得以恢复。于若木给江青贴大字报是一时冲动吗？绝不是。这是她长期接受党的特别是老一辈革命家的教育、拥有纯洁的党性和对党高度信任的真实反映。记得陈云曾对我说过，"文化大革命"中，于若木的工资被扣发，每月只有20元生活费，但她仍然从中拿出五块钱来订《人民日报》。仅此一点就足以说明，于若木对党和国家深情热爱，对社会主义前途和命运极为关心。所有这些都完全发自她的内心，是融入她血液之中的。

习近平总书记在纪念陈云诞辰110周年座谈会上的讲话指出："陈云同志身上表现出来的坚定理想信念、坚强党性原则、求真务实作风、朴素公仆情怀、勤奋学习精神，永远值得我们学习。"他还说："领导干部的家风，不是个人小事、家庭私事，而是领导干部作风的重要表现。"他在建党95周年大会上又说："我们要永远保持对人民的赤子之心……面向未来，面对挑战，全党同志一定要不忘初心、继续前进。"我认为，于若木就是这样一位一辈子不忘初心的共产党人。她是陈云的好战友好伴侣好学生，是陈云优良家风的铸造者之一，是我们学习的好榜样。我们今天纪念她，就要像她那样，永远保持对人民的赤子之心，注重培育良好家风，为中华民族的伟大复兴继续奋斗！

作者简介

朱佳木：中国社会科学院原副院长、陈云与当代中国研究中心理事长、
　　　　 陈云同志秘书

最深切的怀念

——写在纪念母亲诞辰 100 周年的日子

陈伟力

尊敬的各位领导、各位专家学者、各位来宾：

大家上午好！首先，我谨代表于若木的亲属对前来参加此次纪念会的各位领导、专家学者、各界来宾表示热烈的欢迎！对筹备此次活动付出辛勤劳动的同志们表示衷心的感谢！

在全党全国人民隆重纪念改革开放 40 周年、中华人民共和国成立 70 周年之际，迎来了母亲诞辰 100 周年的日子。母亲离开我们 13 年了，至今人们仍在深切地怀念她、追忆她、感恩她，我们所到之处不经意间常常听到看到她的足迹与身影，母亲被人们念念不忘的原因何在？

一、母亲被誉为改革开放历史时期我国营养事业的开创者和奠基人之一

我翻阅母亲的文集，她这样写道："在改革开放的浪潮中，我悄悄地走了我所陌生的一个领域——营养学，这是为人类健康长寿服务的

一门学问。回忆20世纪80年代之初,当我问津营养学的问题时,首先访问了中国医学科学院卫生研究所的营养室,求教于营养学界的老前辈……他们是我的启蒙老师,使我感到在营养学、饮食文化领域里有那么多的工作要开拓,意识到,如果不重视营养学,不培养一支专业的营养师队伍,不普及营养知识,食品工业滞后,是会影响四个现代化进程的。"母亲的谦虚严谨、忧国忧民、孜孜以求的精神与境界跃然纸上。

母亲在中共十一届三中全会后,担任中央办公厅秘书局办公室主任,1981年担任中央书记处研究室科技组顾问。1983年在《红旗》杂志上发表《营养——关系人民体质的大事》一文,明确提出人民的营养状况如何,是关系到人民体质强弱、民族繁衍昌盛的大事,也是衡量一个国家经济与科学文化发达程度的标志,从而把国民营养与民族昌盛、经济与科学文化发达程度联系起来。该文章被誉为中国营养学发展的里程碑。母亲在国家百业待兴的改革开放初期,以一名老革命家的责任感、使命感,积极投身于营养事业之中,既远见卓识,又求真务实,既有共产党人的担当,又有关注民生的情怀,其信念与建树成就了母亲人生的价值与辉煌。

母亲涉足营养学领域后,出版了《于若木文集》《于若木论学生营养》《于若木与中国营养促进文集》等专著。这些凝聚母亲心血的发言稿、论文、访谈等,都是在她老人家六十岁以后,自己亲自撰写完成的。回想母亲书房深夜的灯光、伏案疾书的身影、电话交谈的忙碌,我们理解了母亲晚年对国家营养事业的专注与用心,今天捧读这些文稿、百感交集,钦佩之情油然而生。母亲虽不是科班出身的著名营养学家,但被人们赞誉为我国新时期营养事业的先行者、奠基人。

二、母亲为促进我国营养事业发展的实践建树

母亲以"老牛明知夕阳短，不用扬鞭自奋蹄"为座右铭，她对信仰的忠诚表现在对事业的坚韧不拔与无私奉献上。母亲把营养当作关系人民体质的大事，把学生营养当作民族昌盛的国家战略，身体力行，亲力亲为。

一是重视宣传工作。 1986年，母亲亲赴蚌埠游说市委领导，促成中国学校卫生杂志社成立，开辟《学生营养》专栏。该杂志至今仍为关注学生营养的国家级学术期刊。1992年，母亲亲自创办了《中国学生营养小报》，从亲自撰写发刊词到发表多篇文章，尽职尽责，不遗余力。在创刊十周年的庆祝大会上，全国政协副主席孙孚凌向母亲颁发了《中国学生营养报》创刊奖。母亲组织专家编辑出版了《中国营养丛书》《膳食与健康丛书》《营养百科》等系列科普书籍，把营养科学从殿堂搬到了民众特别是青少年的餐桌上，把高深的科学理论转化为通俗易懂的知识文化，清除"营养盲"，给我们留下了宝贵的营养与健康文化遗产。

二是组建全国性社团。 母亲积极谋划筹备并最终促成中国学生营养促进会的成立。三十年前，在中南海怀仁堂召开的促进会成立大会，至今让亲历者兴奋与难忘，让后来人羡慕与赞叹。三十年来，促进会这个平台，在推动学生营养与健康方面做了许多实实在在的工作。

三是制定实施规划。 20世纪90年代初，针对我国农村学生肠道寄生虫感染率高而成为学生贫血的重要原因，促进会制定我国学生营养长期规划和实施计划时，母亲提议冠名"护苗系统工程"，得到广泛认同，并成为国家2000年卫生保健战略的组成部分。母亲联合社

会有识之士，先后提出并推动政府组织实施"大豆行动计划""学生饮用奶计划""学生营养午餐"等项目，至今仍然发挥着不可替代的积极作用。

四是建立宣传日。母亲提出设立"中国学生营养日"。1990年5月20日，在北京人民大会堂隆重举行了"首届中国学生营养日大会"。先后有全国人大委员长万里、副委员长习仲勋等中央领导同志出席活动，产生了积极而又广泛的影响。后经教育部、卫生部发文，将每年的5月20日正式定为"中国学生营养日"。至今，每年的这一天，全国各地教育卫生系统开展丰富多彩的主题活动，助力中国健康战略，发挥着越来越深入人心的宣传作用。

五是深入实地调查研究。母亲先后到过二十多个省地县及上百个学校企业科研所进行调研，许多城市、农村、边远山区、贫困县乡都留下了她的足迹。母亲语重心长地呼吁"营养普及要儿童优先"，"为了孩子的健康不能等待'明天'"，"发展学生营养午餐势在必行"，激励着许多人选择学生营养事业作为自己投身的事业。

母亲关注到微量元素对人体健康的重要作用，前往国家级贫困县调研，支持紫阳富硒茶的发展，亲自去湖北恩施参加硒资源开发与应用项目鉴定会。在母亲引荐下，我所在的中智公司从2000年起，连续四年向四川凉山彝族自治州捐款百万元，使当地克山病发病率由每年一百五十万人降至零。

为促进领导重视，母亲当面或致信从总书记、总理、中央省市领导同志到有关部门、专家学者、企业负责人。我国学生营养事业从弱到强、从小到大、从自发到有组织的发展，直至现在形成了"政府主导、社会参与、全民关注、专职管理、科学指导"的良好局面，这与几代人坚持不懈的努力是分不开的。母亲以她独特的视角与全身心投入的活动能力，为推动我国营养事业特别是学生营养事业方面做出的努力，功不可没。

三、母亲平凡而伟大的一生是我们学习的楷模

母亲出身于教育世家，接受了良好的传统文化教育，是一位饱读诗书的大家闺秀，并且有着强烈的爱国热情和报国志向。在两个哥哥的支持、鼓励下，母亲于1935年考入北平市立第一女子中学。在读书期间，不惧白色恐怖，冒着生命危险，参加一二·九学生运动，十七岁就加入了中国共产党。1937年，年仅十八岁的她冲破重重封锁，毅然决然奔赴延安，成为她人生中最重要的转折点。在延安这个全国热血青年聚集的地方，母亲与父亲相识，共同的理想，使他们成为革命伴侣，携手投身到争取民族独立和人民解放的伟大事业中，一起走完了人生之路。

在我的记忆中，无论是战争年代还是和平时期，无论是身处顺境还是深陷逆境，母亲与父亲都相互信任，相濡以沫。作为妻子，母亲始终信任父亲，全力支持父亲。她多次说：我们这个家都要为父亲的需求让步。母亲几十年如一日，把很多时间都花在照顾父亲和协助他工作上。父亲吃的饭菜，她都精心安排；父亲穿的衣服，她都精心挑选布料；父亲穿的新布鞋，她总是先穿几天，软了再让父亲穿。尽管母亲参加革命很早，但职务一直很低。对此，母亲从来没有抱怨过，始终默默地奉献着。

在我的记忆中，母亲深爱着我们这些孩子，1949年后，尽管当

时的生活条件十分艰苦，她总是能把家打理得井井有条。母亲计算着使用有限的布票和粮票，让我们每个人都吃得饱穿得暖，感到家的温馨。平时她不仅要求我们学好功课，锻炼身体，还要求我们学会缝补衣袜，炒菜做饭。在待人处事方面，母亲更是要求我们要正直无私，做一个有知识有能力有理想，能够自食其力，自立于社会的人。她给了我们生命，教给我们如何做人，是我们人生中的第一个老师。

在她的生命里，母亲始终充满着对革命事业理想信念的忠诚。解放前她放弃学业奔赴延安，服从组织安排转战东北解放区。中华人民共和国成立后，她先后在中财委联络室、国家科委资料室工作，曾担任过父亲的秘书，后又调到中科院植物所工作，十一届三中全会后出任中央办公厅秘书局办公室主任，1981年任中央书记处研究室科技组顾问。从此以后，母亲开始对她最热爱的营养学事业倾注了全部心血和精力。她虚心向多位营养学专家学者请教，自己也阅读大量营养学书籍，为查阅国外资料，70多岁高龄学习英文，把家里各个角落都贴满了英文单词，直至达到直接阅读外文资料的水平。真是做到了活到老学到老。

中共十九大之后，营养事业已经被列为"健康中国"的国家战略，全民重视营养与健康已蔚然成风，相信母亲在九泉之下定会感到欣慰的。

母亲深爱着我们的国家和人民，她的一生是勤劳的一生，奉献的一生。我们为有这样一位伟大的母亲而自豪，为有这样一位值得尊敬的母亲而骄傲。今天我们纪念缅怀母亲，就是要学习母亲的思想，发扬母亲的精神，为实现中华民族伟大复兴的中国梦贡献力量。

最后，祝各位领导、专家学者、来宾，身体健康，万事如意！谢谢大家！

作者简介

陈伟力：陈云、于若木长女

生而恪尽职守　倒而灵魂不朽
——纪念于若木诞辰百年

孙树侠

夫人掩不住学者芬芳

于老不仅仅是陈云的夫人，更是我们营养界的开拓者。大家可能没有注意到，在一般场合大家普遍称其为于老，可是在我们学术界都尊称为于若木先生。先生称谓必须某个学术领域有资历、有见解、有成就的学者。从1992年至1983年，营养学科从古老到新兴，经历了很多调研和整理。据1982年第一次营养调查显示，营养过剩和营养不均衡给中国未来带来的危害巨大，于老认为营养健康教育迫在眉睫。她说："我们营养盲超过文盲。"至今营养健康教育仍是摆在我们面前的主要任务。她曾派学者调研考察美国、日本的营养界，明确指出：抓学生营养餐，不但可以使儿童、青年身体健康，而且可促进标准化农业和食品加工业的发展。与当时我们各部门认为"吃不饱、顾不上营养"的说法相比，日本就是在最吃不饱时抓的营养餐。美国在"二战"时，征不上兵，才发现营养的重要性。她提出健康从娃娃抓起，提出护苗工程。她创办了学生营养小报，强调我们从小做起，要办学生喜欢的报纸，总之她把有关营养的各部委、各科研机构组织起来，系统地做了很多研究，把40年的落差缩小到20年，使各大院校科研单位陆续成立食品学院和营养系，或加工所等，这也使得她在学术界的地位被很多专家承认。

从1989年到1992年，我阴差阳错在恩施自治州搞硒研究。我们原人事局长李朝山，后来调到蔬菜所当书记，我给他送去富硒茶，他转送给了于老，并告诉她说我在搞硒研究，于老非常高兴，说想找我聊聊。在我跟她的交流中，于老提出很多专业性的问题。我一一向于老汇报，说我们已开过富硒茶的论证会，已开发62个富硒产品，14个成熟的产品准备开鉴定会。我和国内知名鉴定专家们沟通了此事，大家一致邀请于老参加。我和恩施市政府的市长去于老家，于老欣然同意并建议在恩施召开此会，以便促进当地经济发展，并进行考查。我们都说交通不方便，小飞机只容24个人，噪声太大，于老说没事。后来，大家建议于老当鉴定组组长，但她坚决不当，最后投票选举一致通过，她才同意。

回来后，于老说研究室一直给她评研究员，她都不要，看来应该要，便于工作。1994年于老拿她的职称小本给我们看，笑着说，就这个小本，没它，我少开不少会，失去很多学习机会。在恩施硒开发问题上，于老主张不要开发硒矿，避免继续污染，保持当地生态环境。到目前为止，这一理念保持了恩施国际硒都的地位。自此以后，大家不知不觉中自发地称于老为于若木先生。

不唯上、不唯书、只唯实

于老不仅管营养,还管生产营养的政治与社会环境。当我 1994 年承接黑龙江省农垦总局,负责生产富硒面和大米时,于老给予了极大关心。她说缺硒给东北群众的健康带来很大的问题。她告诉我用什么方式富硒,不用土壤施硒肥,不能从恩施运富硒粮食……句句要害、句句实际。于老虽然已多次去过北大荒,但这次专门为硒产业发展亲临富硒生产基地普阳农场考察。当时下着大雨,吉普车剧烈颠簸,她老人家还幽默地说像筛煤球……我们紧张得真乐不出来。她不但考察了硒,还看了教师家,问他们拿到工资了吗。他们都说拿到了。她说从你们家里的摆设,就猜想没有拖欠你们的工资。

回来路上听说农场要私有化,于老望着直径一公里的德国喷灌机,自言自语地说:这些设备分给谁?谁能管理呀?回到省里于老直接问省委书记的打算,书记说三原不让他管,他这个书记没法当。于老回来给中央写了信,希望常委去看看。结果江泽民、李鹏、朱镕基都去看了,回来说"这个才代表中国的农业"。当时虽然有 6 个场归了地方,但 103 个场都保留下来,这才有今天黑龙江农垦,全部供国库和军粮,为部队管理,才能保证我们 4 个人当中有一个吃黑龙江农垦的粮食。

当我们去广东推广学生营养餐时,广东专家认为吃在广东,可我们孩子怎么能吃学校没味道的饭呢?我们回来汇报于老,于老马上把儿研所的报告复印一份,又亲自给广东省委书记写了一封信,请省委书记亲自调研该不该搞学生营养餐。对于学生奶、学生营养餐,于老多次借国家领导人给她拜年的机会反映情况,她笑着说:我都变成疯老太太了，见着他们就让他们关心学生奶和学生营养餐，说时她自己笑出眼泪，而她的眼泪像洒在我们心里，不是滋味。

吃"科学"是成功的秘诀

于老对科学的热爱，对知识的热爱，真是可用"吃"来形容，多难的论文，她也要啃，不懂的问题就讨论，要吃到肚子里消化、吸收。她的发言稿都是她自己写，我们写的稿仅供参考。她把外语单词贴到床头、桌子上、卫生间，她永远关注前沿科学、支持前沿科学，对于"珍奥"、"新时代"、"娃哈哈"都是从学术上支持，而非感情……时过多年，证明她支持对了。比如活菌、死菌之争，国际和国内标准都要算在内，用菌的代谢物才是我们更应关注的营养物质。我1982年研究食品风味时引起专家很多质疑，虽然科委主任宋健、农业部长何康都给我回复并接见，但还是困难重重。我们老书记把报告也给了于老一份，他回来说于老非常支持，于老还说新鲜事物和科学研究可能开始都会不太了解，但是你拿出成果和数据，别人就会承认。这个精神上的支持使我在风味研究中取得很多成果，尤其是去蒜味研究报了专利。1984年这个专利转让给中国工业牙膏协会并给芳草牙膏厂生产男子汉牙膏和爽口水出口，转让费为25 000元，使我成为北京市交个人所得税知识分子第一人。这个消息由我们老书记告诉于老，老书记说于老比我还高兴。看现在风味研究电鼻、电舌都有，更有气质、液质联合测定方法，说明随着科学的发展一切都有可能。其实硒研究从有毒到应用，于老也起到了很大作用，现在再一次掀起硒热，说明于老的前瞻性。

她的爱广而大　留下的是不朽灵魂

我习惯晚间10点等于老电话。她在那个时间都要问一些她听到的重要的问题。尤其在她弥留之际，大家都知道她住院时都报喜不报忧，但是她总是能听到、猜到一些事情并且问我。她爱这个事业，爱到忘我的地步。她人在医院，心在事业。非常不凑巧的是她弥留之际，正是营养事业处在多事之秋，辽宁的豆奶事件、上海牛奶事件、北京餐巾纸发霉事件、上海营养餐冷冻政策事件，都让她劳神放心不下。这也是我们搞健康人非常清楚的，她的病是心病为主的结果。

于老爱她的家人，讲她的哥哥、讲她的子女、讲她革命中的人和事，无不充满爱；她爱身处困难的知识分子，以其所能予以帮助；她爱教师，问他们是否按期发工资；她爱孩子，看到昆明、绵阳孩子个小，马上引进豆奶机，让孩子们喝上豆奶，并且从身高、体重、血色素做科研分析。她爱我们每个人，包括我们的家人、孩子，她的穴位胶布疗法，几乎每个人都尝试过，我想她的穴位胶布疗法，随着科技发展将成为近红外穴位胶贴，会上一个台阶，造福更多人。她的爱是那么纯粹，那么深厚，感动很多身边的人，这也就是为什么她百年之后还会有那么多人和企业怀念她、敬重她，以至于在营养界还有她的传说。

10分钟不足以说全她的一切，几页纸不足以说够她的贡献，让我们踏着她的脚步，在营养领域不断探索，不断发展。我相信如果暗物质是指灵魂的话，于老一定在星空中注视我们的进步，祝福我们每个人。

作者简介

孙树侠：中国老年保健协会食物营养与安全工作委员会主任、营养专家

纪念于若木诞辰一百周年

程良斌

2019年4月15日是于若木诞辰一百周年纪念日,我们怀着感恩与崇敬的心情纪念她,因为她不仅是一位德高望重的老革命同志,还是一位把母爱献给全国人民的伟大的母亲,又是一位勤奋好学的著名营养学家。她一心为了人民健康、为了贫困地区人民脱贫致富,不顾年迈,全力指导部署开发陕西安康的紫阳富硒茶和丰富多样的富硒资源,成效卓著,值得人民怀念与纪念。

一、出身进步家庭,关心营养事业

于若木出身在五四运动时期一个有爱国情怀的进步家庭,年仅16岁就参加了学生运动,从事地下交通工作,后正式加入中国共产党。1937年10月奔赴革命圣地延安,因工作关系与陈云互相认识、建立感情,成为革命伴侣,模范夫妻,两人相濡以沫、风雨同舟、患难与共。他们是师生、是上下级,更是同志。不论在战争年代、在和平岁月、在顺境中、在逆境中,他们都相互信任,坚忍不拔,陈云体弱多病能活到九十岁为党尽力，没有于若木的关心照顾是决不可能的。陈云原来喜欢西湖龙井茶，于老发现紫阳富硒茶后就给我寄钱买紫阳富硒茶给陈云喝，给陈云补硒保健。于若木是相夫教子的模范，更是一位伟大的母亲，她不仅关心自己和睦的家庭和可爱的子女，取得经验后，推而广之，全身心关心全国的千千万万的孩子们。

早在 20 世纪 80 年代，于若木了解到大学生存在营养不良、习惯不好、身体状况欠佳等问题，她认为这是关系到国家前途命运的大事。鉴于我国当时营养学极其落后的状况，真切的母爱使她心里产生了深深的忧患意识，燃起了强烈的危机感、责任感和使命感，不顾年过花甲，一切从零开始，投身于伟大的营养事业。经过她广泛深入的调查研究，于 1983 年在《红旗》第 17 期上发表了《营养——关系人民体质的大事》一文，指出："人民的营养状况如何，是关系到人民体质强弱、关系到民族繁衍昌盛的大事。人民营养状况也是衡量一个国家经济和科学文化发达程度的标志。"从此她把关心婴幼儿童的健康成长作为自己的天职，请教、团结、发动营养学专家，写论文、办杂志、出版营养书籍，为青少年营养呕心沥血、无私奉献、艰辛探索。她倡导开展了护苗工程、大豆行动计划、学生营养奶计划，为营养事业作出了重要贡献。她的营养学理论研究和实践，对于普及营养知识、提倡科学饮食、发展健康食品、强壮国民体魄，都具有十分重要的意义。

二、一心为了人民健康，高度关注富硒资源开发

于若木深居中南海，心却一直惦记着贫困地区的人民。亚太地区营养学会执行主席沈治平教授是于若木结交的学者朋友。当沈治平教

授担任鉴定委员会主任的紫阳富硒茶开发研究鉴定会，于 1989 年 9 月 6 日在北京通过 13 位营养学、地方病学、微量元素学、医学及茶学专家鉴定的消息在各新闻媒体宣传后，于老当即决定组织考察组，要亲自到紫阳考察。到西安后，省政府考虑紫阳接待条件太差，要求安康行署组团去西安向她汇报，我以课题主持人身份也参加了王寿森副专员带队的汇报组。她听了我们的汇报后，十分亲切地说："发现富硒茶以后，我就想到紫阳的土壤作物含硒量高，想法开发，打入低硒区……你们那里到处都是宝。"她又从营养学、微量元素学角度启发我们，第二天就提出了殷切的期望和要求，为紫阳人民题写了史无前例的题词："开发富硒紫阳茶为全国人民的健康服务是紫阳县义不容辞的责任"，并当即落实了第二年清明节前后来紫阳实地考察调研事宜，许愿要给紫阳送一个财神爷来。从此开始，于若木就一直关心陕西安康紫阳的富硒茶、富硒食品的开发工作。

1990 年春节刚过，她就开始了紧锣密鼓的筹备工作，4 月 14 日，从北京乘火车经西安直达紫阳，住简易的招待所，吃大会的会议餐，爬坡上茶山、步行进茶厂、认真品名茶、观看紫阳地方歌舞晚会，深夜接受记者采访，广泛接触群众，与贫困山区人民亲密无间，并参加了紫阳历史上最大的盛会，与全国茶学、医学、营养学、微量元素学专家学者、新闻界商贸界人士、省地领导共 200 多人一起，交流学术，出谋划策、共商大计，洽谈订货。她不仅作了具有真知灼见的长篇发言，介绍了茶叶的历史文化、微量元素硒的保健知识及开发富硒茶的深远意义，并又一次为紫阳茶题词："紫阳茶富硒抗癌色香味俱佳系茶中珍品。为紫阳毛尖题。"不少单位提前汇款给茶厂，预订春茶，紫阳茶出现了史无前例的产销两旺高潮。财神爷真的来了。

饮茶节后，于若木全身心投入到紫阳富硒茶的开发工作，为了直观宣传紫阳富硒茶，她自己出钱，汇款给我，并嘱咐"按市价购买"，购买的紫阳茶，除自饮外还毛遂自荐，当了一位紫阳富硒茶的高级自费义务推销员。她曾向许多老同志推荐，中顾委很感兴趣，一次购买了250斤。她为了自己和好友品尝紫阳茶，每年3月份就给我寄钱汇款。她这种从延安带来的优良传统与廉政作风，为我们党的各级干部、共产党员树立了学习的好榜样。

于若木从紫阳回北京后，马上亲自策划了在人民大会堂召开的紫阳富硒茶专家评议会，从4月中旬的饮茶节到7月3日的专家评议会，仅仅两个半月时间，一个七十多岁的老人，如此快节奏的高效工作，真叫人佩服！在于老的关心指导下，紫阳富硒茶首次进入了人民大会堂，她又亲自撰稿，作了长篇发言，不仅进一步肯定了紫阳富硒茶的鉴定成果，还强调要重新认识，重新评价，应赋予它新的价值。农业部高级农艺师、农业局局长高麟溢提出要把紫阳富硒茶作为特种茶加以开发。农业部经作二处处长、高级农艺师黄继仁讲话呼吁："开发富硒茶造福于人类。"

1994年，于老雄心勃勃，指导博士国际咨询有限公司组织考察队来紫阳进行实地考察，采集分析样品，并写出了论证报告，在北京主持召开了"硒系列营养保健品科研与开发研讨会"，拟引进外资来紫阳进行封闭式栽培，不料因中美关贸总协定谈判受挫，计划落空。此后她多次接见省、市及紫阳县各级有关部门领导，支持紫阳开展"硒龙计划"。

1996年5月9日，于老又促成并出席了在新华社新闻大厦召开的紫阳富硒茶富硒食品宣传推广会，并在会上作了"开发丰富多彩的富硒保健食品，提高人民健康水平"的讲话，把紫阳茶提高到一个新的高度，又题写了"国饮新秀天然富硒紫阳茶"的题词。会议经过40多家媒体报道，大大提高了紫阳富硒茶的知名度。

20世纪末，我编写了《紫阳富硒茶文集》一书，完稿后我试着大胆请她作序写书名，她毫不推辞，她在序中指出："目前西康铁路已修通，西部大开发的号角已吹响，新的安康市已正式成立，希望抓住这一千载难逢的好机遇，为富硒区人民的经济发展，脱贫致富，为全国人民乃至全世界人民的健康作出更大的贡献。"

三、落实于若木愿望狠抓富硒产业开发

2006年2月28日，敬爱的于老永远离开了我们，人们再也听不到她那和蔼可亲的声音了，但是她从事的营养工作，她关注的中华民族素质的满满的正能量以及对富硒区、贫困地区人民的厚爱，却永远激励着我们，省、市领导及教学科研部门都十分关心富硒茶为龙头的富硒资源开发利用工作。

2007年6月7—9日，陕西省召开了"陕西省茶产业发展学术研讨会"，专家教授们认为：陕西茶不仅自然品质好，生态平衡，有开发有机茶的优势，还有部分茶区在富硒带上，具有开发富硒茶富硒资源的优势。加之有西北农林科技大学人才培养、技术指导的优势，会后十年，茶园面积由90万亩发展到237万亩，茶叶总产量由3万吨发展到8.5万吨，茶叶总产值由12亿元发展到90亿元。

2012年春，中国硒资源开发利用协作组为促进富硒资源开发利用，推动富硒产业发展、发挥硒对人类健康的作用，在紫阳召开大会，

并发布了《紫阳宣言》，告诉人们：硒几乎存在于人类的所有免疫细胞中，如何利用好它为人类健康服务，是人类自身义不容辞的责任与义务。

2016年6月6—9日，第十六届中国安康汉江龙舟节期间，举办了首届中国安康富硒茶国际论坛，论坛最大的亮点是一位英国友人，通过参观考察了与紫阳高硒区双安镇紧邻的京康茶园，品尝京康农业公司的汉江绿毫绿茶以后说："虽然我们来这里的时间很短，但是陈总以他的热情及各位对茶文化的渊博的知识，给我打开了一扇新世界的大门，现在每天起床后，我会选择泡一杯绿茶，而不是像以前一样泡一杯红茶。"喜欢红茶的英国友人喝了安康的富硒绿茶以后，竟然喜欢上了中国绿茶，真叫人高兴，安康富硒茶为中国绿茶争光了，于老在天有灵的话，也一定为此感到高兴的。

中共安康市委、市人民政府历届领导牢记于老教导，深刻认识到安康是被誉为"中国硒谷"的全国最大的天然富硒区，因此始终把富硒产业作为全市生态友好型首位产业和脱贫攻坚的重点产业来抓，持续用力打造、连年保持30%左右超高速增长，富硒食品工业实现产值478.7亿元，居六大支柱产业之首。

紫阳县牢记于老教导，毫不放松紫阳富硒茶品牌打造，2018年紫阳县荣登中国茶叶县域品牌影响力百强榜第32名，是陕西省唯一进入百强的县。在2018年中国茶叶县域品牌生态圈影响力排行榜中排名第19名。

敬爱的于老，您一心为了人民健康、一心想着安康人民脱贫致富的精神将永远激励安康人民，成立于2015年9月的中国富硒产业研究院，决心加快富硒产业标准化技术研究和成果转化，培育富硒品牌，为打造安康千亿富硒产业链而努力。全市人民决心落实市委、市政府做活硒文章，发展富硒产业，保护南水北调水源地，促进社会经济发展，抓好头号生态循环产业，努力让安康富硒资源福泽天下，走向世界！

作者简介
程良斌：紫阳县茶业局高级农艺师（退休）

于若木殷切期望精心指导恩施生物硒资源开发利用

邬本超

1991年初夏，由中国农科院孙树侠教授引荐，我代表湖北省恩施市人民政府到北京中南海，向我国著名营养学家于若木汇报，请教恩施市硒资源开发利用工作。于老在书房门口迎接我们。初次见面，老人家和蔼慈祥的大家风范让人如沐春风。我向于老汇报了恩施硒资源品质、储量及储存情况，恩施市开发利用生物硒资源的规划、路线及正在开发的六个硒产品，邀请于老到恩施参加恩施生物硒资源开发利用项目鉴定会并指导恩施硒资源开发利用工作。

一谈到硒，于老兴致十足，首先告诉我们，她早在1974年就接触到硒。有位国外友人给陈云送了亚硒酸钠硒片（当时国内很少有人知道硒）。于老接过医疗试验小组的工作，亲身服用体验。从那时起，于老就开始关注硒与人体健康。接着于老指出，开发恩施硒资源，不仅是为发展恩施区域特色经济多了一条路，更是促进国人及全人类健康的大事，希望我们对恩施硒资源进一步调查，进一步完善开发利用规划。然后于老欣然接受邀请，表示她会赴恩施。

1992年7月1日,于老一行专家到达恩施,同行的有:中国营养学会理事长顾景范、中国预防医学科学院营养与卫生所研究员杨光圻、中国科学院地理所研究员谭见安、中国农科院茶科所研究员程启坤、中国农科院原子能利用所副研究员孙树侠等专家及湖北省科委、省一轻局的领导。我陪同时任州委书记朱纯宣、市委书记杨家志等州、市领导在恩施机场迎接。7月2日到4日,于老出席了由湖北省科委、省一轻局共同组织的"恩施硒资源开发利用项目鉴定会",于老等15位专家对恩施硒资源开发利用项目进行了评审。在鉴定会上,于老发表了"让生命之火更加旺盛"的主题讲话。她说:"应邀来恩施参加生物硒资源开发利用鉴定会,感到十分荣幸,这是一次极好的机会向各位专家学习关于生物硒的知识,也是一次观摩富硒生物资源,增加感性知识的极好机会。硒是继锌之后国内外多学科研究得最深入的一种微量元素,我国医学和营养学的专家对硒的研究是做出了自己的贡献的。如对克山病、大骨节病、启东市的肝癌的防治,取得了很大的进展。"她针对恩施现有产业提出了:利用恩施山区天然草场,发展牛、羊等草食动物,开发富硒奶及奶粉,利用恩施茶叶等资源进一步开发富硒食品添加剂的建议。于老说:"硒是目前国内外研究的一个热门课题,这或许是因为大多数地区处于贫硒地带,大多数人群处于缺硒状态,或许是因为硒对人类具有极重要的生理功能,它的更深刻的意义,有待学者专家作进一步的研究。"于老在最后说:"我是抱着猎取生命火种的心情来到恩施的,无论本地或外来干部健康而自信,这是一个生机勃勃的福地,这或许就是因为这里具有硒这个生命的火种,把生命之火点燃得更加旺盛吧!"

在恩施期间,于老深入到"恩施富硒茶"等六个硒产品的企业调研、指导，为这几个硒产品题写了"茶以硒为贵"等题词；在市防疫站，于老在市人民政府文件［92］31号《市人民政府关于成立恩施市硒资源开发监督检测中心的决定》上题字"祝贺恩施市硒资源开发监督检测中心的成立"；在叶挺纪念馆，于老题写了"叶挺将军永垂不朽"。会后，于老、卢良恕、徐冠仁、顾景范、杨光圻五位专家在1992年8月18日《科技日报》整版发表通栏标题为《开发恩施硒资源，造福全人类》的署名文章，于老发表了《硒——生命的重要元素》文章，现人们熟知的"硒姑娘"就源于这篇文章，称"湖北恩施市，得天独厚，土壤中富硒，人民健康长寿，百岁老人多、儿童聪明、智商高、学习成绩好，恩施的姑娘秀美、水灵、活泼、开朗、目光有神，被称为硒姑娘"。于老等专家的殷切期望和精心指导，为恩施生物硒资源开发利用指明了方向，奠定了坚实的基础。此后2011年9月国际友人与动物微量元素学术委员会授予恩施市"世界硒都"称号，其中"世界第一富硒生物圈"的结论就源于1992年7月的鉴定会。

1992年9月15日由中央老干局组织，为促进老同志健康长寿，在中办老干部礼堂，请我国著名营养学家于若木为中央及北京市的党政军老干部作"全面营养与恩施富硒食品"的专题报告。于老在报告中讲解了硒的十项生理功能，介绍了恩施的硒产品，让老同志们要关注全面营养，科学补硒。她说："营养学家研究湖北恩施百岁老人生活的长寿地区，大米、小麦、黄豆、药材都富硒，人体血硒水平也高。除了多种微量元素协同作用之外，硒的作用是值得重视的。研究者做的动物实验证明，硒是长寿所必需的微量元素之一。恩施不仅长寿老人多，儿童也比较聪明，升学率很高，恩施的姑娘也特别水灵，皮肤白皙、明眸皓齿、仪态健美。"于老以"劝君常饮富硒茶，夕阳美景胜朝阳，为了大家身体更健康，愿大家都喝富硒茶"结束她的报告，报告中多次赢得老同志们热烈的掌声。我率恩施市硒办和生产富硒茶等硒产品的厂家企业负责人参与活动。报告会上，于老和中办老干局的领导安排恩施一行全坐在主席台上，面对全场众多受人尊敬的老首长，恩施一行深受鼓励与鞭策。报告会后，老同志们兴趣盎然品尝恩施富硒茶、富硒方便食品、富硒板党酒、富硒刺梨汁饮料及富硒萝卜干等硒产品。老首长刘英边品富硒萝卜干边赞不绝口说："好吃又富硒……"

1993年8月，我率恩施市有关部门和企业到湖北省驻京办（现为湖北宾馆）和有关硒专家、科研部门、新闻媒体开"恩施硒产业发展座谈会"。会前在省驻京办的接待室，驻京办的负责人拿出茶叶准备给于老泡茶，于老说："是恩施富硒茶吗，我只喝恩施富硒茶。"说着，于老的秘书孟廷珍女士就从手提包中拿出随身带着的恩施富硒茶。此举当时赢得全场热烈掌声。

1996年4月27日我陪同时任恩施市委书记胡荫安一行到北京中南海向于老汇报恩施硒资源开发利用进展情况。听了汇报并精心指导后，于老说今天天气好，我带你们到丰泽园参观。那天于老带着我们一行人参观了中南海丰泽园并合影拍了很多照片。

1999年初，我和恩施众生公司董事长林志荣带着新研发的"硒麦草片"到北京专程向于老汇报，于老详细了解产品后非常高兴。于老当时就拿出美国产的不含硒的麦草片对我说："国内还没有一般的麦草产品，硒与麦草中叶绿素、维生素E等有益成分的协同作用前景看好，你能研发出这样超前意识的产品很不简单。"于老还指导我再进一步将此产品与美国产品做对比试验，进一步探讨硒与维生素E的协同作用。

2004年8月，我陪同时任恩施州委书记汤涛，恩施市委书记吴希宁到北京中南海向于老汇报恩施硒资源开发利用和扶贫工作。听完汇报然后在院子里散步、留影时，于老把我叫到她身旁，问我硒麦草的研究有何新的进展，还跟我说，自1992年到恩施去后，她一直还很想去恩施看看，只是年迈又加上身体的原因没能如愿。那时我们都知道于老已患重病，老人家还在心系恩施，关注恩施生物硒资源的开发利用。听到了这些话，我当时强忍着才把泪留在心里，脸上挂着微笑转达恩施同志们对老人家的祝愿和问候。

在硒产业正助力健康中国长足发展的今天，回顾于老对恩施生物硒资源开发利用的殷切期望和精心指导，我们更要传承于若木的营养理念健康思想，朝着"开发恩施硒资源造福全人类"的奋斗目标而继续前进。

作者简介

邬本超：原湖北省恩施市人民政府副市长

白山绿水情深　难忘老区人民
——追忆于若木同志对临江和白山老区人民的关爱

侯振才

2019年4月15日是老一辈无产阶级革命家陈云夫人于若木诞辰100周年。让我们来缅怀她的家国情怀和革命业绩，缅怀这位情牵白山和临江革命老区的慈祥老人，宣传弘扬她的革命情操和崇高品德。"双手扶持千木茂，慈怀灌注万花稠"是于老一生的真实写照。她晚年为革命老区的建设与发展付出了慈母般的心血，让老区人民永志难忘。

于若木生前曾5次来到临江。我和于若木相识20多年，她先后5次来过临江（从1947年到2002年），当时我作为临江市人民政府驻北京办事处主任有幸3次全程陪同。

当人们还沉浸在欢庆"四保临江"战役大捷的喜庆时候，于若木带着她的两个孩子（陈伟力、陈元）平生第一次来到了这座位于长白山下鸭绿江畔的东北边城——临江，也是平生第一次走进白山绿水这方热土。

时隔39年，1986年的8月，于若木第二次踏上长白山下临江这片有着悠久革命历史传统的土地。旧地重游，于若木百感交集。站在当年住过的这幢日式小平房（陈云旧居）前，想起在这里生活的情景，亲眼见到临江的老百姓还没有完全富裕起来，她觉得，制约发展的一个主要原因，就是临江的建制问题。

1946 年到 1947 年临江是地级县，1959 年 5 月，临江县撤销，成立了浑江市，临江就变成了乡级镇。1989 年 4 月，临江区人大常委会曾致信给陈云，要求恢复县制。陈云了解情况之后，就委派时任全国政协委员于若木到革命老区临江调查研究，了解社情民意。当时，她在临江最大的感觉，临江发展慢了，就和当时的浑江市委书记时广仁交谈，认为制约临江革命老区发展的主要问题，就是体制问题，应该尽快地恢复县制。

1992 年 3 月，时任全国政协文史办巡视员侯玉珍起草了题为《关于尽快恢复历史名城临江原县制名称的建议》，就是一份全国政协委员参政议政的建议草案。3 月 14 日，于若木同志对这份草案逐字逐句进行修改。3 月 21 日，侯玉珍按于老意见又找到几位曾经在临江生活和战斗过的老同志，将这份提案与时任中共中央研究室研究员于若木、教育部部长高沂、中宣部副部长兼文化部部长刘忠德、北京市人民政府常务副市长兼政协主席白介夫、农业部部长刘培植、副部长左叶六位全国政协委员签字后，联名正式提交全国政协七届五次会议。正是这份提案，临江恢复历史名城得以顺利实现。1992 年 9 月 1 日，经国务院批准，临江正式撤区设县，恢复了 1902 年名称临江县。

也正是在于若木的热切关怀下，临江的体制发生了巨大变化，先是撤区建县，然后撤县建市。

于若木关心着白山和临江的交通建设，她给时任国家交通部部长黄镇东写了一封信，让其关心老区贫困县的公路建设，希望从白山市到靖宇县开通二级公路建设。她在信中写道："从支援革命老区根据地靖宇贫困县的角度，希望能得到交通部的关怀和支援。"在1991年白山市到靖宇县的二级公路建成。

1997年，在认真查看市领导带去的矿泉水化验单后，于若木给杭州娃哈哈集团董事长宗庆后写了一封亲笔信，使得靖宇县的这个项目由娃哈哈集团投入资金建设，现在该县以生产农夫山泉而闻名全国。

1997年4月3日，白山市暨临江市隆重举行纪念"四保临江"战役胜利50周年大会，于若木带着长女陈伟力和朱佳木（原陈云秘书、时任中国科学院副院长）与肖劲光子女肖继龙、肖伯鹰，肖华女儿肖霜等应邀前来参加大会。这是于老第三次来到这片让她牵挂的土地上。

纪念大会结束后，于若木和与会的同志一道来到了四保临江烈士陵园，缅怀长眠在这里的革命烈士。在这座始建于1947年的陵园内，安息着483位在四保临江战役中牺牲的革命烈士。在这里，于若木老人久久不语，凝视着陈云亲笔题词的"人民烈士浩气长存"的纪念碑，仿佛又回到了炮火纷飞的战争年代。

于若木说："年轻一代人，如果不进行革命传统教育，他们不知道新中国是怎么诞生的，艰苦的历程他们没有经过，如果不进行革命传统教育，他们就不知道过去。这就是老一辈革命家有责任来对年轻的一代进行革命传统教育，也是今后（精神文明）建设的一个很重要的动力，我想，通过革命传统教育，年轻一代会更加热爱我们的中华人民共和国，会更热情地从事于社会主义现代化建设。"

于若木是这样说的，也是这样做的。在得知吉林省委呈报中共中央在临江筹建四保临江战役纪念馆后，她立即拿起笔来，在2004年3

月，分别给中共中央办公厅主任王刚、国家发改委马凯主任写信。当她得知中央办公厅批准了这个项目之后，特别是国家发改委又下达了专项补助资金800万元，她非常高兴，亲笔给临江市写了一封信，她在信中写道："希望临江市委、市政府认真地组织好、实施好这个纪念馆的项目建设。届时，拟请陈元行长代表我出席并剪彩。"

在于若木的关心和支持下，四保临江战役纪念馆不仅被国家列为全国红色旅游100个重点建设项目之一，而且也成为吉林省纪念馆项目中第一个在中央争取来的爱国主义教育和革命传统教育基地重点工程建设项目。

2009年8月18日，四保临江战役纪念馆隆重举行了开馆仪式。时任中共吉林省委书记的王儒林、副书记竺延风、陈元及肖华子女肖霜、肖露、肖雨等领导同志亲临开馆仪式，并为纪念馆剪彩。陈元代表家人，也代表肖劲光、肖华等同志的家人讲话，在开馆仪式上向各位领导、社会各界对纪念馆建设的关心与支持表示衷心感谢。

作为陈云长子的陈元，这是他第三次来到临江。他在参加八一电影制片厂摄制七集电视剧《陈云在临江》开机仪式的时候，带着他的儿子陈小欣来过临江，并参观了陈云旧居。

也正是在于若木的耳濡目染下，她的子女们也和她一样，心系老区，情牵老区。陈云女儿陈伟力回忆说："我母亲去世以后那段时间，我们就想过我们还能做些什么，当时就想捐一笔钱。这个钱放在哪儿？全国哪好？后来想来想去，还是在东北，就放在临江吧，再加上我父亲说过那句话，东北是我的第二故乡，那么，这笔钱还是放在这儿最合适。"

在陈云诞辰105周年之际，于若木和陈云的5个子女捐资80万元，临江市出资120万元，在临江民政局注册成立了陈云教育基金。在2010年陈云教育基金已募捐到2010万元，在白山市成立了陈云教育基金理事会，陈伟力当选为理事长。

目前，陈云教育基金可以说在中国是有影响力和知名度（香港网、教育网、天津网、吉林网等网站都有报道），主要是资助白山市县区的困难优秀大学生完成学业。到2018年为止，已经捐助了1358名贫困优秀大学生，资助金额1450万元。

于若木对老区人民的情怀，就这样在她的子女身上得以传承。陈伟力在陈云教育基金成立大会上说，建立陈云教育基金，为老区人民子孙后代做点工作，加快老区的建设发展，既是弘扬革命传统，又是告慰他老人家的最好方式。

1998年吉林省总工会呈报全国总工会，建设临江职工之家活动基地，于若木致信尉健行主席："为促进革命老区工会和边境经济建设发展，希望予以支持。"7月6日全国总工会无偿拨款50万元，建立职工之家。

于老了解到当年参加四保临江战役幸存的老干部、老战士和支前模范人员没有活动场所，于1999年8月12日给中央组织部部长曾庆红写信，曾庆红8月18日批示："由国家计划无偿拨款140万元建成了临江市老干部活动中心。"

刚刚度过80岁生日的于若木，她主动要去临江，并邀请中国微量元素科学研究会副理事长、南开大学物理理研室主任蔡载熙教授及夫人汪宝锋教授，第四次来到让她牵挂的临江革命老区。这次来临江，是她在得知临江正在发展人参产业后，出于对老区产业发展的关心，专程来到临江的。

在临江市的桦树镇，她视察了这里的人参栽培情况，详细了解了人参栽培技术，并和专家一起，提出了许多合理化建议，鼓励临江人要把人参产业做大，推向全国。同时临江市政府还捐赠南开大学蔡载熙教授10万元作为研发项目资金。

于若木不仅关心临江的经济发展，对临江人民的身心健康也时刻挂在心上。在建国小学，她详细了解孩子们的日常营养后，觉得营养还不够，然后，对身边陪同人员说："我们这个地方生产大豆，而且还是优质的东北大豆，应该让学生每天都能喝上一杯新鲜的豆奶。"事后，她还无偿为建国小学捐赠一台价值近万元的豆浆机。

然而，这一次临江之行，给于若木老人留下很深的印象：当她乘坐的车辆途经老岭山脉时，亲身感受到了老岭这"十八弯"坡陡弯急的险峻。在路上，她就对同行的人员说，应在此处修一条隧道。

2000年2月26日，81岁的于老因病住院，卧病在床的于老时刻挂念临江的交通发展。病房中的于老，手颤抖着执笔，给时任吉林省交通厅厅长的刘克志写信，一张不足400字的信她足足用了30分钟的时间才写完。于老是在用"心"写信，她在信中写道："临江是陈云同志的第二故乡，我曾先后四次路经老岭到临江。老岭为国防公路的险要段，成为沈长公路的最大瓶颈，制约了老区的经济发展。因此，修建老岭隧道非常必要。恳请刘克志厅长关怀老区，希望老岭隧道今年能够立项，争取明年开工，结果盼告。"当时我们的心情是既激动又不安，于老在病中，我们打扰了老人家休养。

刘克志厅长接到信后说："老一辈革命家陈云夫人于若木同志，情系吉林，情系交通，情系临江。于老这么高年龄还想着我省的公路建设，我们年轻干部更应该好好干。"临江老岭隧道工程建设项目，在

2001年10月吉林省计划委员会立项，并顺利通过了老岭隧道工程可行性报告，付诸实施。但资金落实又成了大问题。项目总投资需3.6亿元，省交通厅只给解决0.75亿，临江自筹0.5亿，其余的2.35亿元靠临江自己贷款解决。天文数字般的巨额缺口资金，在临江建设史上是头一次。2001年11月8日，于老饱含着对临江革命老区的关切之情，分别给时任国务院副总理吴邦国、副总理温家宝写信："临江是陈云同志曾经战斗过的地方，他曾与肖劲光、肖华等老一辈革命家在那里指挥了著名的'四保临江'战役，为东北解放战争作出了重大贡献，修建老岭隧道对革命老区、国防公路、边疆地区和少数民族地区的国民经济发展非常必要，恳请温家宝副总理、吴邦国副总理关怀老区建设，在安排2001年度地方财政债券时，给予帮助解决老岭隧道建设资金。"为此，得到中央领导的重视和关怀，很快有了回音。2002年1月4日，国家计委办公厅关于吉林省沈长线老岭隧道项目建设问题复函于若木同志："考虑到该项目所处革命老区的特殊性，我委将视今年国债资金情况给予必要补助。"2002年5月17日，国家计委给临江老岭隧道安排了0.5亿元无偿国债资金。2003年4月国家交通部为老岭隧道工程建设项目补助0.7亿元。

于老始终挂念着老岭隧道工程建设，考虑到临江老区的财力和偿还借贷的困难，2002年11月13日，于老又给刘克志厅长写信，要求省交通厅出面，解决老岭隧道贷款2.35亿元，并委派陈云秘书顾宗宏到长春送交于老给省交通厅厅长刘克志的信，刘克志被于老对老区人民的深厚情谊和做事认真负责的精神深深感动，当即表态："请顾秘书转告于老，请老人家放心。再次感谢于老对吉林省交通事业的无比关怀，我们一定把这件事情办好！"近2.4亿元贷款事宜很快安排妥当。

2003年6月,于老还是放心不下,又派顾宗宏代表她,赴临江革命老区察看老岭隧道工程进度和资金落实情况。在于老亲切关怀下,该工程没有要临江老区人民借贷一分钱,这在吉林省公路建设史上,也是绝无仅有的。2005年国庆前夕,老岭隧道(全长2.77公里)顺利建成通车,从临江到白山缩短了1个半小时,临江人民几代人的梦想,终于在于老的关怀下变成现实。于老还为隧道题写了"临江隧道"。

于老看到临江多年来缺乏为青少年提供传统教育和校外教育的活动基地,而又愁于没有建设资金时,于2001年4月19日,又亲自给时任国务院副总理的李岚清写信,恳请国家给予投资建设。在于老的亲自关心过问下,中央为吉林省追加了一个青少年宫,国家财政部资助建设资金180万元用于临江市青少年活动场所建设,以解决青少年宫建设资金的缺口。2001年10月14日,于老又给时任吉林省省长的洪虎写信,省财政又给解决了40万元的资金。临江市青少年宫很快建成使用,于若木为临江青少年宫题名。

于老对临江的关心是全方位的。2001年8月1日,她给时任中共中央书记处书记、中宣部部长丁关根写信,为纪念"四保临江"战役胜利55周年,促成了中央电视台"心连心"艺术团于2002年8月27日赴临江慰问演出。这是中央电视台"心连心"艺术团首次在全国县级市演出,大大提高了临江人在改革开放中的美誉度。

2002年8月26日,于老已经是83岁高龄的老人了,她第五次来临江参加庆祝四保临江胜利55周年活动。8月27日,她参加了庆祝四保临江胜利纪念大会。第二天,安排于老休息,她却提出要看看她从北京植物园无偿引进3 000株的"京优、京秀、京早晶"葡萄长势情况。当时我们谁也没想到她事过三年还记得这件小事,非要亲自到临江卧虎山果农苗锡久葡萄园,当时上山没有公路,全是狭窄的山间小道,83岁高龄的她看到葡萄长势很好,抚摸着那一串串紫红色的葡萄,连声道:不错、不错。欣慰之情溢于言表,高兴得像个年轻人。

吉林省人民政府原拟定在延边州安图县二道白河新建一个机场,于老在得知白山、临江老区没有机场后,亲自打电话给国务院领导,动情地说:"老区群众盼建飞机场都盼了几十年了,无论如何也要圆了老区人民盼发展、求发展的梦想。"她还给洪虎省长打电话:"希望机场建设在白山市,希望能够得到您的帮助。"最后,机场改建在白山市抚松县松江河,建成了长白山国际机场。

2003年3月10日吉林省人民政府呈报国务院《关于将临江市列入国家二类艰苦边远地区的请示》,于若木致信时任国务院秘书长华建敏、副总理黄菊、国务院总理温家宝及人事部部长张柏林等领导,经国务院批准将临江市列入二类艰苦边远地区并享受津贴,每年由中央财政转移资金800万元,同时,白山市浑江区、江源区均享受艰苦边远地区津贴。

2004年2月12日春节刚过,时任交通部部长的张春贤在吉林调研与吉林省领导交换意见时强调指出:"临江是陈云同志工作、战斗过的地方,为改善吉林省临江革命老区的交通条件,同意将老岭隧道及相连接的项目纳入'十五'计划。"2004年5月12日于老得知这个信息后很高兴。当即给张春贤部长写了一封感谢信:"张春贤部长关怀革命老区的公路交通建设……以我个人名义并代表临江老区人民向您和交通部全体同志对临江革命老区公路建设的关怀表示衷心的感谢!"事后,国家交通部给临江拨款1.2亿元。

2005年年底，于若木患重病住进了医院，2006年于老在生命的最后时刻仍然关心着白山的发展情况。躺在医院病床上的她，得知老区在争取资源型城市转型试点市但国家发改委未获批准时，她顾不上病痛，亲笔致信时任国务院总理温家宝。她在信里这样写道："作为一名党员、老同志，我有责任和义务将白山的情况向你反映，恳请您一如既往地给予革命老区更多的关怀和支持。"这是于若木一生中写的最后一封信，字里行间，无不倾注着她对革命老区的深情厚谊，这一封信解决了白山资源型城市转型问题。这一天是2006年的1月18日，1月20日，温家宝总理亲自批示，要求国家发改委、振兴东北办认真予以考虑。在于老的关怀下，国家发改委到白山考察后，经国务院批准白山市为资源性城市经济转型，每年由中央财政专项转移资金给白山1 000万元。41天后的2006年2月28日，这位慈怀关注革命老区经济社会各项事业发展、与革命老区人民结下深情厚谊的老人走完了光辉的87载人生岁月，与世长辞……

"白山绿水情深，难忘老区人民"，这是于老为临江老区写下的饱含深情的题词，也是于老对老区人民披肝沥胆、鞠躬尽瘁的真实写照。于老对临江、白山老区人民的情谊，比泰山还重，比大海还深！

她对老区的伟绩写在蓝天，

朵朵白云是老区人民向她敬献的花环；

她对老区的伟绩刻在大地，

座座高山是老区人民为她塑立的丰碑；

她对老区的佳绩印在江河，

滔滔江水是老区人民对她不尽的诉说。

如今老人已经走远，

山水间凝固了那殷切的慈祥；

还有那灿烂的音容，

她真的走了；

在安详和欣慰的春天里，

鲜花静静地绽放。

作者简介

侯振才：时任陈云教育基金常务副理事长兼秘书长、吉林省白山市政府经济顾问、中共临江市委顾问

心系人民健康　情牵恩施硒业
——记于若木同志关心恩施硒资源开发的几件事

彭祚全

我国知名营养学专家、"于若木营养理念"创立者和实践者，恩施硒资源开发的坚定支持者，我们敬爱的于若木先生诞辰100周年之际，我怀着十分崇敬的心情，缅怀于老关心恩施硒资源开发的卓越贡献。

1992年7月1日，恩施市迎来了中国营养学会荣誉理事、中国学生营养促进会会长于若木和她率领的"恩施生物硒资源开发利用项目"鉴定会评审组的专家们，时任恩施州委书记朱纯轩和恩施市委书记杨家志到机场迎接。

7月2日，我们通过市委办公室提出了采访于老的要求，于老听说是防疫站的同志要访问她，欣然同意。晚饭后，我们一行4人前往她下榻的市政府招待所。她住在二楼靠边的一个小房间，房间分为前后两间，后面是卧室，前面是一个小会客室，我们到达时于老已经坐在沙发上等待我们了，她见我们来了立即站起身来，与我们一一握手，要我们坐下，我们作了自我介绍后，于老问了我们几个问题：当地干部工作作风怎么样？有没有奢侈浪费、讲排场和欺负人民群众的现象发生？农村中小学生的午餐是怎么解决的？我们告诉他，我们所了解的基层干部都很勤奋，虽然条件艰苦，但工作都很认真，为人民服务的意识较强，于老轻轻点头，微笑的看着我们。于老看我们有点紧张，就说你们不会包庇他们吧，说完大家都笑了，紧张的气氛一下子就缓和了。我们给于老介绍，农村的孩子上学有的路途较远，每天都是两头黑，早上天不亮起床吃点东西就往学校走，天黑才回家，中午基本都是饿肚子，有的带几个红苕（红薯）或洋芋（马铃薯），有的孩子回家早一点，也是要放牛羊，打猪草，很艰苦。因此，很多学生小学毕业就辍学了，特别是女生这种现象比较多。于老听后显得心情沉重。

紧接着，我们分管学校卫生的同事介绍了我们的做法，主要是个人卫生管理、集体卫生管理以及科普卫生知识方面所做的工作。于老听了说，你们的工作做得很好，但你们忽略了学生营养问题，不是说身体是革命的本钱嘛，现在国家还不富裕，人民的温饱还没有完全解决好，但是我们不能因此就忽略营养问题，这是关系到国家未来的大事，并叮嘱我们要探讨这个问题。我们邀请于老到单位考察，于老说好，要去看看。临走时，于老起身把我们送到门口，还说谢谢我们。说实在的，就当时学校卫生工作的职责和内容而言，根本就没有想到过营养问题，于老站得高、看得远，我们深受启发和教育。当天晚上我写了一篇题为《于若木同志关心我市学生营养》的报道，第二天就在市广播站播放了。后来于老倡导实施了"护苗工程""大豆行动计划""学生营养餐及学生饮用奶计划"等工程，这是她深入调查研究以后所采取的实践行动。

交谈中，于老还谦虚地谈到她这次为什么要来恩施学习有关硒的知识，谈了她认识硒的过程，她说要感谢谭见安（中科院地理科学与资源研究所研究员）和杨光圻（原中国预防医学科学院食品安全研究所研究员、恩施硒资源发现者）两位专家，是他们的工作让更多的人认识了硒，了解了硒的营养功能和预防疾病的价值。

一个多小时的交谈，我们深深感受到于老待人谦和而亲切，讲一口标准的普通话，说话的声音不大，但思路清晰，铿锵有力。从她的谈吐中也感受到，她很有文化修养，特别对营养学造诣很深厚，谈论营养话题时她可以滔滔不绝，讲到面前的困难时，她会陷入深深的沉思。她的营养理念与实践精神至今仍指引着营养工作者为全民健康事业而奋斗，她的心里只有人民。她对中国营养事业的不朽贡献将载入史册。

7月2日，恩施市政府决定成立"恩施市硒资源开发监督检测中心"，于老率先在《恩市政发（1992）31号》文件上题词："祝贺恩施市硒资源开发监督检测中心成立"。第二天上午，于老来到市卫生防疫站考察，她先察看了各个科室，听取了站领导的简单介绍，又提出了有关传染病控制、学校卫生、健康教育等方面的问题，站领导一一作答，她不时点头说"好"。于老说："你们站作为硒资源开发的监督检测中心，一定要保证检测质量，要出具准确的检测报告，这样才能保证产品的质量和安全。"我当时是检验科主任，一直把她的嘱咐铭记在心。

于老随后又亲笔题写了"恩施市卫生防疫站"站名，并把在市政府文件上的题词重新在宣纸上书写了一遍。她的字迹清秀挺拔，刚劲有力，笔锋中透出坚韧与力量。于老连坐都没坐一下就赶往下一站考察。一个慈祥的长者，给我们留下了一个坚定的背影。

2003年1月，我被借用到恩施市政府硒资源开发办公室，因为当时招商引资缺乏权威的资料，我想到要出版一本学术专著，定名为《生命元素硒——兼谈恩施硒资源》，完稿后市领导提出可否请于老题词或作序。于是，我将打印书稿和代拟的序稿通过中央办公厅老干部局直接寄给于老，于老收到后，对序言草稿进行了认真修改，署名后又通过中央办公厅老干部局寄给了我。这是于老对我的支持，也是一种无声的嘱托和激励，我感到责任重大，但力量倍增，信心更加坚定。这也是我此后能克服各种困难，坚持8年到退休，直到现在仍然奋战在硒产业发展第一线的力量源泉。该书出版时，我将于老《在恩施生物硒资源开发利用项目鉴定会上的讲话》以《让生命之火更加旺盛》为题收入其中，以作纪念。

于老在讲话中对恩施硒资源开发提出了非常具体的3条建议；并要求各级干部"要像抓补碘一样抓补硒"，为恩施富硒茶题写"茶以硒为贵"，为富硒饲料添加剂产品题写了"饲料工业一枝花"等题词。于老的讲话和题词为恩施硒资源开发注入了强大的生命力，是恩施人民的宝贵财富。

2003年国家有关机构拟开发儿童排铅保健食品，于老知道后要他们来恩施考察，并与恩施市政府签订了合作协议，成立了公司。政府指派我到该公司负责研发工作，所开发的大豆硒蛋白排铅产品在北京召开鉴定会时，于老亲自出席会议，并作了重要讲话。她说铅危害损害儿童的智力，影响儿童健康成长，很高兴恩施能依托硒资源开发出这样的功能食品，希望以后能有更多的类似产品问世，让恩施硒资源造福更多的人。于老还与市领导亲切交谈并给予鼓励，赠送给我们一本《于若木营养理念与实践画册》，画册里面有她在恩施考察的照片。2016年我将这本画册连同相关40多件有关硒的历史资料捐赠给了硒博会展览馆永久珍藏。

在于老的关怀下，大豆硒蛋白排铅产品不仅获得科技部中小企业技术创新基金的资助，也获得卫生部"国食健字"批准文号，为恩施州硒产品第一个"食健字"保健食品。

2006年2月28日，于若木与世长辞，恩施硒资源开发的奋斗者们失去了一位坚定的领路人和支持者。为纪念于老，我写了一篇题为《于若木同志与恩施硒资源开发》的长文，先后被《恩施州文史资料》和《恩施市文史资料》收录，也被国内多家网站转载。我在2014年由清华大学出版社出版的《世界硒都——恩施硒资源研究概述》一书也收入其中。2018年11月13日，陈云纪念馆的同志来恩施寻访于若木同志生前足迹时，我将该书赠与该馆，以作永久纪念！

可以告慰于老的是，2009年国际人与动物微量元素学会（TEMA）授予恩施"世界硒都"的荣誉称号以来，您当年所称的硒书记、硒州长、硒市长们，绘就蓝图，坚定信念，一届接着一届干。如今州委州政府正在建设"世界硒都-中国硒谷"，着力打造"一谷、两基地、三示范区"，发展以硒食品精深加工产业、以硒为载体的生物医药产业、融合补硒养生的全域旅游产业等"四大产业集群"，建设湖北省特色产业增长极，发展恩施硒产业正在成为山区人民脱贫致富奔小康，建设高质量区域经济的全民共识和重大行动。

在于若木诞辰100周年之际，谨以此文缅怀她老人家对我国营养事业及对恩施硒资源开发的卓越贡献！

我们爱戴和尊敬的于老永远活在我们心中！

作者简介

彭祚全：湖北省恩施市疾控中心主任医师

永远铭记于若木老人

姚元波

1989年以来,我在恩施市人民政府办公室接待科工作。1992年7月我和同事一起接待了共和国领导人陈云的夫人于若木,虽然只有短暂的4天时间,却始终留存了如沐春风的记忆。

6月28日,恩施市委市政府主要领导组织相关单位召开会议,部署于若木恩施行程相关工作,我时任恩施市人民政府办公室接待科副科长,主要负责政府小招待所餐饮和客房服务工作。由于于老是陈云副总理夫人,已经73岁高龄,所以接待务必规范细致。我出身农家,曾在部队锻炼,现在又在政府机关工作,责任心自不必说,科长王建庄告诉我,于老还是全国政协委员、营养学专家,恩施之行的重要目的是偏远山区群众营养结构调查。我的敬畏之心更加强烈,决心一定要用心完成此次接待任务。

7月1日下午3时,经历了飞机、火车、汽车周转劳顿,于老一行在副市长邬本超的陪同下,到达恩施市政府小招待所。我和接待科同志们激动心情难以掩饰。我们早已等候在接待大厅,车来了,一位衣着朴素的老人缓步下车,这就是于老。她头发整齐,面容温婉,洋溢着慈祥的笑容。老人家向大家一一问候。我立即感受到自家老人一般的亲切，紧张情绪平复了。我带领于老步入客房。这是一间 30 平方米的套房，陈设简单，当时恩施的生活条件还比较落后，我们只能在干净整洁方面多下功夫，尽可能让于老起居更舒适。

于老的日程安排得很紧凑，3 天时间，查看了恩施粮油种植主产区和粮食食用油加工厂，与群众座谈了解民俗和生活习惯，最重要的是，于老与助理孙树侠教授一行，山路颠簸近两百公里，到恩施市双河区，考察渔塘坝的硒矿。后来我们逐渐明白，渔塘坝的硒矿是世界罕见和唯一独立工业硒矿床，于老是研究硒元素和硒营养应用的先行者。

老人家如此劳累，我和各位工作人员就在餐饮和客房服务上周密用心。于老是北方饮食习惯，厨师贺国钩、李文学就调整发酵时间，让面食更酥松适口，餐厅服务员吴自英、艾光英时刻关注于老的口味，让厨师改进。那时客房没有空调，服务员吴春梅把电扇擦得光洁如新，上午开窗通风，午后及时关窗避阴。

于老是营养学家，自己的饮食却很简单，早餐就是稀粥和面点，中晚餐不让我们使用贵重食材，嘱咐中午的菜肴要保留到晚饭，减少浪费。7 月的恩施正值酷暑高温，傍晚日落渐渐凉爽。几个年轻朴实的服务员，很受于老喜欢，就像自家孩子一样。于老拉上这几个娃娃，在政府机关院内散步，时而与纳凉的老人孩子交谈几句，也许大家自始至终不会知道，遇到的是举国敬仰的于若木老人。于老正在研究硒元素和硒营养。恩施山川灵秀，富含硒资源，面对眼前这几个美丽活泼的小姑娘，于老有感而发，你们就是"硒姑娘"。从此"硒姑娘"在恩施传为美谈。后来，"硒姑娘"注册了品牌，富硒食品畅销全国。

为了改善饮食、增加营养，我和厨师们将恩施本地食材精细烹饪，敬上了一桌恩施乡土菜肴，老母鸡炖党参、腊猪蹄炖芸豆、天麻豆腐、三鲜枞树蘑菇、葛仙米羹、魔芋豆腐莼菜三珍、炕土豆、合渣，都是常见的家常菜品，于老都仔细品尝并点头赞许，让我非常欣慰。虽然时间短暂，但于老似已经与工作人员都很熟识亲近了。那一刻我至今记忆如新。7月4日，于老即将离开恩施，一边吃早餐，一边让几个服务员坐下来，也叫了我："小姚同志，辛苦大家了。"于老还说，恩施菜很有特点，营养口味都很好，腌菜很开胃，现在恩施人民的生活条件越来越好，我们要引导从吃饱到营养的生活习惯，让人民群众更健康。于老的教导我默记于心。

该启程了，于老与大家一一握手道别。

此后，我们经常谈论丁老，期待再见到于老。2006年，于老去世，永远离开了我们。于老与我们相处短暂，但她衣着朴素，面容温婉，让我们感到很亲近。她步履舒缓，神情坚定，虽年迈仍辛勤服务于家国人民，让我们从心底由衷的敬重。

今年是于老诞辰100周年，我们永远铭记于若木老人！

作者简介

姚元波：原湖北省恩施市人民政府办公室接待科副科长

为爱执着　为国倾情
——纪念于若木诞辰 100 周年

陶　蕾

于若木，原名于式毂，又名于陆华，祖籍山东淄博临淄区齐都镇葛家庄。1919 年 4 月 15 日出生于山东省济南市，是伟大的无产阶级革命家、政治家陈云的夫人。她于 2006 年 2 月 28 日在北京逝世。

于若木，这位出生于五四运动新思想变革时期的伟大女性，注定要与这个时代同呼吸、共命运。国祚衰微，民不聊生，将有更多的使命与责任等着她去实现；于若木，这位出身于教育世家的女子，从小耳濡目染，深受父亲之影响，幼时便开启蒙之智，"气质美如兰，才华馥比仙"。她虽生于旧时代，但习得新学问，明得新思维，悟出新道理，追求真革命；于若木，这位共和国领袖的夫人，一生不避风雨，勉力向前，为国执着，为爱倾情，谱写了一曲动人的诗篇。

于若木，把自己的一生都献给她深爱着的祖国和孩子，同时也无怨无悔地深爱着自己的丈夫、忠于党和人民的革命家陈云。晚年更是为民族营养事业呕心沥血、无私奉献、艰辛探索。

一、一心一意奔革命、一生一世一双人

于若木幼时在济南读书，1933年转到北平求学。受到爱国进步思想的熏陶，她不惧白色主义恐怖，在读书期间参加了一二·九学生运动。1936年初，她加入了中国共产主义青年团，同年9月，加入中国共产党。从此，她把自己的一生都献给了祖国、献给了党。

"几回回梦里回延安，双手搂定宝塔山。"贺敬之的这句诗写出了当时全国进步青年对革命圣地——延安的向往之情。于若木便是其中之一。1937年7月7日，抗日战争全面爆发，为抗日救国，她带着妹妹随一批平津流亡学生一起奔赴革命圣地延安，时年仅18岁。到延安后，于若木被分配在陕北公学学习，不久因工作需要，组织派她去照顾因病休息的陈云。因为近距离看护、照顾陈云，他们便日久生情，相知相许，于同年9月，结为革命伴侣。执子之手，与子偕老，在此后余生的58年间，他们既是夫妻，更是为事业奋斗的战友。他们一起经历了那些让人沉默无言的蹉跎岁月，一起为了工作中获得的成功而喜上眉梢。无论顺境还是逆境，他们始终紧握对方的手，坚定地、从容地共同投入到争取民族独立和人民解放的伟大事业中去。

在延安期间，于若木系统地学习了马克思列宁主义基本原理、中国革命史及俄语，参加了整风运动，并随学院实习团到陕甘宁边区实习，任小组长兼团支部组织干事，因学习认真、工作努力，被评为"生产中的模范妇女"。1943年12月，调西北财经办事处任机要秘书，协助陈云工作。

抗战胜利后，根据党中央开辟东北根据地的战略方针，陈云主动请缨去东北。于若木亦不畏艰辛，长途跋涉，于1945年10月，不离

不弃，一路追随陈云开赴东北，先后辗转于临江、通化、朝鲜平壤、哈尔滨等地。1948年11月，辽沈战役结束后，她随陈云到达沈阳。北平解放后，1949年5月，她又随陈云回到北平。从此，开始过上较为安静的生活。1950年至1981年间，她先后在中央财经委员会、国家科学规划委员会、中国科学院植物研究所、中共中央办公厅、中共中央书记处等单位工作。

于若木无论做什么工作，都积极主动，认真负责，干一行，爱一行，钻一行，任劳任怨，求真务实。她服从党组织的安排，组织观念强，讲政治，顾大局，自觉在政治上、思想上、行动上都与党中央保持高度一致。她与陈云堪称革命伴侣中的楷模，相伴一生，风雨同舟，相濡以沫，互敬互爱。

二、一张一弛育子女、一言一行塑家风

中华人民共和国成立后，陈云主持全国财政经济工作，成为中国社会主义经济建设的重要开创者和奠基人。但在这块功勋章的背后，是于若木几十年如一日的默默付出与鼎力支持。

于若木曾经这样回忆过他们的生活，她说："生活上精打细算和勤俭持家是我们家的传统，那时候国家定量供应棉布。面对这个困难，我们家采取拆旧翻新改衣，大人穿的衣服拆了改改给小孩子穿，把大孩子的衣服改改给小孩子穿，从来没感到布票紧张。他们的衣服，从棉袄到罩衣都是我做的，毛衣是我织的，还有夏天穿的裙子，上学的书包都是我用缝纫机缝制的。那时穿的鞋，我也是找人做的。陈云的衬衣、睡衣都是我给他做的，买现成的他不习惯，和普通老百姓一个

样。"于若木勤勉一生,时刻用自己的言行以普通老百姓的标准来教导和影响自己的子女。

于若木与陈云一生共育有 5 个子女,她几乎独自承担了所有家务劳动和对孩子们的教育。正如她和她的大女儿陈伟力说的那样:你爸爸说:"我是搞经济工作的,我要管好咱们国家这个大家,咱们这个小家就是要你管,你就要把咱们这个小家管好,我呢就要为咱们这个大国家多做事情。"为了管好这个小家,于若木节衣缩食,亲力亲为。她勤劳能干,勤俭持家,不但缝制全家的衣物,而且还亲手教儿女们织毛衣、洗衣服。和普通家庭一样,在困难时期,她也曾计算着使用家里的粮票、布票和油票等。

于若木还因家里的孩子多,交不起学费,让儿女们从寄宿制学校转到普通学校学习。据她回忆,当时他们家全家收入才三百多块钱。根本交不起五个孩子的学费和伙食费。于是,她就以个人名义给育英学校校长写了一封信,说明情况,并让三个小一些的孩子转到北长街小学。因为离家近,就省去了住宿费。五分钟的上学路程,孩子们就走着去学校,由于年龄都很小,刚开始她并不放心,悄悄地跟着他们,看着他们过马路,等他们熟悉路程之后,才逐渐放心。

于若木对子女既关心爱护,又严格要求,耐心细致地教育子女和孙辈,要求他们努力学习,正派做人,为国家、人民和社会多作贡献。她时刻要求儿女们要以普通者自居,绝不允许他们有任何特殊化,并带头遵守,以身作则。新中国成立初期,陈云任中财委主任,那个时候于若木也在中财委工作,本来完全可以搭乘陈云的车到中财委上班,但她坚持自己骑自行车上班。

作为一名领袖夫人,于若木终其一生守护家庭、照顾子女,是陈云最忠诚的人生伴侣与贤内助。但如果只将她定义为一位贤惠的妻子、慈爱的母亲,却未免太过保守,于若木的光芒与价值,将在更大的人生舞台上熠熠生辉。

三、一点一滴谋营养、一举一动感人心

从20世纪80年代起,于若木就开始对营养学这一新兴学科进行探索研究,致力于改善国民的体质。针对中小学生的营养明显低于国外同龄孩子的问题,于若木认为增强体质要从娃娃做起。因为国民身体素质是关系到国家前途命运的大事,而当时营养学在我国却是极其落后的事业,这种状况让她产生了深深的忧患意识,燃起了她的危机感、责任感和使命感,并鼓起她强烈的奋发精神。

改革开放后,人民生活水平得到了极大提高,但营养事业,这项对民族振兴极为重要的事业在我国却是极其落后。于若木针对十年动乱中食品卫生制度遭到破坏、肝炎等疾病流行的实际情况,结合国家提出的解决新长征路上的吃饭问题,率先提出改善我国人民的营养卫生状况是亟待解决的重大课题。1983年,于若木经过广泛的调查研究,撰写和发表了《营养关系人民体质的大事》一文,在社会上引起了强烈反响,有力推动了食品工业在中国的发展。同时也激发了她对营养学这一新兴学科的研究。

于若木非常重视婴幼儿和中小学生的营养与健康工作,先后撰写了《关心婴幼儿的健康成长是当代人的天职》《全社会都来关心学生的营养》《于若木论学生营养》等文章和书籍,并成立了"若木营养研究中心",专门从事学生营养研究工作。她做了大量营养学研究工作,充

分了解发达国家和发展中国家营养领域的历史、现状和立法情况，深入思考我国营养发展战略。由于在营养、食品学研究方面的突出成绩，1986年她先后被聘为中国营养学会荣誉理事、微量元素与健康学会名誉会长、中国食品工业协会顾问等，1987年7月被评为研究员。

1989年1月，出于对下一代的无私关怀，对国家和民族未来繁荣昌盛的热切期望，她发起成立了中国学生营养促进会，呼吁社会各界广泛参与、积极发展学生营养事业，关心和保护学生的身心健康，为提高中华民族的身体素质作出贡献。在她的倡议下，国家先后启动了"护苗系统工程""大豆行动计划"和"学生饮用奶计划"，都取得了明显的社会效益。

在近70年的革命生涯中，于若木一贯忠于党，忠于人民，对共产主义事业忠贞不渝。她早年参加革命工作，经历了革命战争年代艰苦环境的考验，也经历了社会主义革命和建设中的曲折道路，历尽艰辛，饱经风霜，磨砺出坚定的革命事业心和政治责任感。她服从党组织的安排，组织观念强，讲政治，顾大局，自觉在政治上、思想上、行动上与党中央保持高度一致。她对待工作积极主动，认真负责，干一行，爱一行，钻一行，任劳任怨，具有务实精神。她一生热爱学习，追求进步，坚持活到老、学到老，具有较强的政治理论修养和文化知识基础。她坚持理论联系实际，认识问题全面深刻，分析问题客观准确，坚持原则，实事求是。她长期在科技部门工作，兴趣广泛，关注新生事物，对新科学技术有着浓厚的兴趣，形成了坚持真理、崇尚科学的正确价值观。由于孜孜不倦的学习和钻研，她成为了我国营养保健事业的开拓者，在营养学、食品学研究领域颇有建树。她一生坚持学习，晚年能够研读英文营养学专业文献，86岁时仍不断探索，撰写出版了

《循经取穴胶布疗法》一书,是一位名副其实的营养学家。此外,她还团结了一大批从事营养学工作的专家、学者和实际工作者为现代化建设和人民健康事业作出了突出贡献。

斯人已逝,风范长存。于若木这些具有前瞻性和实践性的营养思想及理念至今仍熠熠生辉,未来在指导我国营养事业和食品工业健康发展方面仍有积极的现实意义。为深入贯彻落实习近平总书记在"十九大"报告中所提出的要完善国民健康政策,为人民群众提供全方位周期健康服务,全面实施健康中国的伟大战略,在中国特色社会主义进入新时代的今天,我们缅怀于若木,学习她的高尚品格,就是为了不断推进健康中国建设,助力实现中华民族伟大复兴的中国梦!

作者简介

陶蕾:陈云纪念馆馆员

"纪念于若木同志诞辰 100 周年"座谈会在京召开

龚泓铭　程四化　杨　晨

2019 年 4 月 11 日,由中国社会科学院陈云与当代中国研究中心、北京市于若木慈善基金会、上海唯实文化研究所主办,陈云纪念馆,中共淄博市委、淄博市人民政府,中共白山市委、白山市人民政府,中共临江市委、临江市人民政府,《祖国》杂志社,央视数字《写意人生》栏目,中国营养餐产业技术创新战略联盟等单位协办的"纪念于若木同志诞辰 100 周年"纪念座谈会在北京国务院第二招待所隆重举行。来自全国党政军群及有关企事业单位的领导、革命家后代、于若木同志亲属、陈云同志和于若木同志原身边工作人员及社会各界嘉宾 300 余人参加了此次座谈会。河南首邑农业发展有限公司、海南鸿厚蓝海实业有限公司、中国少数民族保护协会、人民书画院大连分院、贵州金启晨锌硒食品、慈脉中医等单位作为本次座谈会的支持单位。

"纪念于若木同志诞辰 100 周年"活动的成功举办,旨在以中共"十九大"精神和习近平新时代中国特色社会主义思想为指引,深切缅怀于若木同志忠诚于党、服务人民、爱国爱家的高尚情怀,学习、宣传她的革命精神和崇高品德，再现她革命的一生、奋斗的一生，以激励广大干部群众团结奋斗、砥砺前行，以更加饱满的热情投入到全面建成小康社会、实现"两个一百年"奋斗目标和中华民族伟大复兴的中国梦的伟大践行中。

出席座谈会的有，第十二届全国政协副主席陈元，军事科学院原院长刘精松上将，原第二炮兵副政治委员贾文先中将，军事科学院原副院长任海泉中将，原新闻出版总署副署长、中国新闻文化促进会理事长李东东，中国社会科学院原副院长朱佳木，中国前驻欧盟使团团长关呈远大使，国务院原参事任玉岭，中国记协书记处原书记祝寿臣，中国载人航天工程总设计师宿双宁将军，中国老促会副秘书长刘津远等同志。

出席座谈会的还有多位老一辈无产阶级革命家后代，他们是毛泽东之女李敏，周恩来侄女周秉建，刘少奇之孙刘维泽，朱德之孙、空军指挥学院副院长朱和平将军，朱德外孙、解放军装备指挥学院副院长刘建将军和刘武大校，任弼时之女任远芳，徐海东之女、开国元勋后代合唱团理事长徐文惠，陈赓之子、重庆警备区原副司令员陈知建将军，万里之子、中国体育杂志社社长万伯翱，宋任穷之子、中国扶贫开发协会老区基金理事长宋克荒，杨静仁之子、中国少数民族文物保护协会会长杨华山，罗青长之子、海军大连舰艇学院政治委员罗挺将军，伍修权之孙、红军小学建设工程理事会副秘书长伍子牛等。

陈云同志和于若木同志的亲属代表陈伟力、陈伟华、陈方等参加了本次纪念座谈会。

出席本次座谈会的主办、协办单位领导还有北京市于若木慈善基金会理事长李和平、副理事长徐黎明将军、秘书长赵华，上海唯实文化研究所所长徐建平，陈云纪念馆馆长陈麟辉，白山市人大常委会主任李宇忠，淄博市临淄区区长白平和，临江市市长栾国华，《祖国》杂志社、央视数字《写意人生》栏目、中国营养餐产业技术创新战略联盟等单位的领导。

此外，还有来自中央党史和文献研究院、中办老干部局、国家卫健委、教育部、北京市政府、浙江省政府、江西省政府、山东省政府、陕西省政府、辽宁省政府、北京大学、中国农业科学院、中国食品工业（集团）有限公司、中国营养餐产业技术创新战略联盟、全国红军小学建设工程理事会、中国画院等单位以及新闻媒体的有关领导和嘉宾 300 余人出席了今天的纪念活动。

座谈会拉开帷幕后，军事科学院原院长刘精松上将首先致辞。他讲道：在我们国家全面迈向社会主义建设新时代的今天，纪念学习老一辈无产阶级革命家和革命前辈具有十分重要的历史和现实意义。今天，在于若木同志百年诞辰之际，成功举办这次纪念活动，又为我们提供了一次向革命前辈学习的好机会，我们要认真学习于老一心向党、全心为民、谦虚谨慎、不骄不躁的优秀作风，把对于老的深切缅怀之情化作力量，砥砺前行、不懈奋斗，为争取新时代中国特色社会主义的伟大胜利做出自己的一份贡献！

陈云同志秘书，中国社会科学院原党组成员、副院长，陈云与当代中国研究中心理事长朱佳木在致辞中讲道：习近平总书记在建党95周年大会上指出，我们要永远保持对人民的赤子之心……面向未来，面对挑战，全党同志一定要不忘初心、继续前进。我认为，于若木同志就是这样一位一辈子不忘初心的共产党人。她是陈云同志的好战友好伴侣好学生，是陈云同志优良家风的铸造者之一，是我们学习的好榜样。我们今天纪念她，就要像她那样，永远保持对人民的赤子之心，为着中华民族伟大复兴继续奋斗！

第九、十届全国政协常委，国务院原参事任玉岭在致辞中回忆，于老十分关心人才、支持人才建设，为中国食品行业发展做出了功不可没、十分了不起的贡献。还有就是于老的宝贵精神情操和为人处世也给我们留下深刻的印象，于老的精神永远值得我们怀念。进入新时代，我们肩负着更加光荣而艰巨的使命责任，也面临更大的挑战。因此，为了中华民族伟大复兴梦想早日实现，我们需要更多地向于老这样的革命老前辈学习，从他（她）们的身上汲取宝贵的精神营养。

营养学家、中国老年保健协会食物营养与安全工作委员会主任孙树侠在主旨发言中回忆了协助于老开拓我国营养保健事业的往事，用一个个真实的故事，一个个感人肺腑事例，再现了于老"生而恪尽职守、倒而灵魂不朽"的人格魅力和"不唯上、不唯书、只为实"的优良作风。

北京市于若木慈善基金会副理事长、陆军总医院原副院长徐黎明将军在发言中首先代表于若木慈善基金会对座谈会的成功举办表示热烈的祝贺。他讲道，于若木同志离开我们已经13年了，她的大爱之举、大善之行我们铭记不忘。对她最好的纪念方式，就是将她所毕生追求、倾尽心血的事业发扬光大。我们将高举习近平新时代中国特色社会主义思想伟大旗帜，认真贯彻落实党的"十九大"精神，创新工作方式，强化自身建设，做大慈善项目，肩负起新时代赋予我们的使命和担当，为推进慈善公益事业作出新的更大贡献！

作为于老的家乡代表，淄博市临淄区区长白平和同志在讲话中谈道，作为临淄的优秀儿女，她的家国情怀、革命情操，她为我国营养事业所作的贡献让61万临淄人民为之骄傲和自豪。于若木同志无私无畏的革命精神和追求真理的崇高品质、服务人民的公仆情怀、严于律己的道德情操是留给家乡人民弥足珍贵的精神财富，值得家乡人民永远崇敬和怀念，我们要深入学习于若木同志，忠于党忠于人民的高尚品德，坚持用习近平新时代中国特色社会主义思想武装头脑，坚定不移为党和人民的事业不懈努力，我们要大力弘扬于若木同志坚持真理、实事求是的优良作风，自觉运用新发展理念指导新的实践，确保党中央的决策部署在临淄落地生根。

老区代表、临江市市长栾国华在发言中谈道："白山绿水情深，难忘老区人民。"这是于老为白山老区写下的饱含深情的题词，也是于老对老区人民披肝沥胆、夙兴夜寐、鞠躬尽瘁的真实写照。她是矗立在临江老区人民心中的不朽丰碑。她永远活在临江老区人民的心中！

陈云同志原秘书顾宗宏代表陈老、于老身边工作人员讲话。顾宗宏谈到，习主席号召我们党员要不忘初心、全心全意为人民服务。革命老前辈于若木同志率先做到了！她老人家是我们全体党员学习的楷模和榜样！她老人家早年中学时代参加革命，1937年又带领自己的妹妹到革命圣地延安。新中国建立初期，在各方面条件都很差的情况下，于老又把自己的哥哥一家，从国外动员回国，为新中国建设贡献力量。

最后，陈云同志和于若木同志之女陈伟力代表于老亲属发言，她讲道："母亲离开我们13年了，至今人们依然深切地怀念她、追忆她、感恩她，其主要原因有以下三点：一、母亲被誉为改革开放历史时期我国营养事业的开创者和奠基人之一；二、母亲为促进我国营养事业发展的实践建树；三、母亲平凡而伟大的一生是我们学习的楷模。"她还讲道，党的十九大后，母亲晚年一直致力的营养事业，已经被列为"健康中国"的国家战略，全民重视营养与健康已蔚然成风，相信母亲在九泉之下定会感到欣慰的。母亲深爱着我们的国家和人民，她的一生是勤劳的一生，奉献的一生。我们为有这样一位伟大的母亲而自豪，为有这样一位值得尊敬的母亲而骄傲。今年我们纪念缅怀母亲，就是要学习母亲的思想，发扬母亲的精神，为实现中华民族伟大复兴的中国梦贡献力量！

座谈会后，与会领导和嘉宾参观了"忠贞·于若木同志生平事迹展览"和纪念于若木同志诞辰100周年"丹青·使命"中国书画名家邀请展，据了解，本次书画展集中了百位书画艺术家近一百三十幅作品，如中国书法家协会副主席孙晓云的书法作品、国家画院画家唐秀玲等人的山水、书法作品。深刻地展现了这批艺术家感怀于若木同志的革命精神和奉献情怀，积极参与慈善公益事业，深情讴歌当代、讴歌人民的精神风貌，共同重温了这位革命前辈光辉的一生和为我们留下的宝贵精神财富。这次座谈会是对先辈崇高业绩的缅怀，也为艺术家提供了一个学习和践行革命先辈崇高理念的契机。艺术家在探索自己的艺术语言和艺术的人民性的同时，也体悟和思考"大爱·使命·崇高"的人生境界，让优美与崇高完美结合，让艺术真正来源于生活，服务于人民。

本文原载《祖国杂志》2019年4月11日。

作者简介

龚泓铭、程四化、杨晨：《祖国杂志》的记者

纪念于若木诞辰 95 周年

在"中国营养发展论坛暨纪念于若木同志诞辰95周年"大会上的讲话

陈伟力

尊敬的各位领导、各位来宾：

大家上午好！首先，我谨代表于若木同志的亲属对前来参加此次论坛的各位领导、专家学者表示热烈的欢迎！对筹备此次论坛付出辛勤劳动的全体同志表示衷心的感谢！

今年是我的母亲于若木同志诞辰95周年。8年前，母亲静静地闭上眼睛，永远地离开了我们。至今，母亲生前的一举一动，一言一行，仍然历历在目。我们深深地怀念母亲，她的爱国明理，正直坦荡，宽容博爱，如冬日的阳光，温暖着我们的心。每当我想起母亲慈爱的面庞，总会黯然泪下。

母亲出身于教育世家。外祖父曾东渡日本求学，在国内一度担任当地国立师范学校的校长，是山东近代教育的奠基人之一。因此，母亲接受了良好的传统文化教育，是一位饱读诗书的大家闺秀，并且有着强烈的爱国热忱和报国志向。在两个哥哥的支持、鼓励下，母亲于1935年考入北平市立第一女子中学。在读书期间，她不惧白色恐怖，冒着生命危险，参加一二·九学生运动，17岁就加入了中国共产党。1937年，年仅18岁的她冲破重重封锁，毅然决然奔赴延安，成为她人生中最重要的转折点。在延安这个全国热血青年聚集的地方，母亲与父亲相识、相知并结合，共同投身到争取民族独立和人民解放的伟大事业中，一起走完了人生之路。

在我的记忆中，无论是战争年代还是和平时期，无论是身处顺境还是深陷逆境，母亲与父亲都相互信任，相濡以沫。作为妻子，母亲始终信任父亲，全力支持父亲。她多次说过，我们这个家都要为父亲的需求让步。母亲几十年如一日，把很多时间都花在照顾父亲和协助他工作上。父亲吃的饭菜，她都精心安排，父亲穿的衣服，她都精心挑选，为照顾父亲作出了很大的牺牲。尽管母亲参加革命很早，但职务一直很低，对此，母亲从来没有抱怨过，始终默默地奉献着。

在我们的记忆中，母亲深爱着我们这些孩子。新中国成立初期，尽管当时的生活条件十分艰苦，她总是能把家打理得井井有条。母亲计算着使用有限的布票和粮票，使我们每个人都吃得饱穿得暖，让我们感到家庭的温馨幸福。平时，她不仅要求我们好好学习，锻炼身体，还要求我们学会缝补衣袜，炒菜做饭。在待人处事方面，母亲更是要求我们要正直无私，做一个有知识、有能力、有理想，并且能够靠自己的双手自立于社会的人。她给了我们生命，教给我们如何做人，是我们人生中的第一个老师。

在她的人生中，母亲始终充满着对革命事业的执着。新中国成立后，她先后在中财委从事翻译工作、管理国家科学规划委员会资料、曾担任过父亲的秘书，后来又调到中国科学院植物研究所。十一届三中全会后，出任中央办公厅秘书局办公室主任。1981年任中共中央书记处研究室科技组顾问。每到一个岗位，她都兢兢业业。20世纪80年代初，母亲涉足营养学领域。为了改善国民的营养状况，她倡导实施了学生营养餐、大豆行动计划及学生饮用奶计划等工程，为营养食品的体系建立和发展、为提高中华民族的整体素质作出了重要贡献。

母亲非常重视中国的营养学事业的发展。她认为，未来国与国之间的竞争，实际上是国民素质之间的竞争。人的智商高低和身体强壮的程度是竞争的根本要素，营养状况关系国民智力和身体素质的水平。因此，营养是关系国家长远发展的重大战略问题。她花大力气请教专家、学者，广泛参阅书籍，系统整理资料，夙兴夜寐。经过多年的深思熟虑，她提出了许多具有真知灼见的观点和意见。她最早在《红旗》杂志上发表了一篇关于营养学的文章，呼吁社会要重视营养工业的发展、食品工业的发展。这篇文章在社会上的影响很大。后来许多人都跟我说，他们都是看了母亲的文章，才开始立志从事这项事业的。如今，他们的企业都发展得很好，事业也很成功。这篇文章现在看来仍然有着重要的现实意义。

母亲非常重视青少年的营养问题。她常说：人类应当把他所拥有的最好的东西给予儿童。母亲力主倡导在中国推广学生营养午餐。为了这件事，她走访过许多省市及边远乡村和贫困山区，亲自到学校食堂调查研究。她呼吁各级领导要重视学生营养中存在的问题，她的意见和观点，先后汇集出版了《于若木论学生营养》等著作。1999年春节，江泽民同志来给她拜年的时候，她再次呼吁国家应当重视全民族的营养问题。此后，这件事逐步地得到了各级政府的落实，事业也得到了发展。她所从事的营养学事业填补了国家这方面的空白，也是她有生之年为国家作出的一个重大的贡献。

母亲深爱着我们的国家和人民,她的一生是勤劳的一生,奉献的一生。我们为有这样一位伟大的母亲而自豪,为有这样一位值得尊敬的母亲而骄傲。今天我们纪念母亲,就是学习母亲的思想,发扬母亲的精神,为实现中华民族伟大复兴的中国梦贡献力量。

最后,祝各位领导和专家学者,身体健康,万事如意!

谢谢大家!

作者简介

陈伟力:陈云同志长女

在"中国营养发展论坛
暨纪念于若木同志诞辰 95 周年"大会上的致辞

燕 爽

尊敬的陈元副主席,尊敬的于若木同志的亲属,尊敬的各位领导、各位来宾:

大家上午好!为深切缅怀于若木同志对中国营养事业作出的重要贡献,推动中国营养事业的进一步发展,由陈云纪念馆、农工民主党中央联络委员会共同主办的"中国营养发展论坛暨纪念于若木同志诞辰 95 周年"大会在北京召开了。在此,我谨代表中共上海市委宣传部、陈云纪念馆管理委员会向论坛的召开表示热烈的祝贺!对各位领导、专家学者的到来表示诚挚的欢迎!向农工民主党中央联络委员会和为筹办此次论坛付出辛勤劳动的全体同志表示衷心的感谢!

于若木同志是中国共产党的优秀党员,久经考验的忠诚的共产主义战士,原中共中央书记处研究室研究员,著名的营养学家,也是老一辈无产阶级革命家陈云同志的夫人。

于若木同志曾说过:"我出来参加革命,就是希望为这个社会作出贡献。"因此,在新民主主义革命时期,她坚忍不拔、矢志不渝,投身革命洪流，锤炼出较高的理论素养和坚定的政治信念；在社会主义革命和建设时期，她调研国情，注重实际，了解科学动态，培养出对科技工作和营养领域的浓厚兴趣；在改革开放和现代化建设新时期，她守望天下，胸怀大爱，以"夕阳红似火"的热情，投身营养事业，为晚年岁月谱写了光辉的篇章。

于若木同志晚年十分重视营养事业，先后担任中国学生营养促进会会长、中国营养学会荣誉理事、中国食品工业协会顾问等职务，为推进中国的营养保健事业艰辛探索、无私奉献。改革开放后，于若木同志在充分了解发达国家营养发展的历史后，深入思考我国营养发展战略，明确指出我国营养发展目标，全面分析我国营养发展重点。她关注学生营养，提出学生营养午餐、护苗工程、大豆行动计划以及学生饮用奶工程。她重视食品工业，力促开发微量元素，倡导平衡膳食。她提出要加强营养宣传，推广营养知识普及，向党和国家领导人建言献策，建议把营养指导作为一项基本国策。

于若木同志还一直关心上海营养事业的发展，多次前往上海指导营养事业发展。1991年1月，于若木同志专程到上海主持学生营养"护苗系统工程"专家座谈会。在她的关心下，这项工程在上海逐步实施。同时，在于若木同志的亲切关怀和直接指导下，上海还成立了若木营养研究中心，专门从事学生营养研究工作。1999年11月，于若木同志出席了上海市静安区第一中心小学豆奶机赠送仪式，同时还参观了莘莘学子配餐中心，对配餐中心的午餐质量、卫生标准等进行了考察。

为了表达对于若木同志的深切怀念和无限敬仰，展现她的人格魅力和精神风范，陈云纪念馆组织撰写了《于若木画传》，拍摄了《上善若水　大爱若木——怀念于若木同志》文献片。这些都从不同的角度展现了于若木同志的一生，尤其她对我国营养事业的贡献。

"老牛明知夕阳短，不用扬鞭自奋蹄"是于若木同志的座右铭，也是她人生真实的写照。于若木同志晚年以一位老革命家的责任感、使命感，心系民族未来，心系祖国发展，投身营养事业，成为新时期中国营养保健事业的开创者和奠基人。今天，对于若木同志最好的纪念和缅怀，就是要结合我国的实际情况，学习、继承和发扬她的营养理念和崇高风范，凝聚共识、积聚力量、汇聚智慧，将她未竟的事业进行到底，将中国的营养事业继续推向前进，从而实现中华民族伟大复兴的中国梦！

最后，预祝此次论坛取得圆满成功，祝各位领导、专家学者身体健康，万事如意！

谢谢大家！

作者简介

燕　爽：中共上海市委宣传部副部长，陈云纪念馆管理委员会原主任

在"中国营养发展论坛暨纪念于若木同志诞辰 95 周年"大会上的讲话

黄泰康

尊敬的于若木同志的亲属、各位领导、各位嘉宾：

大家上午好！今天我们有缘从祖国各地汇聚北京，怀着一份感恩崇敬之情，来纪念我们的营养学家——于若木同志。她是我们医药卫生界、营养学界的泰斗。下面，我简单地回顾一下于若木同志对中国营养事业的卓越贡献。

20 世纪 80 年代初，于若木同志任中共中央书记处研究室科技组顾问，我在南京中国药科大学任职。为了了解有关药材的药性，她专门写信到南药来，向我详细询问中药大黄有什么特殊功效、如何应用等。

我和于老第一次见面是在杭州。其间，我们深入地交流了有关中国营养发展方面的问题。20 世纪 90 年代，在中共领导人的大力支持下，于老陆续提出了护苗工程、大豆行动计划、豆奶计划等一系列与营养相关的、形式多样的、有利于全民族强身健体的工程。

2010 年 6 月，《于若木与中国营养促进文集》一书出版。该书收录了于若木同志 1983 年至 2005 年间营养促进方面的重要论述，涵盖了于老的重要报告、讲话、谈话、信件和采访稿等内容，其中相当一部分是第一次公开发表。我们要认真学习于老的营养理念，努力为营养事业多作贡献。

现在，全世界营养学到了一个多样性阶段。各种疾病的产生，各种病灶的出现，不是我们药物学家能够简单解决的。要想强身健体，根本要从身心健康考虑。所以说，新的时代，赋予新的使命。未来的中国营养学是什么呢？是身心健康新时代。只有身心健康，才能顺应时代的发展。离开身心健康，谈不上人类文明的进步。

愿中国和世界的营养发展能真正朝着身心健康的方向发展，为人类文明进步作出巨大的贡献。

谢谢！

本文根据讲话录音整理，未经本人审阅。

作者简介
黄泰康：中国农工民主党中央联络委员会主任

在"中国营养发展论坛暨纪念于若木同志诞辰 95 周年"大会上的讲话

王 峰

尊敬的各位领导、各位前辈、各位嘉宾：

大家上午好！

今天，我能来参加"中国营养发展论坛暨纪念于若木同志诞辰 95 周年"大会，并作为于若木同志生前工作人员的代表发言，感到非常激动，非常荣幸。在她身边工作过的同志都知道，我们都喜欢亲切地称呼她为于阿姨，她也很喜欢这个称呼，简单、亲切，像一家人一样。因此，首先请允许我代表于阿姨身边的全体工作人员，表达对她老人家的无比崇敬和深深怀念之情。

听说要召开这个座谈会，最近一段时间我一直沉浸在深深的回忆之中，往事历历浮现在眼前。于阿姨晚年的时候，组织安排我到她身边工作，我目睹了老人家在营养学方面的探索和研究，亲身感受到了她对我们国家营养健康事业的努力推动和无私奉献。

我在于阿姨身边工作近 10 年，从来没有看到她为了自己的事向组织、向中央领导要求过什么、反映过什么，倒是为了国家营养健康事业的发展，为了民族下一代的茁壮成长，她呕心沥血做了很多事情。我现在还清楚地记得，1999年春节，江泽民同志来家里向她老人家拜年，老人家没谈自己，而是利用这个难得的机会，向江泽民同志反映实施学生营养餐及学生奶计划的重要性和推广时遇到的困难。没过多久，江泽民同志在北京视察工作时，就亲自嘱咐时任北京市委书记的贾庆林同志，要在中小学生中推广学生营养餐，而且北京要带头把这个工作搞好，将来还要在全国推广。后来北京这项工作搞得很好，成为全国学习的典范。

还有一件事，我印象也很深。那是在2003年，正是"非典"肆虐的时候，老人家听说全国不少地区的学校因为各种原因停止了学生奶的供应，她非常着急。很快，她就给党中央国务院写信，反映这方面的问题，明确指出"一杯奶强壮一个民族"，并且还专门提出了"后'非典'时期坚持实施国家学生饮用奶计划"的建议。这个建议后来得到了温家宝同志的亲自批示，从而使学生奶计划在全国范围内得到了更好更快的发展。

于阿姨非常重视青少年的营养健康状况，她创办成立中国学生营养促进会并担任第一任会长。多年来她通过讲话、写文章、著书向社会广泛宣传学生营养问题的重要性，呼吁全社会关注学生营养。她非常重视学习和调查研究，平时读了很多相关书籍，经常向专家学者请教，而且还跑了全国很多地方实地调研。她还在实地调研中为当地解决学生教育和营养中的困难。1999年4月，我陪同于阿姨去山西省忻州市静乐县调研，于阿姨发现该地区的教育水平落后、学生学习和生活条件艰苦，于是便提议当地的企业家给孩子们一些资助，建立希望小学，并捐助豆奶机，让学生利用自己家种植的黄豆，喝上免费的豆奶。山西中远威药业公司董事长钟志孟同志很快响应了老人家的建议，中远威药业公司出资的第一所希望小学当年便落成了，当地取名为"若木希望小学"。该公司还给当地多所学校捐献了价值40多万元的豆奶机。当地学生的学习环境和营养条件在于阿姨的关心下很快得以改善。像这样的地方于阿姨去了很多，在她的奔走呼吁下，全国很多地区的学生都吃上了营养餐，喝上了学生饮用奶或豆奶。毫不夸张地说，她老人家为整体国民素质的提高作出了重要贡献。

除此以外，于阿姨还非常关心贫困地区的经济发展和营养健康状况，非常重视微量元素硒的开发研究，曾亲自多次赴陕西省紫阳地区调查研究，帮助当地开发和推广富硒茶产品。她还每年自费采购很多紫阳富硒茶叶，一是自己喝，二是送人品尝。但她从来不要地方上送，而是让我们帮她汇钱，托人代购。老人家就是这样，一生都冰清玉洁，从来都是施与，从不索求，对于像我们这样在于阿姨身边工作的人来说，这就是一种无声的教育，影响了我们一生。

在于阿姨身边工作过的同志都知道，于阿姨对我们就像对自己家人一样，既严格要求又十分关心。于阿姨非常重视我们这些年轻人的学习和成长，经常组织我们开展学习活动。她平常看到好书好文章，都会专门挑出来让大家一起学习，有时还要带着大家一起讨论。于阿姨也非常重视我们的身体健康，经常利用她自创的"胶布疗法"为我们治疗像鼻炎、感冒、流鼻血等各种小毛病，常常亲自为我们在穴位上贴胶布。后来她还将胶布疗法加以总结，出版了《循经取穴胶布疗法》一书，并自费印了许多书捐赠给各地的青少年中心。其实，于阿姨不仅对她身边的人很关心，就是那些已经离开她身边的同志，她也时常牵挂着。我记得有一位陈云首长身边警卫班的战士，退伍回家以后腰部受伤引起腰椎盘突出，由于刚复员还没有工作，又要治病，生活非常困难。于阿姨得知消息后，便立即打电话询问情况，还决定以后每月从自己的工资中拿出500元寄给战士用来治病。这样让人感动的事其实还有很多很多。

在于阿姨身边工作的日子，是我一生中最宝贵、最难忘的时光。现在，我还时常会回忆起这些日子中的点点滴滴。我曾经是一名普普通通的警卫团战士，有幸来到于阿姨身边工作，接受她的教育和指导，也得到了她的关心和照顾。更重要的是，我亲身感受到了她的革命精神和人格魅力，这些一直影响着我的理想信念和精神追求。有句话叫"居功不自傲，晚霞励后人"，这句话用来形容我们永远可敬可爱的于阿姨，是再合适不过了。我们全体工作人员将永远铭记于阿姨的思想风范和道德情操，她给我们留下的宝贵精神财富，将永远激励我们！

谢谢大家！

作者简介

王　峰：中共中央办公厅老干部局干部

传承于若木营养观
为实现中国学生营养梦而努力奋斗

高影君　施承斌　邓书读

于若木先生在年逾花甲时以高度的政治觉悟和饱满的革命热情从事中国营养事业的研究与改善，直至进入耄耋之年。她在人生最后的二十多年里，刻苦学习营养学理论，研究国内外营养事业发展状况，调研我国学生的营养与健康状况。把我国古今营养学科结合起来，从理论上阐述了发展营养事业的重要性、必要性、紧迫性，在实践中找出我国营养事业发展中的主要问题，提出了一些适合国情的改善举措，进行有益探索，取得了广泛的社会影响。为促进我国营养事业发展特别是开展学生营养工作积累了具有可操作性的宝贵经验。在于若木先生诞辰95周年之际，我们试图总结于若木营养观，供同道们在传承中研讨。

一、改革开放初期于若木先生积极推动我国营养事业发展

于若木先生在1981年调到中央书记处研究室担任科技组顾问，离

休后毅然选择了关乎民生的"中国营养"重大研究课题,把改善人民营养状况作为自己晚年的奋斗目标,孜孜追求,锲而不舍。起初两三年,她扎实调研,查阅资料,遍访专家学者,借鉴外国经验,依据1982年全国营养调查结果,撰写出《营养——关系人民体质的大事》的论文,并发表在1983年第17期的《红旗》杂志上,1984年又在中国教育工会主办的《职工》杂志上发表了《全社会都来关心学生的健康》一文。这两篇文章详细地阐释了她的"营养观"。

于若木先生认为,营养是大事,是关系人民体质的大事。她指出,"营养"不仅仅是科学上一个学科,也不单单是家庭中的普通琐事,而是关系人民体质强弱、国家兴衰、民族繁衍昌盛的大事。她认为,在人类生活中有很多事情,比如工农业生产、物业流通、科学教育、环境保护、计划生育等活动都要人去实施,人类财富的积累都要靠有体力、有智慧的人去创造。由于人类是社会的主宰,社会的一切活动都是"以人为本"而展开,因此,人民的营养与健康状况也是衡量一个国家经济和科学文化发达程度的标志。

于若木先生连续两篇论文的发表,引起了社会各界的强烈反响。从此,她以坚定的信念与坚强的革命斗志,勇敢地肩负起中国营养促进的重任,高举发展中国营养事业的大旗,率领社会各界有识之士及营养事业热心人士,在全国掀起了波澜壮阔的普及营养文化的热潮。1984年,在她的指导下,成立了中国营养促进会,她在杭州市深入中小学校调研,开展改善学生营养试点。1986年12月,她积极支持新华社记者施宝华采写的《营养指导———一项待拟的国策》一文在国家媒体上发表,吹响了向营养领域进军的号角,引导民众走出营养误区,并对学生营养给予特别关注。

二、营养发展的关键是加强青少年营养

第一，儿童优先。于若木先生认为，青少年在人民体质方面是重中之重，务必给予特别关注。1982年全国营养调查结果表明，当时青少年学生的营养最为薄弱，亟待改善。关心学生的营养状况与健康就是关心国家的前途、民族的未来，因此，对学生营养应该给予特别关注。1986年10月，她倡议并主持了在安徽省蚌埠市举办的全国"首届学生营养与课间加餐研讨会"，1987年又参加了在杭州召开的"学生营养现场观摩会"，1989年又积极推动了中国学生营养促进会的成立，1990年制订了学生营养远期目标和短期计划，冠名为"护苗工程"。同时，她还有计划、有步骤地实施了学生营养改善措施，先试点再推广，此后，又倡议试行"大豆行动计划""学生饮用奶计划""学生营养餐"等举措，探索改善学生营养的途径，加速了我国学生营养事业的发展，取得了丰硕成果。这二十多年是我国营养事业发展史上最为辉煌的时期，于若木先生的丰功伟绩必将载入史册。

既然营养是大事，就要大办，必须国家立法、列入国策、政府主导、社会参与、高层重视、全民关注、专职管理、科学指导。于若木先生认为，我们的营养工作没有能与国民经济同步发展的原因不是经济困难或技术缺乏，而是人们对"营养"的重要性、紧迫性认识不足，对营养与国家经济发展的关系不明确。"文化大革命"期间把营养学科作为修正主义的产物予以批判，营养工作破坏殆尽，又出现"营养自然论"的错误认识，认为经济发展了营养自然会好。于若木先生特别重视国家决策者与各地"父母官"的关键作用。1989年1月，她亲笔写信给各省、市领导同志，恳请他们重点关注学生营养；有时还觅机

将《于若木文集》《于若木论学生营养》等书籍赠送给有关领导同志，向他们宣讲她的营养观。从1990年举行首届"5·20中国学生营养日"起，习仲勋、万里等25位中央领导同志分别应邀参加了历届宣传活动，为各级领导树立了关怀与支持学生营养工作的榜样，促进了全国学生营养工作的发展；李铁映同志被于老的奋斗精神所感动，积极支持"护苗工程"的实施与《中国学生营养报》的公开发行。1999年，中央领导同志接受了她在学校建立营养餐制度的建议，即刻要求北京市带头发展学生营养餐。国务院领导同志接受了实施"大豆行动计划"的建议，拨专款在东北三省扩大学生豆奶试点。杭州市副市长陈端接受了于若木同志"必须把学生营养搞好"的建议，亲自指导我国第一个学生营养午餐试点，并推广到全市。时任北京市副市长林文漪认真推广营养午餐，使北京市营养午餐企业呈井喷式发展。上海市也在时任副市长谢丽娟的领导下使学生营养餐得到蓬勃发展。全国学生营养工作呈现出崭新的局面。

为了对学生营养工作进行科学指导，于若木同志于1999年支持中国学校卫生杂志社创办"若木营养研究中心"，2002年支持建立"北京于若木健康营养研究中心"，2005年6月又支持设立"北京市于若木慈善基金会"等民间机构，并指导开展有益的工作，与其他相关研究机构亦建立密切的联系，鼓励他们深入学校开展调研与指导工作。

第二，学生营养工作的重点应放在农村中小学校。于若木先生认为，"学生营养工作的重点应在农村中小学校"。她认为，我国农村学生占大多数，经济欠发达地区贫困学生营养不良的问题较为突出，应重点加强。同时，她提出，越是经济困难，越要讲"营养"，要利用仅有的资源讲究科学搭配，达到青少年身体发育与活动的需求。她认为，在含有五大营养素的食材中,懂得营养知识可搭配出既有营养又便宜的营养膳食。学生处在长身体长知识阶段,必须有足够的热量和蛋白质才能满足需要,从事繁重的脑力劳动对蛋白质的要求很高,摄入的优质蛋白质比例要占总摄入蛋白质的三分之一以上,单单靠从肉蛋奶食物中获取成本太高,食用长久又会在成年后带来"三高"的隐患,可以采用豆类食品、海带、动物血等与肉蛋奶合理搭配。国外的经验认为学生膳食的动物蛋白与植物蛋白按各占二分之一搭配为好。

于若木先生还说,我们是共产党领导的社会主义国家,关心人民营养与健康体现了共产党的先进性和优越的社会制度。对于学生营养与健康,她语重心长地告诫人们,我们老一代前仆后继干革命的目的,在很大程度上是为了给下一代创造一个美好的、德智体美全面发展的社会环境,希望青少年身体一代更比一代强。如果我们成年人没有为青少年的健康尽到自己的责任,一方面有负革命前辈的期望,另一方面愧对子孙后代。全社会都应把学生的营养与健康放在"民以食为天"的重要位置上来。

于若木先生强调,现在世界上一个新潮流正在悄悄地形成,它深刻地改变着我们的传统观念和生活方式。这是一种新的文明,它不同于传统的经济文明,而是旨在改善人类生命质量的文明,凡符合这个趋势的都将得到大的发展。当前,无论是发达国家还是发展中国家都把改善人民的营养、提高人口的素质提到了议事日程上来。她于1989年在第三届国际妇幼营养研究会发表的论文《关心婴幼儿的健康成长是当代人的天职》被美国学者称赞为"智慧之作"。她提出的"护苗工程"被我国著名的儿少卫生学家徐苏恩教授赞扬为"我国前所未有的伟大社会工程"。她的论文水平与学术研究成果获得学界的肯定与赞扬。1984年她被中共中央书记评定为研究员。1996年武汉同济医科大学举行仪式聘请她为"营养与食品卫生学"名誉教授。我国著名营养学家沈治平在1986年说过,"于若木虽然不是科班出身,但她勤奋好学、刻苦钻研、善于实践、身体力行,营养学专业知识丰富,在发展我国营养事业中起到了举足轻重的作用"。

2010年,在北京市疾控中心与北京市于若木慈善基金会的大力支持下,朱培赋、施宝华、高影君、袁韧、邓书读等人与于若木先生的家人,共同将她撰写的论文、书写的讲话稿及部分题词编辑出版了《于若木与中国营养促进文集》。全国人大副委员长陈竺为该书题词,称赞她"双手扶持千木茂,慈怀灌注万花稠";时任副总理的李克强亲笔为该书写序言,盛赞于若木先生的崇高精神。他写道:"于若木同志是一位德高望重的老同志和著名的营养学家,长期致力于我国营养事业的研究与实践。""于老到了晚年,仍以高度的责任感为我国营养和健康事业工作,体现出一种大爱、使命感和崇高的职业精神。"

第三,营养必须列入教育制度。我国义务教育制度的实施使学校成为绝大多数青少年健康成长的主要场所。我国的学生在幼儿园可以得到很好的呵护,但是到了小学,日常膳食却得不到足够的供应。学校认为营养膳食是家长的事,不予关注,家长忙于工作无暇顾及,有关部门也不过问。小学生出现"早餐马虎、午餐凑合、晚餐简单"的现象。因为中小学生缺乏选择食物的能力,又缺乏营养指导,易陷入营养误区,过分追求洋快餐与动物类食品,造成营养失衡,带来"豆芽菜"与"小胖墩"体形的双峰发展,也为成人的"三高"疾病埋下隐患。体形正常的人也多体能低下,智能难以发挥,严重威胁民族体质。于若木先生认为,营养教育是素质教育的重要组成部分,必须将营养列入教育制度。国内外的经验证明，没有营养的教育制度是一个不完善的教育制度。我们感到鼓舞的是，国家在教育改革战略中把学生营养列为重点项目，从2011年开始实施农村义务教育学生营养改善计划的试点，由国家财政划拨专款为贫困地区学生的膳食每天提供3.0元的补助，以改善学生营养状况。实施3年来，近4 000万学生受惠，且人数不断增加，效益也愈加显著，受到社会各界和国际组织的高度赞赏。此项工作将在试点的基础上不断完善，为建立适合国情的学生营养制度提供经验。

第四，发展"校园经济"。于若木同志非常赞赏农村学校发展"校园经济"，以解决副食品供应困难的问题。她借鉴印度发展"校园经济"的经验，指出农村中小学校应因地制宜地养殖家禽、家畜、鱼类，以补充解决动物蛋白质不足问题，推动种植蔬菜、水果，解决维生素缺乏问题，发展粮食、副食品加工，增加膳食的花色品种，大有作为。农村这种得天独厚的条件，城市学校难以比拟。只要当地政府重视，社会各界积极援助，农村学生营养的困难是不难克服的。城市学校也可酌情自办副食品加工，解决食品供应问题。最近，安徽省蚌埠市星光豆制品厂主动提出为农村学校无偿培训生产豆制品技术人员，并拟与开明人士、慈善机构共同援建"豆制品作坊"。这样学校就可以自己生产豆奶、豆腐、豆腐脑、豆干、千张及黄豆芽6种豆制品。类似活动值得提倡。

第五，普及豆类食品是增加优质蛋白质供应的良策。改善学生营养首先要解决优质蛋白质的供应问题，而增加蛋白质供应最好的办法则是大力普及豆类食品。作为大豆之乡的我国，如果不充分利用豆类食品而去寻找其他营养品则有点舍近求远。

此外要发展其他营养丰富的副食品生产，农业部门要提供优良粮蔬、禽畜种子及生产先进技术，援助发展学校副食品生产，大企业和科研机构要把学生营养食品作为重点项目研制新产品，比如，动物血粉、海带海藻类食品加工、豆粕深加工、全麦粉、细微黄豆粉、动物血、骨粉等。只要全社会各行各业都把学生营养列入日程，见于行动，我国营养食品的发展一定能更上一层楼。于若木先生常说，我们的营养工作要闯出自己的路，民间兴办，社会扶持，政府保障。我们要动员民间的力量先做试点，总结出经验，向政府反映，然后政府制定政策加以保证。免得走弯路，造成不必要的损失。

第六，"护苗工程"与"希望工程"配套实施。于若木先生认为，我国兴办的"希望工程"对解决农村孩子的文化素养问题起到了巨大的作用，但还没有能解决农村孩子们的身体素养问题。"护苗工程"完善了"希望工程"的不足，对提高民族素质发挥了重要作用。1998年6月，江西英雄乳业股份有限公司、长春吉深生物技术开发公司、深圳国银投资有限公司等单位，为了支持"护苗工程"，拟联合创建"中国护苗集团"，得到于若木先生的热情支持。于老还亲笔写下了"中国护苗集团"六个大字，予以鼓励。至2000年9月17日，在于陆琳校长主持的第三次《集团》筹备会议上，决定成立"中国护苗集团筹备委员会"。于老于12月16日批准了会议纪要，后因资金未到位而搁置。这一段鲜为人知的历史事件，见证了于若木先生坚持自力更生地解决工作经费困难的精神。为了实现于若木先生的设想，我们呼吁相关强势企业牵头，把于若木同志创下的科研、报刊、组织等整合起来，组成我国营养事业民间强大生力军，完成于若木先生的未竟事业，继续实施"护苗工程"，在政府的领导下做出更多的贡献，也是我们广大学生营养工作者的热切期盼。

三、向全社会普及营养文化

第一，普及营养文化。于若木先生率先提出："生命在于运动，首先在于营养"。她认为，发展体育运动只是增强人民体质的重要手段，营养才是增强人民体质的物质基础。普及营养文化则可以提高群众的营养意识与科学知识，推动饮食文化的进步，提高人民营养水平。因此，她呼吁"要在全民族普及营养文化"，把营养知识教给群众，使民众懂得如何配置合理膳食，做到膳食平衡、预防疾病。为此，她亲自组织专家编辑出版了《中国营养丛书》《膳食与健康丛书》《营养百科》等数套营养系列科普书籍，还积极鼓励其他专家编辑出版科普读物，还为他们的作品撰写序言。她特别重视和充分利用报刊、广播、电视等媒体的宣传活动，并给予热情的支持。她把营养科学转化成营养文化予以普及，把知识转变为力量，推动了营养事业的发展。

于若木先生还强调，普及营养文化必须从儿童抓起，学校要加强营养知识和食品安全的教育，培养学生自觉养成良好的饮食习惯。目前，我国营养读物很多，但是对学生尚无类似《三字经》《千字文》一样的儿童启蒙读本。因此，我们呼吁各界人士发挥智慧编写出一本《食育歌》，让儿童背诵，用潜移默化、循序渐进的方式，使营养知识与良好的饮食习惯在青少年的脑海里深深扎根，受益终生。我们还建议推广类似李瑞芬主任主编的《厨房里的营养》书籍，供学生家长和炊事人员配餐时使用，以提高膳食营养质量。

于若木先生认为，在普及营养文化中要充分发挥媒体的重要作用，采用群众容易接受的形式，持续不断地传播正确的营养观，介绍科学的膳食搭配，营造一个文明、健康生活的社会氛围。她特别重视媒体的营养指导作用，除了利用有影响的报刊发表自己的营养观以外，还创办报刊，建造自己的宣传平台。1987年她专程前往安徽省蚌埠市促进成立了"中国学校卫生杂志社"，利用该杂志开辟"学生营养"专栏，举办学术讲座或研讨活动，繁荣学术交流，促进提高学生营养的科研水平；1992年又亲自创办《中国学生营养小报》，扩大了营养科普宣传。于若木同志非常重视这份报纸，且有特殊的感情，从1986年设想，1992年创办，到1999年公开发行，她时刻关心着报纸的编辑、出版、发行工作，亲自题写报头、撰写《发刊词》与《公开发行致读者》。《中国学生营养小报》是面向群众，要让群众看得懂、用得上、信得过，发挥它的指导作用。为了扩大社会效益，1999年公开发行，2000年起更名为《中国学生营养报》，于若木又一次亲笔题写了新的报名"中国学生营养报"。

在《中国学生营养报》创办时，她对报名与版面大小进行过推敲，征求多人的意见后，最后确定办成一个便于学生、家长阅读的4开本小报。一位外国的健康教育专家盛赞这份报纸是全世界唯一的一份由国家主办的营养科普报纸，而其他国家出版的营养报多半是企业办的，主要用来宣传自己的产品。创办《中国学生营养报》是创立"护苗工程"的重大项目，也是于若木营养观的体现。我们认为，在当前学生营养工作亟待加强的情况下，办一份突出"营养"特色的报刊还是需要的，也是于若木先生办报的初衷。在可能的情况下把"营养报"延续下去，于老在天之灵也会得到慰藉。

第二，"营养学科必须与烹饪技术密切结合"。"于若木营养观"认为,"营养科学必须与烹饪技术密切结合"才能实现营养膳食,学校食堂必须有营养师指导,厨师要按营养要求餐配,并在烹饪中实现营养要求,家庭膳食也要有营养指导,因此国家必须大力培养营养师,以满足营养工作的需求。在这方面我国尚有较大差距,必须奋起直追。于若木先生特别赞赏中华社会大学举办的营养专业,培养了一批实用型的营养人才。有关部门应重视营养专业人员的配备,充分发挥专业人员的营养指导作用。

于若木先生在她晚年二十多年中,创造性地演绎了丰富多彩的改善学生营养举措,给我们留下了宝贵的财富。我们应把她崇高的大爱精神和先进的营养观传承下去,也是对她最好的缅怀与纪念。于若木营养观与众不同之处,在于她把营养科学从神圣的殿堂里搬到了民众的餐桌上,把高深的学科理论转化为普通文化,在民众中进行了普及;用知识的力量推动营养事业的发展,让民众自觉的清除愚昧无知的"营养盲",从而提高民众的健康水平,增强人民体质,走出了一条适合国情的、具有中国特色的营养发展道路。我们要传承"于若木营养观"高举营养文化旗帜,改善学生营养,增强民族体质,为实现中国学生营养梦而努力奋斗。

本文曾于2014年11月28日在北京全国政协礼堂举行的"中国营养发展论坛暨纪念于若木诞辰95周年"大会上报告。

作者简介

高影君:女,北京师范大学副研究员,《中国学校卫生》杂志顾问,《中国学生营养报》副总编,"中国学生营养促进会"首届理事会常务理事、副秘书长

施承斌：原卫生部主任医师，《中国学校卫生》杂志顾问，《中国学生营养小报》总编辑，"中国学生营养促进会"首届理事会秘书长

邓书读：安徽省蚌埠市原卫生防疫站公共卫生主任医师，《中国学校卫生》杂志顾问，"中国学生营养促进会"首届理事会常务理事、副秘书长，《中国学生营养报》常务副总编、法人代表

媒体的顾问指导　记者的良师益友
——深切怀念于若木同志

施宝华

我与于若木同志的交往始于1986年。

那时我在新华社担任记者，负责轻工业等方面的报道。在报道食品产业过程中，我发现中国的营养事业太薄弱，民众大多处于"营养盲"状态，营养科学未得到应有重视，也未能进入餐饮业、食品产业和民众饮食生活。营养事业的落后，已对民族健康带来危害，我决心进入这个领域为它的发展鼓掌与呼吁。

于是，我开始走进"营养圈"，同沈治平等营养界专家学者一同采访调研，之后写了一篇当时很流行的新闻体裁——《记者来信》。文中呼吁国家和社会应重视营养科学事业，提出了要把开展营养指导作为一项国策来抓的思想。

"待拟国策"的缘由

稿件发至卫生部《健康报》，该报领导十分重视，准备刊发，但是认为用《记者来信》的形式呼吁力度不够，最好请有影响的营养界权威人士来呼吁，这样较易引起社会特别是中央决策层的重视。我认为，这个建议很好，决定重新采写。

找哪一位有影响的营养界权威人士呢？我很快想到了于若木同志，她虽不是科班营养学者，但这几年一直活跃在营养事业第一线，参与了许多呼吁、促进营养事业发展的活动。她的特殊身份，又使她的意见、建议增加了影响力，找她谈是最合适的。但是，我当时也有顾虑。因为她是陈云同志的夫人，担心找她采访会有难度。

在一次营养问题研讨会上，我看见于若木同志坐在主席台上，散会后我赶紧走上台，向她说明了我的想法，并把我写的《记者来信》样稿给她看。她和颜悦色地说，你提的这个问题很好，我先看看你的文章再说。

两天后，于若木同志打来电话，说文章的观点很全面，但是有些地方可以再补充一些，邀请我到她家里详细谈谈。当我来到于老在中南海的住处时，她已在一页纸上写了不少意见。交谈中，她强调，营养事业在国外已纳入法治轨道，例如日本颁布了《营养六法》，美国前几年也颁布了有关营养指导的法律。营养事业纳入法治轨道才有切实保障。

根据对她的这次采访，我重新写了《营养指导：一项待拟的国策——访营养问题专家于若木同志》一文。1986年12月，《健康报》以头版通栏头条位置发表。文章发表后引起了较大反响。在国际上也有诸多评述。

通过这次采访，我感到于老是一个办事认真、和蔼可亲的老大姐。从此，我和她之间的来往密切起来。她对媒体宣传报道营养问题十分重视，全力支持我，对我提出的采访要求几乎是有求必应。

"边吃边评"传统筵席

通过大量采访，我深刻地认识到中国传统宴会既继承了中国传统饮食文化的优秀遗产，也存在着许多亟待改进的弊端。我希望能找到一种好的形式在大众传媒中触碰这个问题。

1987年，中国烹饪协会的营养美食委员会在新华社的海味餐厅举办了关于营养科学如何进入餐厅筵席的座谈会。这次会议人不多，但营养学界的诸多知名人物，如营养学会理事长沈治平、副理事长陈孝曙、中国烹饪美食营养委员会主任李瑞芬等都与会。于若木同志也以专家的身份参加了会议。会后，我向于老、沈老提出，能否请各位专家就今天的筵席进行一次"边吃边评"？于老说，这个建议很好，并对在场的营养学家说，希望大家积极参与"边吃边评"。这次营养学家就宴评宴谈得鲜活生动，谈出了许多新思想、新观点。特别是于老，她在餐后还应我之邀补充谈了不少新颖的观点，如讲到多吃宴会的危害时，她引用了一位外国学者"担架就在宴席底下"的话给予了解释说明。并且，她同我一起概括传统宴席的三大弊端：重荤轻素、重菜肴轻主食、重饮（酒）轻食等。

呼吁力行"中国营养改善行动计划"

后来，我根据这次"边吃边评"的形式写了一篇《宴会必须改革——营养学家评宴记》稿件。稿件用生动活泼的笔调和现场描述的方式揭示了传统宴席弊在何处，改在何方。稿件被《人民日报》在内的全国数十家报纸采用，并在《人民日报》头版刊登，引起了较大反响。

1998年，时任卫生部卫生监督司营养卫生处处长的朱培赋同志告诉我，我国政府向世界营养大会承诺，制订并实施中国营养改善行动计划。现在《中国营养改善行动计划》已经出来了，但计划实施却没有机构作执行保证，卫生部只有"半处人"在抓营养工作。我们这样大一个国家实施一项量大而广、基础薄弱的全国性改善营养行动计划，没有一个专门的管理班子是肯定不行的。她希望通过内参向中央反映一下。我向朱处长建议，邀请几个说话管用的"重量级"人物来呼吁中央重视这个问题。于是，她出面请了营养界的权威，我协助她请了于若木同志。于若木同志非常热心。她认为，如果借这次实施《中国营养改善行动计划》能推动我国营养事业发展，也是件大好事，所以她很乐意参加在前门饭店举行的座谈会。在会上她和营养界知名学者沈治平、陈孝曙、顾景范等都发了言。于老强调，在卫生部建立一个贯彻实施《营养改善行动计划》的专门机构非常有必要，它不仅可以为实施营养行动计划提供保证，还对发展我国营养指导工作，如推进营养立法、组织媒体开展营养知识宣传、组织营养人员培训、开展营养调研等都有很大帮助。

座谈会结束后，我根据专家们的意见写了《于若木等营养专家呼吁建立实施〈中国营养改善行动〉计划的专门机构》的内参稿，稿件的清样登出后，当时主管卫生部的国务委员彭佩云立即批示要求卫生部"研究落实"。后来陈敏章部长也作了批示。

畅谈陈云同志饮食生活

同于若木同志相处久了,我同她的交谈也更深入了。她有时也偶然谈起她家庭的饮食生活。她说,从接触营养问题后,她十分注意用营养科学知识指导自己的饮食生活。但对于她是如何安排照顾陈云同志的饮食生活这个问题,我不便问,于老也不便多说。但是,谈话之间可以感受到她对陈云同志的饮食生活是用营养科学为指导精心安排的。

1995年,陈云同志逝世。待她度过丧亲之痛,心情舒朗后,我终于向她提出,希望她介绍一下陈云同志的饮食生活。她欣然应允,约我到她住处,向我介绍了陈云同志的饮食观、一日三餐的合理安排、摄入量的控制、膳食营养平衡的掌握、荤素的搭配,以及她如何配合陈云同志的保健医师和厨师对陈云同志的饮食生活进行营养指导和监督等等。根据她的谈话,我写出了《于若木同志谈陈云同志的饮食生活》。这是我国第一篇介绍领导人饮食生活的文章,发表后引起强烈反响。许多读者反映,过去领导人的饮食生活很神秘,总以为他们是想吃啥就吃啥,一定是天天山珍海味,可是,看了陈云同志饮食生活报道,才知道他们的饮食生活安排得很科学,吃得也很简单、俭朴。后来,我把读者的反映告诉于若木同志。她说,我之所以让你报道陈云同志的饮食生活,是想说明用营养科学指导饮食生活的重要。陈云同志原来身体不是很好,但他能得享90高龄,我觉得同他坚持饮食科学化,用营养科学指导膳食生活有很大关系。

嘱我赴杭采访学生营养餐

于若木同志对新闻工作的支持，还表现在她经常给记者提供"新闻线索"，经常给记者出点子、出题目、给信息。她曾打电话叫我和于陆琳同志一起飞往杭州，看看她在那里抓的学生营养午餐的试点，让我报道这个学生课间餐的新生事物。她还介绍陕西紫阳县的领导同志来找我，要我报道他们栽植富硒茶进行扶贫的事迹，帮助他们呼吁解决发展富硒茶遇到的困难。她还把她的一些重要想法，如"一杯牛奶强壮一个民族"，提倡花粉食品、强化食品、方便营养食品等告诉我，让我写稿宣传。多年来，根据于若木同志提供给我的线索，我写成报道或内参的稿件差不多有二十多篇。

支持媒体有缘由

于若木同志为什么热心支持媒体采访报道呢？原来她有一个非常重要的思想：发展营养事业首要的、基本的任务是向民众传播营养科学知识，让民众学会用营养科学指导自己的膳食生活，这不是需要大量投资的事业，而主要是动员、组织、培养营养科学人才和广大媒体人士运用多种手段开展各种形式的营养科学知识普及推广工作。我国开展这项工作条件是具备的，关键是需要引起政府的重视和参与。只要政府重视，制订政策，充分发动和组织营养科技力量和媒体参与力量，我国营养指导事业就可以很快出现一个新局面。

所以，于若木同志是十分重视媒体在促进我国营养事业发展中的作用。她热情接待记者采访，对记者的要求尽可能地"有求必应"。

也有"有求不应"的"例外"

但是,于若木同志对我的采访,也有有求不应,甚至屡求不应的时候。

1999年下半年,《中国食品报》制订了宣传食品界"元老"人物的计划。报社有关同志知道我与于若木同志联系较多,便约我采写她。我接受邀约后便与她联系,向她介绍了《中国食品报》这项宣传计划,也把我的采写要求和提纲向她作了汇报,希望她安排一个时间接受采访。

可是这次于老却"推辞"了。她说:"我没有什么好写的了,做了一点具体事,都报道过了。"我向她陈述这次对"元老人物"的报道,是全面介绍她对我国营养事业的杰出贡献,目的是激励年轻一代热情参与食品营养事业、产业的建设。她还是坚持要我"别写了"。后来,我又为此事给她打过几次电话,可惜都被拒绝。有一次见到她,还当面向她提出了请求。她不好当面拒绝,但也未落实采访时间。这时,我有点急了,就同她的妹妹于陆琳大姐联系,希望她"做做姐姐于若木同志的工作"。于陆琳大姐一直很支持媒体工作,她答应对于老"说说"。过了一段时间,于陆琳大姐告诉我她已经说过了,于老不希望媒体宣传她个人。

后来,我又同于若木同志打了电话。她说最近很忙,过一段时间再说吧。我看她是想"拖"掉这次采访。于是,我决定进行间接采访,把我所积累的有关她的资料集中起来进行筛选,再同有关当事人进行补充采访和核实。就这样,经过近两个月的采访,我终于把于老对中国营养事业的贡献事迹,写成了一篇一万多字的长篇通讯。当我把通讯稿寄给她，希望她就稿件的主题、事实提出意见，希望她围绕"初稿"给我一次短时间的采访、核对时，她没有再拒绝，答应"看看稿子再说"。这样又等了近一个月，《中国食品报》催着要稿子发表。我只好向她说，《中国食品报》已等着发稿子了。她这才说，稿件我看过了，你写得比我做得好，我提不出什么意见，就改了几个字。她后来把审看过的样稿退给我。我看样稿上她用钢笔写了"同意"，并签上了自己的名字。

2000 年 6 月 3 日，《中国食品报》以头版整版的篇幅刊登了反映于若木同志光辉业绩的长篇通讯《夕阳红似火》。通讯不仅让读者全面了解于若木同志近二十多年来对中国营养事业的贡献，而且也回答了她能铸造晚年辉煌的原因，引起读者广泛反响。

几点感悟

上面介绍的是我作为一个记者同于若木同志交往的一部分情况。从这些事例中，我们可以亲切感受到：

第一，于若木同志是个非常求真务实的营养问题专家。1979 年，她开始步入营养领域。在掌握营养的基本规律后，就大胆地深入中国民众的营养状况实际，到学校、农村和企业中去调查研究，发现、研究问题，总结提出民众创造的新鲜经验。因而，她提出的许多发展营养事业的主张、意见、建议，针对性、可行性都很强。例如：她在东北调查发现人体缺硒会引起一系列疾病，而在陕西紫阳县调研却发现该地出产的茶叶富含硒。于是，她极力倡导多喝紫阳茶，并进而研究微量元素与人体健康的关系，发表了许多讲演和文章。由于提出的问题、解决问题的办法都从实际中来,所以能击中问题的要害,解决问题的办法也切实可行,能为绝大多数人所认同、接收、参照执行。人们都说她对中国营养事业贡献大,她提出的许多问题、主张、建议影响大,其关键原因就是她在营养问题研究中树立密切联系实际、实事求是的优良学风。这是于若木同志从事营养事业取得瞩目成就的重要原因,也是值得我们认真学习的可贵精神。

第二,殷切关爱人民健康,对人民极端负责的工作精神。于若木同志涉足营养领域后发现,我国青少年特别是中小学生的营养失衡状况比较突出,形成既有相当数量的学生存在营养不良,又有部分学生因营养过剩而出现体重超重及"生活方式"病日趋多发的严峻形势。她认为,解决青少年特别是中小学生的营养问题是一个攸关民族未来健康的战略性问题,一定要大声疾呼、坚持不懈地为解决中小学生营养问题而努力。为此,她付出了二十多年时间和极大的心血和精力。在各种场合大声呼吁政府和社会重视学生营养问题,要积极推行课间餐。她设计提出了"护苗工程"计划,亲自在杭州抓课间餐试点,并主持了全国推广课间餐现场会议;与卫生部有关司局一起倡导成立学生营养促进会,建立"5·20学生营养日",倡导兴办《中国学生营养小报》,并亲任社长;制定了"科学性、趣味性、实用性、可读性"的办报方针,为解决学生营养问题大造舆论,传授兴办课间餐经验及营养知识。她还到全国调查,发现推介兴办课间餐好的典型。为了把学生课间餐这个新生事物在全国推开,于若木同志可以说是不遗余力,呕心沥血。有人统计过,她二十多年中为营养问题而发表的讲话文章逾30万字,其中涉及学生营养问题的讲话文章占到13万字以上,占40%左右。

特别是20世纪90年代末，江泽民、朱镕基、李岚清等中央领导同志在新年先后看望于若木同志时，她也不忘找机会向领导呼吁大力推广学生课间餐，重视民族营养问题。从这里我们可以深刻感受到于老对我国青少年健康的深切关怀和解决学生营养问题的坚韧不拔的精神。

第三，一心为人民，毫无名利心。于若木同志是1936年参加革命、1937年奔赴延安的老革命家，是享受部级待遇的高级干部，又是中央重要领导人的夫人，可以说位高至尊、声名显赫。可是，于若木同志对待普通群众始终谦虚、豁达、和蔼可亲，行事也极为低调，从来没有厉声疾言、颐指气使的骄横，是一个非常慈祥、谦和的革命老人。她对报道宣传营养事业的采访时有求必应，而对报道她为人民作贡献的采访却是有求不应，也反映了她一心为公、淡泊名利的高风亮节。于若木同志的这种高尚人格魅力不仅赢得了人民的深深尊敬，也增强了她提出的许多有关解决营养问题的观点、主张、意见的说服力、亲和力和感召力。

今年是于若木同志诞辰95周年。我作为长期与于老有较多接触的新闻记者，把我所经历的一些情况向大家作个汇报，我想它能引起同志们的共鸣。我希望我们能经常缅怀于若木同志，学习她的高尚精神和情操，继承她未竟的事业，为中国营养事业大发展、饮食科学文明大提高而努力奋斗。

作者简介

施宝华：新华社高级记者，国内部原主编，原中国新闻学院教授，北京经济社会研究院研究员

回顾杭州市学生营养工作
——纪念于若木同志诞辰 95 周年

陈 端

2014 年是于若木同志诞辰 95 周年。今天我怀着崇敬的心情,来回顾并纪念于若木同志对杭州学生营养工作的亲切关怀和大力支持。一直以来,我从心里非常感谢于若木同志对杭州学生营养工作的热情指导和不懈促进。杭州市中小学生能吃上营养午餐,成为午餐制的受惠者,是于若木同志促进杭州学生营养工作的成果。

于若木同志虽然已长眠,但她的精神一直在鼓舞着我们,永远铭记在我们心中。

一、于若木同志心怀学生营养工作,以提高学生健康素质为重点

1984 年,于若木同志来杭州调研学生营养工作状况,了解到市防疫站学校卫生科曾调查过一份材料,发现大多数中小学生营养不良,上午两节课后就有饥饿感、头晕、注意力不集中的现象。新闻部门也报道,挂钥匙的小学生中午没地方吃饭,家长反响强烈,普遍要求帮

助解决。于是，于若木同志决定要在杭州试点开展学生营养工作。当时杭州分管文教卫体工作的副市长岗位暂缺人。1984年底，我刚上任。副书记杨招棣就跟我们说："杭州市是于若木同志实施学生营养工作的试验田，要认真着力做好这项工作。"

我第一次见到于若木同志时，她亲切和蔼、语重心长地说："孩子是祖国的未来，孩子的健康成长要靠食物供应营养，不是吃得饱、吃得好、吃得贵就算营养，而是饮食中各种营养要有合理的、科学的搭配。"又说："当务之急，就是要开展课间加餐和营养午餐问题。"

作为一名医师、一位老师，我深刻领会到关心爱护儿童少年学生健康成长，促进学生营养健康，提高学生身体素质，就是推进素质教育的一件大事，就是培养全面发展人才的一件大事，就是提高整个民族素质的大事，是会直接影响到国家兴衰的大事。

作为刚上任的副市长，我深刻领会到学生营养工作这件事是联系着和服务于千家万户的事，应该说这是为老百姓办难事、做好事、做实事，责任重大。我要有信心做好这项服务工作。

我也深刻领会到于若木同志要把杭州作为开展学生营养工作的试点城市，对杭州来说既是机遇也是挑战，我们要尽职尽责、尽心尽力做好这件事，为实现她的美好愿望而努力。

二、于若木同志工作中刚柔相济，以鼓励与促进并举为目标

1984年之后，于若木同志每年都要来杭州一次。每次来到杭州，她第一时间就要召集防疫站站长周谷青、学校卫生科科长朱俐娟和我，到她住处汇报一年来的工作进展情况，而且听取完汇报后，她必定要

亲自到试点学校调查了解工作进展情况，这几乎已经成了常规。

1984年，杭州小学开展课间加餐规模逐步扩大至普及，而各个学校都由相应各城区教育部门建立校办工厂，提供课间餐食品。

杭州曾进行科研测算，课间食品的重量以一两至一两半比较恰当，刚好解决饥饿感，又不影响中午进餐，但学生曾反映口渴，后又增加一种喝维康奶方案，两者供学校挑选。维康奶150毫升，热量100大卡，这样既解饿又解渴，很受学生欢迎。

1987年，于若木同志到长桥小学视察学生吃课间餐情况。她发现每个学生有一只盘子一双筷子，保证食品卫生，而且餐具用过后要收起来集中消毒。这些工作都由学生自己分工完成，培养了学生的组织能力、动手能力和集体主义精神。她认为这很好，一举两得。

学校卫生科曾进行过课间餐试验前后变化对比，发现效果明显。吃课间餐的学生不再出现饥饿感、头晕等现象，身高体重明显增加，学习效率提高、作业错误率下降。于若木同志得知后，非常高兴。

于若木同志认为杭州课间餐工作做出了成绩，并且创造了经验，于是决定，1987年5月在杭州召开课间餐观摩会议，以进一步推动各地工作开展。

1987年，于若木同志又先后视察上城区定安路小学、天长小学午餐试点情况，发现他们都有营养专业指导，都制定了营养食谱，都有卫生监督保证卫生，问孩子都说好吃，比家里还好吃。她还了解到定安路小学条件不怎么好，经费也不宽裕，但学校领导重视，不但坚持搞好课间餐，还搞营养午餐，并且扩大供应附近学校，办得很好。她看后感到很欣慰，并对此给予了充分肯定和赞赏。

1989年，杭州成立学生营养促进会筹备小组，决定在4个区5所学校扩大营养午餐试点，并且着手筹建学生营养午餐供应单位。

1990年，杭州营养促进会正式成立，由分管文教卫体工作副市长担任会长，教委和卫生局领导担任副会长，防疫站领导担任秘书长，各有关部门为常务理事单位。有了组织协调，工作更顺当。

1990年6月，学生营养促进会刚成立就推出了"三个一"活动，即一本书、一杯奶、一顿饭。其中一本书就是由促进会主编的《儿童少年营养卫生知识读本》，该书发送给中小学生人手一册，并宣传到家喻户晓。

1991年11月19日，为了对杭州市防疫站的一个课题"在我国城市推广学生营养午餐的可行性研究"进行讨论鉴定，杭州市召开了专家鉴定会，于若木同志也亲自参与了讨论。会上，专家们一致肯定了学生营养午餐的重大意义，认为这是一项"社会系统工程"，这份研究为开展学生营养工作提供理论依据，并填补了国内空白。最终，这项课题荣获杭州市医药卫生科技进步一等奖。

1991年11月20日，杭州市学生营养午餐中心正式成立，成为全国首家学生营养午餐中心。于若木同志亲自剪彩揭牌，并参加了新闻发布会。

说起这个"中心"可谓是来之不易。1984年以来，我们就一直走访联系多个单位制作学生营养午餐，但都未成功。直到1989年年底，四季青乳品厂厂长叶炳泉主动承担了这一社会责任。他克服了重重困难，最终办起了四季青学生营养午餐配送中心。这使得在解决小学生吃午饭难的问题上有了突破性进展。这次正式挂牌一登报，各地纷纷前来观摩学习。他们都很羡慕杭州有这么一家好企业，这么一位好厂长。

1993年，杭州有三种模式供应学生午餐。一是大部分中学和少数小学有了自己的校办食堂，二是有条件的学校食堂扩大向附近学校供应，三是直接由"中心"配送。以上均统一由浙医大营养系主任朱寿民教授讲课培训，并制定50份营养菜谱，供食堂配餐选用。当时杭州在校中小学生绝大部分已经解决了吃营养午餐问题。

1993年5月，于若木同志决定在杭州召开学生营养午餐现场会，而会议的主题就是营养配餐的观摩学习，推广杭州经验，大力发展普及学生营养午餐。

学生课间加餐和营养午餐两次现场会议，都在杭州召开，这对杭州是鼓励，更是促进。杭州各部门共同努力，在学生营养工作这块试验田上辛勤耕耘，终于有了收获，有了成效。我们没有辜负于若木同志的美好愿望，为学生办了一件好事。杭州市学生营养中心成立23年以来，至今仍本着为广大学生服务的宗旨，坚持学生营养午餐事业，成为杭州学生营养工作中一颗闪闪发光的明珠。

三、于若木同志大爱情怀，以坚定推行学生营养工作为己任

于若木同志以大爱无私的情怀，执着追求着利国利民的营养学事业，坚韧不拔、坚定不移地促进和推行学生营养工作，使我们深受鼓舞。

于若木同志平易近人、和蔼可亲、谦逊低调、朴实无华的风格令人肃然起敬。

于若木同志工作上对我们要求既明确又严格，一直教导我们要先培养典型，取得经验，再由点到面逐步发展，先易后难，稳步前进，

切忌忽视质量一哄而上；要少花钱多办事，不讲排场；要实事求是，工作就是工作，不搞迎送，不摆花架子，开会就吃学生餐。于若木同志言行一致，以身作则，身体力行，深深教育了我们。

学生营养工作，看似简单，却很复杂。总之，关心下一代，就是关心祖国的未来。学生营养工作是一项无比高尚的事业。我们要遵循于若木同志的教导，为了明天更美好，我们还要再接再厉，让我们大家共同为把学生营养工作这一项事业推向一个新的高度更加努力。

注：文中防疫站现已改名为疾病预防控制中心。

作者简介

陈　端：杭州市人民政府两届副市长（1984—1992），六届杭州市政协副主席，八届浙江省政协副秘书长，八届全国政协委员，杭州市关心下一代工作委员会副主任

重视全国人民营养与健康的旗手
——纪念于若木同志诞辰 95 周年

孔祥瑞

营养与食品是关系全国人民体质、健康长寿，关系"四化"大业的重要物质基础。于若木同志高瞻远瞩，看准了营养强国这一课题，并为此付出了艰辛的努力，四处奔走，呼吁举国上下重视营养。她强调，婴幼儿是国家的未来、民族的希望，应把最好的东西给予他们。同时，全国在校学生有 2.2 亿之多，他们的营养状况关系"四化"建设大业。1993 年我国 60 岁以上的人口有 1.03 亿（2010 年全国人口调查中，我国 65 岁及以上的老人已达 1.78 亿），许多省市已进入老龄社会。于若木同志对此认识非常深刻，她大力提倡全社会要重视老年人的营养，促进老年人的健康长寿。于若木同志还特别指出不要忽视孕妇、中年知识分子的营养。她以广阔的胸怀和远见卓识看准了营养学的重大社会与经济意义，全身心地投入这一事业，关心各年龄段人群的营养，像灿烂的晚霞，照亮了神州大地营养学的天空，引领我们向合理营养、安全饮食迈进。

于若木同志不愧是重视全国人民营养与健康的光辉旗手！

难能可贵的是，于若木同志不但借鉴外国营养科学、保健与养生方面的经验、钻研相关领域的理论与实践，成果和最新进展，结合民族传统及实际情况，提出重视各年龄段人群营养的号召和建议，而且还提出了近期和远期解决全国人民营养的整体规划与具体措施。例如呼吁母乳喂养、"牛奶计划""大豆计划""绿色食品""安全营养的食品工业""健康的饮水"等，一直到"学生营养餐"、具体食物的营养价值和食用方法（如大豆、胡萝卜、中草药等）。

1981年，于若木同志调任中共中央书记处研究室后不久，就根据调研资料及我国实际情况，在《红旗》杂志1983年第17期发表了影响深远的论文《营养——关系人民体质的大事》。同时，她还着重指出，营养是一门很有用的学问，营养调查应是国家的一项基本工作，建设营养科技队伍十分重要，也是必要的，所以要重视营养教育，重视营养宣传，大力普及营养知识。于若木同志还特别强调调整饮食结构、促进营养平衡的现实意义及深远意义，并最终得出营养指导应是一项国策的重要结论。

中小学时期是人生的重要阶段，不但关系青少年的成长与发育，还关系成年及老年时期的健康和长寿。为此，于若木同志特别重视学生的营养。她通过《求是》杂志、《光明日报》、新华社、《中国食品报》《劳动报》等各类媒体，各有关学术团体、学术会议（对涉及微量元素、食品工业、饮水工程、绿色食品等）发表论文和讲话，号召全民及领导机关都要重视孕妇、婴幼儿、学生、老年人的营养，甚至专门指出中年知识分子的营养及营养不平衡问题。除此以外，她还发起并创建了中国学生营养促进会，创办了《中国学生营养小报》，加强与《中国学校卫生杂志》的联系和指导，甚至亲自跑到蚌埠、杭州、太原等地视察学生营养午餐的实施情况。

于若木同志还特别指出,在国家经济条件改善后,在促进营养平衡过程中,千万不要忽视营养过剩以及由此引发的肥胖与继发的"现代文明病"。

通过切身体验,于若木同志在晚年建议成立国家营养管理机构,制定《营养法》,重视营养强国战略!

于若木同志特别重视微量元素的研究与应用。但是,由于受微量分析测试仪器与技术所限,我国微量元素研究难以深入,对微量元素营养及临床价值认识不足。这引起了于若木同志的注意。

于若木同志从1978—1982年的报刊看到我发表的60多篇微量元素论文及评论,尤其是1983年2月18日《光明日报》发表的《你知道发病率最高的疾病吗?——不可忽视的微量元素》一文后,她对微量元素给予了高度重视,并立即开始搜集这方面的信息和资料。看到我的专著《必需微量元素的营养、生理及临床意义》荣获1982年全国优秀科技图书二等奖,又看到上海第二医学院生化界元老丁霆教授、中国科学院上海生化研究所李文杰教授、上海铁道医学院营养学教授蔡梅雪等人对此书的书评,同时,她又得到我在1981年、1982年、1983年三次向全国人大、全国政协的提案——《我国微量元素缺乏症和中毒症的严重性,成立专业研究机构的迫切性及有关高校开设微量元素专业课程的必要性》后,她立即决定找到我,找到这本书。

1983年3月,于若木同志打电话给我,向我索要《必需微量元素的营养、生理及临床意义》以及其他论文与科普文章。收到书及论文后,她十分欣喜,立即详读研究。后来,于若木同志得知我将要参加全国公共营养会议并作报告后,随即派于永龙去南京参会。于永龙是生化研究生毕业，与我研究的专业关系密切。会后，我赠他上述提案及一些微量元素营养、生理及药理方面的资料，两人促膝长谈。1983年12月21日，在于若木同志的支持下，以我的人大提案为基础，由于永龙署名，中共中央高级内参《调查与研究》第177期发了长达10页的内参《要重视微量元素营养学的问题》。这在我党和我国历史上居于首次。

中共中央领导阅读后，陈云同志（1984年9月）、邓小平同志（1984年10月）、胡耀邦同志（1984年9月）、吴阶平（时任全国人大副委员长、中国医科院院长）、陈敏章（时任国家卫生部部长）、胡熙明（时任国家卫生部副部长）等中央领导先后题词并公开发表，引发举国上下重视微量元素、地方病（主要由微量元素营养不平衡引起）、防治必需微量元素缺乏症（主要是铁、锌、硒、碘）、微量元素中毒症（主要是氟、铅、砷、汞等）等大题。就这样，一个重视微量元素研究、应用、疾病防治、保健的高潮在全国兴起。至1996年年底，全国已召开10多次全国微量元素会议，30多个省市建立了微量元素学会或研究会，成立近百个研究所、研究室。与此同时，各种微量元素药物、保健品、食物、饮料也应运而生。这些都与于若木同志促成的中央内参引起各位国家领导人的重视密不可分。

于若木同志另一个特点是：不单纯搞理论研究，不仅仅为微量元素营养学发呼吁、提建议，还身体力行，理论联系实际，投入具体工作。早在1986年她就用我1959年发明与研究成功的口服微量元素锌治疗子女的顽固口腔溃疡，获得奇效。她还用调整膳食结构及微量元素平衡的办法，改善陈云同志的体质及健康，取得了可喜的效果。1988年，她去广州参加全国第四届微量元素会议，并作了重要报告。

会上，她还专门对中国微量元素的研究历史及我的专著的历史地位给予了肯定。同时，她还要我带来国际会议上发表的论文《微量元素衰老与发病学说》，并携刊有该论文的国际会议论文集与我合影留念。1991年，于若木同志就认定"医学微量元素学是微量元素的核心"。1992—1993年有机锗伪科学猖獗，有机锗Ge-132生产厂商虚假宣传横行。于若木同志对此痛恨不已，于是，急忙叫我去深圳迎宾馆，揭露真相。1996年，于若木同志为中华医学微量元素学会召开的全国第六届医学微量元素会议发去贺电，并担任50万字的《中华医学微量元素研究进展》专著的名誉主编。1996年5月6日，在"国际环境生命元素与健康长寿会议"上，于若木同志听了我介绍《微量元素衰老与发病学说》及《口服锌的发明及疗效评价》的论文后，十分高兴，立即与我进行亲切交流。

1987年5月11日，于若木同志专门派人接我到杭州西子宾馆，详谈各种微量元素的营养与医疗保健作用，以及如何运用必需微量元素改善陈云同志的体质与病情。此后，每次来上海，我都与于老交流，经常超过夜里12点，她还谈兴甚浓，都是警卫员多次提醒后，她才休息。她研究问题又深又透的作风，实在令人敬佩。1999年，于若木同志担任国际中华微量元素杂志社总编辑、中华医学微量元素学会理事长后，更是关心和支持这一新学科的建设和发展。1999年9月12日，于若木同志在中南海家中接见了我，并审阅了杂志封面设计与论文内容，次日，又专门亲自去北京铁道大厦看望我，令我十分感动。2000年12月，于若木同志在北京医院再次与我交谈，并审阅杂志第三卷论文内容，对学会、杂志及学会具体负责人的工作给予指导和赞赏，充分肯定了学会及学会负责同志对国家和学术所作的杰出贡献。学会和

6 000多名会员衷心感谢于若木同志的亲切关怀与热情支持。2001年6月13日，于若木同志再次在中南海家中与我交谈，并详细了解了微量元素的学科发展情况、微量元素专科和专家门诊情况、微量元素在保健、医疗上的应用，以及每一重要必需微量元素的国内外研究进展。

于若木同志平易近人、探索新知识的风范令人敬仰，值得学习和永远怀念！

于若木同志功劳大矣！为人民营养与健康的贡献高矣！全国人民永远不会忘记！微量元素专业工作者更应铭记在心！于若木同志那高瞻远瞩、和蔼可亲、平易近人、廉洁奉公的光辉形象，已成为一座历史的丰碑，永远闪耀着灿烂的光芒，照亮着科技工作者的心灵！

尊敬的于若木同志，我国人民永远怀念您！

永记您在我国营养学研究、应用及开发中的旗手地位与卓越贡献！

作者简介

孔祥瑞：上海第二医科大学（现上海交通大学医学院）微量元素教授，附属宝钢医院（现上海市第三人民医院）微量元素主任医师、内科主任医师、微量元素研究室主任；中华医学微量元素学会理事长，中华预防医学会微量元素与健康分会主任委员，《国际中华微量元素杂志》总编辑

功德卓著　深切怀念
——纪念于若木同志诞辰 95 周年

蒋建平

2014 年 11 月 28 日，我有幸参加了纪念于若木同志诞辰 95 周年座谈会。会议期间，与会者的发言，使我深受教育和启发。

于若木同志以远大的战略眼光、科学发展的理念、高尚的情操、理论联系实际和密切联系群众的优良作风，为祖国营养事业作出了杰出贡献，谱写出光辉的新篇章，为我们树立了榜样，值得我们认真学习和永远怀念！

新时期我国营养学发展和营养事业建设的先锋和开拓者

早在 1983 年，我国尚未解决温饱问题的情况下，于若木同志就通过深入的调查研究，在《红旗》杂志上发表了《营养——关系人民体质的大事》的文章。在论述营养学发展与重要性的基础上，她指出，人民的营养状况是衡量一个国家经济与科学文化程度的标志，关系国家兴旺与民族昌盛。她率先提出的把营养指导作为一项国策的论断，至今仍具有重要的现实意义和深远影响,这是我国营养事业发展过程中具有里程碑意义的大事。

"护苗工程计划"的开创者和国家大豆行动计划的发起人

于若木同志时刻关注全国儿童尤其是农村孩子的营养与健康,并于1990年倡导实施"护苗计划"。后来该计划经有关主管部门修改,编制了《1990—2010年学生营养工作大纲》。2002年这项"护苗工程"被列入《中国儿童发展纲要(2001—2010年)》。为贯彻落实《九十年代中国食物结构改革与发展纲要》,她作为带头人之一,与其他21位专家一起,提出《实施"大豆行动计划"的建议》,后经国务院批准,于1996年8月正式启动。她在试点工作大会上,以"培养跨世纪的一代人"为题,全面阐述了大豆的营养价值以及饮用豆奶的益处。

为积极推动这项计划,于若木同志曾多次到基层进行实地调查。1999年12月,已是80岁高龄的她,不顾雪后凛冽的西北风,到达陕西省三原县一所学校的操场,出席陕西贫困地区"西部护苗工程大豆行动计划"的试点会议并讲话。我们在场的人无不为她关爱祖国下一代的精神所感动。这一计划取得了显著成效,施行两个学期后检测,学生平均身高增加3.4厘米,体重增加2.8公斤。

1997年8月25日,国务委员彭珮云在接受中央电视台采访时指出,大豆行动计划是一项利国利民、造福后代的工程。这是解决我国农村,尤其是贫困地区中小学生蛋白质摄入量不足的一个切实有效办法,希望各地积极稳妥地推广。

我国学生营养餐事业的奠基人

于若木同志以高度的责任感和事业心，不辞辛劳，于1987年首先在杭州进行学生营养餐试点，并深入基层，亲临现场指导，逐步促进北京、上海、重庆、平湖、深圳、昆明、大连等地学生营养餐的开展。1997年12月，她在刊物《中国食物与营养》上发表文章，对学生营养餐今后发展提出了8项措施，并呼吁尽快出台"学生营养午餐法"，由民间行为向政府行为过渡，实行以政府行为为主、民间行为为辅的方针。为了加强主管部门对学生营养餐的监管与支持，2000年8月，她又向国家科技教育领导小组和国务院办公厅负责人提出了相关建议。经研究，决定由国家经贸委牵头，会同教育部、卫生部制定学生营养餐管理办法。当年11月，国家经贸委委托北京市学生营养餐研究中心派出3位专家，前往上海、杭州、平湖进行调研。在已有基础上，经上述三委、部会商，制定了《关于推广学生营养餐的指导意见》。这是新时期中央有关主管部门联合发出的第一个学生营养餐文件，于若木同志的建议对此起到了重要作用。如今，在党中央与国务院的关怀、各级政府的领导和社会各界的支持下，全国农村义务教育学生营养改善计划已在"老、少、边、穷"地区的1422个县开展起来，截至2015年4月底，通过政府营养补贴使全国1/3以上的县、超过1/4的义务教育学生3200多万人受益，实施规模位居世界第三。于若木同志的遗愿正在逐步实现。"饮水不忘掘井人"，每当谈起学生营养餐时，我们就会想起于若木同志，她那"坚持就是胜利"的精神，一直鼓舞着我们前进。

普及营养知识的带头人

于若木同志呼吁把营养知识从实验室和书斋里解放出来,变为广大群众自我保健的有力武器。为此,1997年她组织编写了《中国营养丛书》,被中国营养学会沈治平理事长誉为"新中国成立以来最具权威的营养科普读物,是中国营养学界长期渴望的一件事"。同时,她还主编了《中国学生营养报》,也有可观的发行。

国家学生饮用奶计划的积极倡导者

以1999年12月国务院批准并正式启动五个城市试点工作的国家学生饮用奶计划为例,于若木同志不仅倡导学生饮奶,多次参与重要活动,而且还在计划遇到困难时,及时向国务院反映情况,提出建议。如2003年在防治"非典"期间,她向国务院领导提出《后"非典"时期坚持实施国家学生饮用奶计划的建议》,建议把这项计划作为国家重要政策长期坚持下去,尽快制定"中国营养改善法",把学生奶计划、豆奶计划和学生营养餐列入其中。温家宝总理作了重要批示:"要总结经验,保证奶品(包括豆奶)质量,坚持群众自愿,运用市场机制,不强求一律,是四条重要原则。"回良玉副总理批示:"发展牛奶产业,倡导国民喝奶,是推进农业结构调整的重要内容,是增强国民体质的一大举措。于若木同志长期从事营养学研究,致力于改善国民营养健康标准,所提建议很好,请农业部认真研酌,并配合有关部门做好相关工作。"

事过不久,2004年这项计划又遇到定点生产企业认定的撤销问题，如不及时解决，将会严重影响其正常开展。在此紧要时刻，于若木同志再次向国务院提出重要建议，使这项计划以"非行政审批"方式继续开展下去。到2010年，以城市中小学生为主要对象的学生奶日供量由2002年190万份增至2010年860万份，增长3.5倍。此后，在农村义务教育学生营养改善计划扩大实施和有力推动下，2013年年底全国学生奶日供量达到2 160万份，其中农村贫困地区学生饮奶约占50%以上。这是我国教育扶贫和奶业发展史上的一大壮举，受到国际组织的高度评价。于若木同志在这项计划启动初期及时提出的建议造福了千万儿童。

以上简短回顾仅是我亲身经历和所见所闻的片段事例，但也从一个侧面说明德高望重的老革命、老领导、老专家于若木同志的卓越贡献和高贵品德！

于若木同志永远活在我们心中！

作者简介

蒋建平：首届国家食物与营养咨询委员会副主任，原国家学生饮用奶计划专家委员会主任，研究员

支持生物硒资源开发　关心少数民族地区发展

王海清

随着科技的发展、生命科学的进步，科技界认识到硒是人必需的微量元素，44种疾病都与它有关。但是，在高硒区开发生物硒资源却经过了漫长的过程。

20世纪90年代初，于若木就开始关注生物硒资源开发。1992年，她第一次作为鉴定小组组长和该领域专家评价了恩施生物硒资源利用前景和一些标准。于老当时已73岁高龄，会期虽然只有两天，但于老还是以极大的热情接待了不同领域的专家和官员。她在讲话中强调的几点至今影响着各级领导。当时有人认为要开发独立硒矿，于老说，你们的生态环境这么好，千万不要发展矿业，会影响自然大环境。由于于老的引导，恩施掀起生物硒资源开发热潮，从茶叶硒开始，开发了62个硒产品。几代科研人员的研究调查，得出的结论为后来的生物硒资源利用和副作用提出了依据，对全国硒开发起着重要作用。

经过20多年的开发与实践，国际硒研究学会已把恩施命名为世界硒都，对天然硒资源开发给予了肯定。恩施的富硒产品形成了品牌效应，也出现了一些高科技产品，吸引了众多的投资者。

恩施山好、水好、少数民族风情也是获得人气的主要原因。目前，恩施已经通了飞机、高铁和动车，恩施药材、保健食品运到全国乃至全世界，使恩施经济得到了长足发展。恩施的产品成为保健的代名词，不论是有机食品还是富含硒的产品，不论是无机硒还是容易被利用的生物硒，都为我国缺硒区提供了优质的硒产品。

喝水不忘挖井人，恩施生物硒资源开发有于老的支持，少数民族地区的经济发展有于老的功劳。我们怀念于老，更要践行她的营养健康理念。

本文原载《中国食品报》2016年2月25日。

作者简介
王海清：原湖北省恩施土家族苗族自治州委员会书记

一片丹心　　滋养群生
——深切怀念我国著名营养事业专家于若木

王小萱

光阴流转，10年前早春2月的28日，为中国营养事业殚精竭虑二十余年的著名营养事业专家于若木先生，慈祥而平静地离开了她曾经为之奋斗的营养健康事业。如果说，于老对这个世间还有一丝牵挂，应当是贫困地区娃娃们能否吃上营养餐……这位出身书香世家的女子，18岁满怀一腔热血奔赴延安，一生风雨兼程，家国情怀伴其左右。"我出来参加革命，就是希望为这个社会做出贡献"，是这位87岁老人留给这个世界最有力量的一句话。"上善若水，大爱若木""双手扶持千木茂，慈怀灌注万花稠"，这是熟悉了解老人一生事迹的人们对她最真实客观的评价。

渊源甚深——倾力关注改革开放的食品业

提起于老，人们最熟悉的是她作为我国第一代党和国家领导人、杰出的革命家、政治家陈云的夫人身份，殊不知，在食品界业内人士眼里，她还是我国著名的营养事业专家，为我国青少年的健康营养工作做出巨大而卓越的贡献。因此，营养事业专家也是于老晚年最喜欢的身份。据家人介绍，她很喜欢营养界视她为同行。于老与《中国食品报》的渊源很深，她曾是《中国食品报》的高级顾问，对《中国食品报》的健康快速发展寄予厚望，并在报社发展的几个关键节点给予了坚定的支持和极大的帮助。《中国食品报》创刊15周年时，她来到位于北京丰台区太平桥东里5号楼的报社办公处指导工作，并欣然题词："立足企业　面向市场　以食为主　兼收并蓄"。创刊20周年时，老人家又推掉其他重要会议亲临庆祝会场，以示对食品行业专业媒体的实际支持。

据当年曾经亲近过于老的前辈介绍，自20世纪80年代中后期开始，于老的办公桌上只摆有厚厚的两摞报纸，那就是《中国食品报》。这张20世纪80年代中国改革开放时期创刊的食品行业的唯一专业报，成为老人家每日必看的报纸。由此可以看出老人家对中国食品行业发展的关注之情是怎样的强烈。

已故新华社高级记者、国内部原主编施宝华先生曾在他的纪念文章《媒体的顾问指导　记者的良师益友》中，详细记述了他同于老的一段佳话。他在20世纪80年代中期曾就营养问题采访过于老多次，就此两人以报纸和营养结缘。于老对媒体宣传报道营养问题十分重视，全力支持，双方就当年《中国营养改善计划》的顺利实施做出了重大贡献。

2000年的6月，《中国食品报》以头版整版的篇幅刊登了施宝华先生反映于老光辉业绩的长篇通讯《夕阳红似火》，文章以细腻感人的笔触，让读者全面了解了于老近20年间对中国营养事业做出的重要贡献。

于老重视支持媒体采访报道,她始终认为,发展营养事业首要的基本任务是向民众传播营养科学知识,让民众学会用营养科学指导自己的膳食生活。这不是需要大投资的事业,而主要是动员、组织、培养营养科学人才和广大媒体人士运用多种手段,开展各种形式的营养科学知识普及推广工作。我国开展这项工作条件是具备的,关键是需要引起政府的重视和参与。只要政府重视,制定政策,充分发挥和组织营养科技力量和媒体参与,我国营养指导事业就可以很快出现一个新局面。老人家的这些观点在 20 年后的今天依然具有现实的指导意义。

双手扶持——营养事业走向健康发展之路

世人都明白"生命在于运动"的含义,但对其前提"生命首先在于营养"却知之甚少。我国改革开放后,人民的生活水平得到了极大提高,但与其极不协调的是营养健康事业却极其落后。于老曾撰文指出:中国营养事业的落后,一个最突出的标志就是民众营养意识淡漠。因此,向民众宣传普及营养知识是推进我国营养事业发展最快的路径之一。

基于强烈的社会和民族责任感、使命感,年过六旬的于老开始投身这个她人生最后 20 余年的事业。现代营养学是 18 世纪中叶文艺复兴产业革命开始后,在自然科学的发展过程中,由化学、生理学、生物化学、医学衍生发展而来。100 余年来,我国营养学的发展与不同时期的社会经济状况密切相关。大约始于 1919 年,到后来的动荡、建设时期，走过了一个漫长曲折的过程。1978年国家改革开放，我国营养学开始进入全面发展时期，于老就是在这个时期，为现代营养学在新时期的发展做出了卓越贡献。

业内人士概括于老对我国营养学事业的主要贡献表现在以下几个方面：新时期我国营养学发展和营养事业建设的先锋和开拓者，"护苗工程计划"的开创者和大豆计划的发起人，学生营养餐事业的奠基人，国家学生饮用奶计划的积极倡导者。

1983年，于老在任中共中央书记处研究室科技组顾问期间，在《红旗》杂志发表了《营养——关系人民体质的大事》的文章，阐释了营养学的发展及其重要意义，明确提出，人民的营养状况如何关系到人民体质强弱、民族繁衍昌盛，也是衡量一个国家经济与科学文化发达程度的标志。此文一经发表，在社会和营养学界引起了强烈反响，这是于老对我国营养学的一个重要贡献，具有里程碑般的重要意义。

中国保健协会食物营养与安全专业委员会会长孙树侠因为工作的缘故，与于老有多年的工作交往，并建立了深厚感情。现已年过七旬的孙树侠教授近年还活跃在营养界的一线，近期一直在忙碌于老这个纪念活动，在工作间隙她接受了中国食品报记者的独家采访。

提起10年前和于老的工作交往的点点滴滴，孙树侠的话语和眼神充满了崇敬之情。她们在那个年代都亲切地称于老为于大姐。孙树侠印象最深刻的还是于老在学生营养餐上倾注的大量心血和做出的突出贡献。人们所知的"护苗工程"是于老最为挂念和重视的工作。于老认为事关国家的未来，健康营养一定要从娃娃抓起。

于老最具战略眼光的是她老人家力排众议，坚持国家一定要关注孩子们的营养健康问题。因为在当时的历史条件下，人们最关心的是吃饱肚子，根本谈不上营养。于老为了这件事特别安排一些国内从事营养研究的人员去日本和美国等发达国家学习取经。考察人员通过实地调查得出重要结论：营养和国家是否贫穷没有太大的关系，这一理念至今对我国营养学发展都具有重要的现实意义。

"日本作为二战的战败国，由于连年的战争，国力衰败，但还是在那样的经济条件下从战略的高度出发，大力抓了儿童营养问题，因为日本明白孩子是国家的未来。事实证明，日本的做法是正确的。因为从几十年后的实际调查指标来看，日本人的身高、智商及寿命都比二战前有了较大的提升。日本政府认为，国家再穷也不能穷孩子，中午其他的人可以不吃饭，但会把孩子们集中起来，把最好的食物都给孩子们吃。这就是国家战略。因为重视发展学生营养餐，日本不但激励推动了农业的发展，还促进了机械的发展，甚至带动整个农业产业链的发展。"

孙树侠说，目前在我国的一些偏远地区，由于营养不良，孩子无论身高还是智力水平都与城市同龄人存在一定的差距，而城里的孩子则是营养过剩，忽视营养问题从一个极端发展到另一个极端。从美国的情况来看，"二战"期间，需要征集较多的士兵去前线打仗，但由于美国当时经济富裕又不重视营养，很多人因肥胖和心血管疾病的问题不能上前线。由此美国在那个时候也开始搞营养餐并一直发展到现在，也促进了农业和机械化的发展。通过对这两个国家的实地考察后，考察人员得出的结论是，一个国家是否重视公众营养问题关系到一个民族发展的未来。在中国推行营养餐不仅是一顿饭那样简单，同时还要对学生进行系统的营养教育。

于老在当时提出的一个重要理念就是，农业和食品营养安全是密不可分的，农业种植过程中不能使用过多的农药，要解决农药的残留问题。在大豆产品的利用上，于老提出了产品的专用化观点，就是含蛋白质高的大豆用来做豆腐，含油脂高的大豆用来榨油。这就是于老提出的在农业方面要向营养健康和安全方向转型。

"在食品产业方面，于老提出传统食品工业化的发展方向，因为我国人口众多，要把人们从繁重的家务劳动中解放出来。在营养餐的生产上，提出建设营养餐生产的中央厨房。目前我国工业化生产米饭、馒头、糕点等各种食品已达到较高的水平。"孙树侠感慨道，在20世纪八九十年代，保健品还属于高端产品，一般老百姓还无法享用，于老建议生产保健品的企业要生产适合普通大众消费的产品，在20年前就提出了保健品必须服务大众的重要理念。目前，保健品早已进入寻常百姓家，为大众的营养健康起到了重要作用，这其中包含着于老超前的营养理念和智慧。实践证明，于老在二十几年前提出的多项建议都具有前瞻性的战略眼光，到现在都具有重要的现实意义。

慈怀护苗——祖国花朵向阳开

"人类应该把她拥有的最好的东西给予儿童。"这是于老生前最常说的一句话。她呼吁，对学生全面负责就是对民族未来负责，对儿童教育和健康的投资是最重要的投资。为了解决改革开放初期脖子上挂着钥匙的孩子们的中午吃饭问题，于老大力推广学生营养午餐，并在某些省市开展学生营养的试点工作。

1989年1月，中国学生营养促进会成立，于老出任首届会长。作为创始人、倡导者，创立伊始千头万绪，一切她都亲力亲为，不辞辛苦。促进会的主要工作是向青少年宣传营养知识，开展学生营养午餐和推动学生奶、学生豆奶工作。

20世纪90年代，我国儿童营养水平虽然有了一定程度的提高，但仍有许多地区的孩子们营养不良问题严重。针对这些现实情况，于老相继提出"大豆行动计划""学生营养午餐"及"护苗系统工程"，以加快改善我国少年儿童的身体体质。

说起"护苗工程"，应是于老二十多年倾注营养事业的巅峰之作。《中国学校卫生》杂志原常务副总编邓书读在纪念于老的一篇文章中写道，于老在花甲之年，除了照顾陈云的身体，专职做营养促进会的工作，可谓呕心沥血。她总是亲自调研、亲自指导、亲自实践。为了便于动员社会力量积极参与，协助政府工作，她将学生营养工作中的长期目标和短期计划整体冠名为"护苗系统工程"。

梦想终于成真。经过十几年的不懈努力，"护苗工程"此后的发展得到了从中央到地方的大力支持。2001年，北京儿童发展中心提出将"护苗工程"的实施范围由中小学扩大到幼儿园，得到中央领导顾秀莲的支持。从此该工程犹如湖水的涟漪圈圈扩大开来，惠及更多的孩子。

于老常说"一杯牛奶强壮一个民族"，她倡议我国的中小学生每天起码应该喝一杯牛奶。"我出来参加革命，就是希望为这个社会做出贡献"，于老用她的全部力量践行着她的誓言。其长女陈伟力在回忆母亲时说，她认为，关注孩子，是一个国家战略问题。要把学生营养午餐这件事推广开，并一直坚持下去。当年，中央领导专程来拜年看望她时，于老说起了推广普及学生营养午餐和营养奶的问题，中央几位领导都很重视。

于老对于一切有关学生营养健康问题殚精竭虑。对于制作学生营养食品的公司也给予了极大的帮助。让人感动的是她自己付钱买豆浆机捐给学校，"大豆行动计划是需要豆浆机的，于老一下子自己掏钱买了 10 台捐给学校"。北京御秀营养配餐研究院院长裴玉秀还清晰记得当时的情景。

有的参与营养计划的企业当时没有电脑，总是四处求人帮忙计算营养代量等数据，后来于老又出钱帮企业购置了电脑。企业的领导人都被于老的无私奉献精神而感动，这些无私帮助都支持着企业在学生营养餐的事业上不断走下去。

随着工作的不断深入，有关学生营养餐事业开始蓬勃发展起来。"许多城市开始制定计划，采取措施，掀起了开展学生营养午餐、学生奶、学生豆奶等项事业的新高潮。"当时参与此项事业的专业人士兴奋地提及那些尘封的往事。

斯人西去，精神永存。于若木以她特殊的身份和独特的智慧，为我国的健康营养事业的发展做出了卓越的贡献。她的慈怀、她的坚持，她对事业的追求、奉献和忠贞，成就了她一生钟爱的营养学事业。她不愧为我国营养事业的一面永恒的旗帜。

本文原载《中国食品报》2016 年 2 月 25 日。

作者简介

王小萱：《中国食品报》的记者

一席话　一颗心　一片情

郑　滢　张　璠

　　于若木先生是我国著名的营养事业专家，自1986年起，先后任中国食品工业协会顾问、研究员，中国保健食品协会名誉会长、中国营养学会荣誉理事、微量元素与健康学会名誉会长。她是第五、六、七届全国政协委员。

　　自20世纪80年代初起，于若木先生深入营养学领域潜心探索研究。她倾心祖国营养事业，关注民族营养事业、食品工业发展，发起建立中国学生营养促进会，倡导实施了护苗工程、大豆行动计划、学生营养餐及学生饮用奶计划等工程，并先后汇集出版了《于若木文集》《于若木论学生营养》《于若木与中国营养促进文集》等著作，为我国营养事业和食品工业的发展、提高中华民族健康素质做出了重要贡献。关于中国营养事业和食品工业的发展，于若木先生留下了许多真知灼见。

关于营养事业

　　营养学是造福人类的科学，实际上每个人都受益于营养学的发展。

儿童的生长发育，成年人的工作效率，运动员的竞技状态，老年人的寿命无不与膳食食品的质量密切相关，应用营养学、食品科学生产营养、卫生、方便的食品是人民的希望。把人民的吃饭问题解决好，不但对人民将产生凝聚力，对国外也会产生吸引力。

1. 普及营养学知识

不论是营养不良，还是营养过度，都对人的健康不利，都需要营养学来指导人们的膳食。应通过各种途径，如报刊、广播、电视、招贴画、小册子等，普及营养学知识，食品的标签上写明所含营养成分和每天的用量，也是指导合理营养的一种必要方式。在中小学讲营养卫生课，是普及营养知识的根本措施。从青少年时代就着手进行这方面的教育，这对提高人口素质，无疑是一个好办法。

第一，搞好普及型营养知识的宣传，在宣传中要向读者阐明营养学的一些基本观点，指导人们科学吃饭；第二，要宣传一些营养学的基础知识，如营养五大要素或七大要素；第三，针对时弊进行宣传，如对筵席营养不平衡的弊病、保健食品乱加添加剂的弊病、个体商贩食品不卫生、质量低劣的弊病等，进行有针对性的宣传，此外，食品包装上不注明出厂日期和有效期的问题也要呼吁加以改进；第四，要选择人们最迫切需要知道的知识，譬如怎样从饮食上预防季节性流行病，如何解决中小学生午餐问题。

2. 营养普查

跟人口普查一样，是国家统计工作中的一项基础性工作，是营养学工作进行研究指导的依据。应当坚持定期进行营养普查的制度。根据营养普查的科学依据，指导各地区、各类农作物的种植，在有限的耕地上生产出更多的营养价值高的食物。与此同时，也要指导人民群众的食物消费，消除各种营养性疾病，改善人民的营养状况，提高健康水平。

3. 重视营养科技队伍建设

研究人民的营养问题，需要一支科学技术队伍。我国从事营养学研究及食品研究的队伍虽然不够强大，但他们开展了多方面的工作，如两次营养普查，对地方病的调查和防治、儿童营养食品的配方研究以及对成年人每天的营养需要提出推荐标准等，都是有重要意义的。但是由于过去忽视营养学方面人才的培养，营养学处于后继乏人的状况，应该采取各种积极措施培养科技人才，并尽快建立营养学研究机构，以充分发挥营养学的作用，增进人民的身体素质和健康水平。在安排农业生产、发展食品工业和指导广大人民食品消费等方面，营养学均应发挥重要的作用。

4. 营养知识宣传

一方面，营养工作者要对妇女和儿童进行直接的宣传教育；另一方面，妇幼营养知识的宣传也要面向整个社会，形成关心和爱护妇女儿童的社会风气，要为妇女和儿童的营养保健创造条件。只有把正规教育和群众性的科学普及工作结合起来，营养教育和宣传才能取得好的效果。把营养知识交给群众，使人们懂得如何配制膳食，做好膳食平衡，就能有效预防疾病，所以普及营养知识就成为一个重要课题。

人民的营养问题不是孤立的问题，它受国民经济发展程度的制约，可以说它与经济的发展是同步进行的。但是国民经济发展，人民群众收入增加，由于文化水平低，营养知识还是不能达到合理膳食营养保健的目的，所以营养保健又必须与营养知识的普及同步进行。实践证明，同样的经济水平，有营养指导与没有营养指导情况大不相同。

为了提高国民的身体素质，向全民普及营养知识是至关重要的。除了报刊、广播、电视逐渐增加营养知识的内容外，国家教委正在组织编写中小学的营养学教材，作为课外必读读物。这是普及营养知识的正规途径，必将产生深远的影响。

指导家庭消费是当前面临的一个课题。人人掌握营养知识，人人懂得自我保健，这就是开展营养宣传的目的，营养知识的宣传应当与经济的增长同步进行。

5. 营养指导纳入国策

制定营养指导的国策或政策需时间研究，营养事业中有几项工作则是需要刻不容缓地做起来的。第一，根据我国人民营养状况和需求，调整农业生产结构。第二，要十分重视解决青少年，特别是中小学生的营养问题。第三，要迅速培养营养人才。第四，要大力扶持营养科学研究事业。第五，要通过各种舆论工具普及营养知识。

饮食科学化，是人类社会文明的必然趋势。现在的问题并不是要不要发展营养事业，而是立即重视抓起来还是慢慢来的问题。不要等问题和后果十分严重才抓。要早抓、抓好。这样既可以防止严重社会问题的出现，又可以少付出代价。

6. 学生营养立法

我国早在1951年政务院就颁布了《关于改善各级学校学生健康状况的决定》，对体格检查、体育活动及改善伙食等都有具体要求。此后对学校卫生又不断多次发布规定指标。现在针对学生的健康问题，应该制定出学生营养法，对中小学生则应提倡学校供餐制，提供平衡的营养午餐。

我国实行营养配餐的试点也证明，营养午餐不但促进了儿童的发育，而且提高了学习成绩，增强了抗病能力，为家长解除了后顾之忧。

近年提倡多为老百姓办好事办实事，人民的营养就是最大的好事，儿童又是人民营养问题中的中心问题，所以抓儿童营养是最得人心的好事，现在食品工业中啤酒、汽水、冰棍发展快。而实际上学生午餐比冷饮更重要，现在是冷饮有资金，学生午餐缺少资金，这里需要"父母官"权衡轻重缓急做出科学决策。在两者不能兼顾的时候舍鱼而取熊掌。

7. 改善学生营养状况

我国应把促进营养工作纳入政府工作议事日程，敦促计划、农业、商业、食品工业、财政、税收、物价工商、卫生、技术监督等有关部门，为发展学生营养工作、改善学生营养供给、提高学生营养水平，办一些实事，解决一些困难。希望能动员广播、电视、报刊以及学校教师，开展学生营养知识的普及宣传，把营养卫生知识普及到每一个学生、家长中去，逐步改变"营养盲"的状况。

8. 实行营养午餐制

需要研究解决一系列具体问题。比如资金的来源、机构的建立、原料供应的渠道、价格的确定、人员的培训等问题都要一步步加以解决。开始时，尽管条件差，起码的营养卫生标准要保证，决不能给孩子吃变质的、不干净的食品。在没有营养师的情况下，可由校医或老师监管营养卫生；烹调制作技术也不能忽视，做到既营养卫生，又能好吃价廉。为了保证学生的营养，最好有固定的供应渠道并享受优惠的价格待遇。要真正改善学生的营养状况，没有一支营养师队伍是不行的，应该抓紧营养学人才的培养。

农业连年丰收，畜牧业、养殖业的发展，中央领导同志对食堂和食品工业的重视，特别是对高等学校食堂专门有批示，这些都为改善学生的营养状况创造了条件。幼儿园、小学、中学和大学生的营养问题，都应该引起各级领导及有关部门的关注。因为营养的好坏关系到教育的效果，关系到一代新人的健康成长。

学生课间餐、午餐问题，机关、学校、工厂的食堂问题，是我国人民社会生活中很关键的问题。传统的食堂只有向现代化的方向发展，才会改变面貌，赋予新的意义，所以应该把食堂的提高列为新事物。

9. 科学育儿

应当做好十件事：（1）大力宣传母乳喂养的优越性；（2）家庭和社会要为母乳喂养创造条件；（3）保障孕妇和乳母有充足的营养；（4）母乳不足之处需弥补；（5）发展配方奶十分重要；（6）断奶食品要跟上；（7）婴儿强化食品应谨慎；（8）实行全面的免疫制度；（9）儿童保健网十分重要；（10）学习借鉴国外经验十分重要。

关于食品工业

食品工业是为全民服务的，优先发展的应当是儿童食品、婴儿食品、学生食品，中小学生的营养午餐、课间餐、学童牛奶是优先发展的社会需要。造福子孙后代是食品工业义不容辞的责任。首先，食品工业应加强行业管理，重点扶植儿童食品、老年食品、方便食品、保健食品。优先解决人民生活所必需的食品，包括以粮食为原料的食品和以副食为原料的食品，使人们一日三餐方便化、营养化。其次，要加强食品生产的营养指导，严格食品生产的审批制度。

1. 食物结构研究

把调整食物结构确立为一项国策，其中一项重要的工作就是要解决中小学生的营养问题。由于营养跟不上，不能满足少年时期第二个生长高峰的生理需要，因而影响生长发育，也影响智力发育。所以中小学生的课间餐应当全面推广，营养午餐应予以解决，早餐也应当加以重视。这类问题，一是要从宣传营养知识上引起人们的重视，二是要从食品工业发展中提供营养食品，两者兼顾才能解决得更好。

2. 营养学指导与食品工业对接

用营养学指导食品工业可促进食品工业走向正规的道路，没有营养学的理论，发展食品工业的设想也无法实现，所以两者必须密切合作，相互促进。为了解决好人民的吃饭问题，使人民吃饱吃好，吃得合乎营养，培养四支队伍是需要的，即营养师队伍、食品工业工程队伍、烹饪技术队伍、食品卫生监督人员的队伍。有了具有一定素质的、经过专业培训的四支队伍，并且有足够的数量，就有希望把人民的吃饭问题解决好。

3. 立法和设立权威主管机构

现在是提高我国人口身体素质的一个关键时刻，加强国民营养立法是当务之急，同时应成立国民食物和营养指导委员会，这已成为问题的关键。成立这一权威国家主管机构，才能解决过去工作中卡壳的问题，如营养师的问题，没有营养师的合法地位就很难培养人才，而没有这支队伍，营养工作就无从谈起。又如方便食品、快餐，尤其是学生课间餐和午餐发展较慢，主要是价格问题没解决，食品工业存在的明显不合理，都因为没有权威性的主管机构出面调整而长期得不到有效的解决。在社会主义现代化建设中，不能没有食品现代化。

4. 发展乳业

为了提高下一代的身体素质，应大力发展牛奶事业（包括羊奶），使下一代人不中断牛奶，则成人后仍能适应消化。提高牛奶和乳制品的质量，开发牛奶的多种制品，树立牛奶及奶制品的良好的信誉，是乳业协会面临的课题。牛奶可制高档食品：奶油蛋糕、奶油冰淇淋、糕点、面包等，是否可以生产大众化的食品，如牛奶挂面、牛奶方便面，甚至牛奶馒头、牛奶切面等。

牛奶是补钙的最好来源。由于它的钙是有机钙，而且是与蛋白质结合在一起，极易消化吸收。我国人群普遍缺钙，缺钙与牛奶的不普及有关。宣传乳品的营养价值，宣传乳品对人的一生的意义，对儿童、老人、成年人的意义，极为重要。把牛奶在菜篮子中提高到如此重要的地位是近代营养学深入研究的结果。乳业推进到一个新阶段，第一步使每个小学生一天喝到250毫升牛奶（2000年），第二步使每个国民每天摄入250毫升牛奶。

在众多的营养食品中突出地宣传牛奶的营养价值，是十分必要的，具有深远的意义。"早晚一杯奶，营养保健康""一杯牛奶强壮一个民族"，要大张旗鼓地宣传，做到家喻户晓。

要关注农村中小学生营养问题。这些孩子除了主食外就是咸菜，缺少蛋白质和维生素等。营养界在考虑向他们提供奶片，奶片这种形式的制品便于运输，也便于吃，比起鲜牛奶和奶粉有优越性。还可以用维生素、矿物质加以强化。

5. 主食产品

民间传统食品如馒头、煎饼、汤圆、饺子、春卷、馅饼、大饼等走向工业化生产是个问题。工业化主食是群众最敏感的问题，一旦脱销，群众怨言甚多。加大资金投入力度，提高生产率，提高产品质量，必将大受欢迎，大得人心。这点值得营养食品工作者研究。口粮转化是与群众关系最密切的事情，却是食品工业界忽视的领域。

随着食品科学技术的发展，以粮食为原料的食物既能适合人体的营养需要，又保证特色香味，并且能够较长时间储藏而不变质。为了提高产品的价值和减少环境污染，进行粮食的综合利用和深度加工是必要的，这是发展中国家普遍面临的一个问题。

现在人们对食物的要求不仅是为了生存，也不仅是为了享受食物的美味，而是为了达到满足营养与健康的目的。食品科学需要与营养科学密切合作，食品加工需要营养学的指导，营养学的科研成果要食品工业来实现。

6. 儿童食品

应当处于优先发展的地位。为儿童提供高质量、合乎现代标准的食品是食品工业责无旁贷的。为婴幼儿生产按月龄系列化的配方奶和断奶食品，这是提高人口素质基础性工作，应视作我国社会中居首要地位的大事。

儿童食品今后还要大力发展，做到多样化、系列化、大众化。发展优质产品，淘汰低劣产品。不少科研单位的成果长期不能转化为商品，希望企业界多与科研单位合作，使科研成果尽快转化为生产力，产生社会效益。

7. 方便食品

食品工业应当把方便食品作为重点大力发展，解决生存的需要，使国家干部、科技工作者从繁重的家务劳动中解放出来，让人们可以有更多的业余时间去学习，更好地从事科学技术研究和文化艺术的创作，或从事文娱体育活动和各种社会活动。

方便食品的发展必须立足国内，根据人民群众目前的消费水平和各地饮食习惯，因地制宜，着重发展大众化食品。当前，除了发展方便面条、方便米饭、面包等主食外，还应该多开发一些工业化加工的成品或半成品的蔬菜、水产品、肉类等方便副食。

食品工业要把重点放在解决群众的一日三餐问题上。要多搞些方便面、方便饭、快餐等。快餐要搞成中国式的，不能太贵，要考虑群众的消费水平。全营养价的方便面应当品种丰富多样，以适应不同的口味爱好。比如多种多样的蔬菜方便面，蔬菜可以拌到面里，也可用动物蛋白，如猪肉松、牛肉松、鸡松、鱼松等。调味料也可以多种多样。

8. 早餐食品

从南到北普遍不重视早餐，大都是马马虎虎吃点开水泡饭和咸菜。食堂也是老三样，稀饭、馒头和咸菜，这就是上午工作效率不高的原因，设计和生产质量较好的早餐食品也是关系到人民健康的大事。国外早餐食品很多都强化维生素、矿物质、微量元素成分。小吃要加以改进提高，要吸收国外的先进经验。强化早餐食品，虽然社会效益好，但利润低，经济效益不高，有些厂家可能不愿意生产，解决社会效益和经济效益的矛盾是个值得研究的问题。

9. 绿色食品

这是对农业、对食品工业提出的一个新要求，绿色食品是农业和食品工业发展的一个总趋势。

饮食现代化第一步就是发展没有污染的农产品。现代化饮食要求食品是纯净的，没有污染的，不变质的，而且要求是新鲜的，新鲜的食品才有价值，特别是水果、蔬菜，如果不新鲜就丧失了营养价值。

推行绿色食品健康，普及到广大市场，从高档市场到中、低档市场，这要有一个过程，所以"绿色食品"工程不是简单的号召，而是有计划、有步骤的工作。

10. **食品包装**

包装是食品工业的关键，没有现代的包装就没有现代的食品工业，特别是出口产品，虽然食品质量是高档的，却因为包装跟不上不能卖好价钱。包装涉及包装机械研究，这就需要有一支比较庞大的科技队伍，要有专门的学校培养包装人才。解决这个问题要有个计划，要采取引进与自力更生相结合的办法，引进少量设备后组织力量消化、吸收、仿制，最后做到立足国内，自力更生。

于若木与陈云携手走过的岁月

姚贤玲

一

于若木，原名于陆华，1919年4月出身在山东济南一个书香世家。父亲于丹甫是满清末年中国第一批留日学生，毕业于日本早稻田大学，是山东近代教育的奠基人。于若木自幼在开明、优越的环境中长大，从小就接受了良好的教育。小学毕业后，进入山东省立第一女子中学学习。于若木兄姐曾受共产主义熏陶，受其影响，于若木自少女时代就喜欢阅读进步书籍。读书后，她的语文老师周小舟是中共地下党员，经常挑选陈独秀、李大钊、鲁迅等人的文章给学生们阅读。受此影响，于若木在文章中常常流露出对反动政府的不满和对光明的渴求。她的这些进步思想倾向引起了周小舟的注意。当1935年于若木初中毕业，考入北平市立女一中时，周小舟将她的情况介绍给女一中地下党支部负责人郭明秋。郭明秋对于若木给予了特别的关注和引导，经常给她一些革命的书籍。这让于若木对中国共产党有了进一步的了解。

1935年12月9日，"一二·九"运动爆发，于若木也投身到运动中，活跃在斗争的第一线。1936年1月，于若木加入了中国共产主义青年团，并在郭明秋的领导下成立了共青团支部。1936年9月，于若木被批准加入中国共产党。

二

1937年，根据组织安排，于若木来到延安陕北公学学习。一天，于若木与同学们正在窑洞里听蔡畅讲课，忽然空中传来飞机的轰鸣声，大家以为国民党的飞机又来袭扰，纷纷隐蔽。隐蔽过程中，飞机的声音越来越近，飞机越飞越低，这时候有人看出那不是敌机，是苏联飞机。后来才知道，这是送陈云等人从新疆回延安的飞机。一场虚惊之后，同学们接到通知，到学校操场上集合，欢迎陈云等人的归来。在欢迎人群中的于若木，第一次见到了陈云。

不久后，成仿吾校长在一孔石窑洞里召开学校党员大会。当时陕北公学的学生党员不是很多，约有三十几人。大家聚在昏暗的麻油灯下等待开会，陈云走了进来。成仿吾向大家介绍之后，陈云开始作政治报告，主题是讲党的知识分子政策。当时国内许多进步学生投奔延安，针对这种情况，陈云给大家讲了党对知识分子的重视与爱护，欢迎更多的知识分子到延安来。通过这次报告，陈云的沉稳、成熟，给于若木留下了深刻的印象。

不多日，组织上要从陕北公学挑选一名政治可靠、条件合适并懂得一些护理知识的人照顾陈云。经过挑选、考察，历史清白、政治可靠、性格温和的于若木被选中。此后，于若木便从陕北公学搬到中央组织部的招待所值班，担任陈云的私人看护。

于若木曾听过陈云作报告，对他很是崇拜，尽心尽力照顾陈云。两人很快熟悉起来。陈云常和她聊天，问于若木在什么地方上的学，家里还有什么人，喜欢读什么书，都读过哪些书，同时也把自己的一些情况向于若木做了介绍。于若木觉得这个领导一点儿架子也没有，平易近人。一天，于若木照顾陈云吃完药，准备回值班室，陈云喊住了她，请她到房间里坐一坐。

于若木以为是自己工作没有让首长满意，有些惶恐。陈云说："我看你这个人很老实本分，很朴实，我自己也是一个老实人。你愿意和我做朋友吗？"一点儿思想准备也没有的于若木被问愣了。在她心里，陈云是领导，她一直非常崇拜他。因为崇拜，于若木从没有把自己与眼前这个沉稳、真诚的男人联系在一起。面对陈云的提问，性格内向的她低着头沉默。陈云很理解于若木的心情，没有让她立即回答，而是告诉于若木，是否可以征求一下家人的意见。

这时，于若木的二哥也到了延安，于若木接受了陈云的建议，将此事告诉了哥哥，得到了哥哥的支持。于是，于若木和陈云正式确定了恋爱关系，两人还互赠了礼物。不久，陈云和于若木结婚了。一向不主张铺张浪费的陈云，买了一些花生、糖果，请住在一个院子里的二十几人在一起热闹了一番，算是举办了婚礼。

婚礼虽简单，生活也很清贫，但于若木心中有了对丈夫的爱，便觉得每天都过得很快乐。她在给大哥的信中写道："虽然他大了我十四岁，但是我对自己的婚姻很满意。他是一个非常可靠的忠实的人，做事情负责任，从不随便，脾气很好，用理性处理问题而不是感情用事。""你问我们小家庭的生活状况么？这里无所谓家庭。陈云同志在工作，我在学习。他住在机关里，我住在学校里，每星期六我到他那里住一天，这是延安所谓的'住礼拜六'。"当时，于若木已从陕北公学转到党校，吃住都在学校，并没有因为嫁给了陈云而搞特殊。星期六回家与丈夫团聚的一天，短暂而温馨。她常常把丈夫的衣服带回学校，利用休息时间在延河边上把衣服洗干净，到周末回家时再带回去。原本是大家闺秀的她，婚后也成了操持家务的能手。抗战不久，廖承志送给陈云六双袜子，这在当时物资极其匮乏的延安，无疑是很珍贵的。那时出门办事，没有代步工具，全靠两只脚。为了让这六双袜子结实耐穿，于若木将每一只袜子又加了一层布袜底，增强耐磨度，结果，这六双普通的袜子居然穿了八年。每年发给陈云的棉衣，于若木也会重新拆开，把前胸后背再絮些棉花，使衣服更厚实一些，让身体虚弱的丈夫穿着舒适暖和。后来，延安开展大生产运动，于若木积极响应党"自己动手，丰衣足食"的号召。她纺得一手好线，全家的日用开销，大都是她纺线换来的。为了改善生活，给陈云和孩子补充营养，于若木还在自己居住的院子里种上了西红柿等。于若木凭着自己对丈夫的爱和一双巧手，把日子过得有滋有味。

三

中国人民经过艰苦卓绝的奋战，终于迎来了抗日战争的胜利。1945年9月15日，中共中央政治局开会决定，由彭真、陈云、程子华、伍修权、林枫等人组成东北局，赴东北开展工作。散会后，陈云就带着妻子匆匆为他准备的简单行装，与其他几个同志一起坐上飞机，奔赴东北，开展新的工作。而于若木则带着年幼的女儿和出生不久的儿子，暂时留在了延安。

几个月后，待襁褓中的儿子稍大一点儿，于若木就带着子女，跋山涉水经张家口来到哈尔滨与陈云团聚。但还没等安顿下来，陈云就接到调令，立即赴南满担任分局书记。于是，于若木又将刚刚打开的行李重新捆上，跟随丈夫上了路。陈云和于若木经过吉林省的图们市到了朝鲜平壤。陈云考虑到南满环境不安全，拖儿带女会影响工作，便将妻儿暂时留在平壤，自己一人前往南满赴任。刚和丈夫会合却又要分别，于若木心里有些舍不得，但为了不拖累丈夫，她还是听从丈夫的安排，留在了平壤。半年后，陈云在南满指挥击退了国民党军的进攻，南满局势稳定，于若木才带着一双儿女去与丈夫团聚。

四

全国解放后，于若木终于可以安心守在丈夫身边，悉心照料他。由于战争环境的摧残，陈云的身体一度非常虚弱，特别容易感冒。为了让陈云提高身体素质，医生建议他到青岛疗养一段时间。那时，陈云还没有配备专职的医护人员，每次生病，都要临时找医生、护士。为了更好地照顾丈夫，每当护士给陈云打针时，于若木都在一旁仔细观察，认真学习，然后悄悄在自己身上试验，等她觉得有把握后，就自己给陈云打针。

20世纪50年代的中国，掀起一股建设热潮。北京兴修十三陵水库时，身为国家工作人员的于若木，并没有因为丈夫的关系而搞特殊，每次到十三陵水库义务劳动的日子，她就早早起床，与同事们一起骑自行车到工地，一干就是一个多月。

三年困难时期，于若木在国家科委政策研究室工作。因工作原因，她和许多科研单位保持着联系。当看到许多人因营养不良而得了浮肿病，于若木心里特别着急。她与同事们积极寻求解决的办法。当听营养专家讲，人每天摄入适量大豆，可以解决浮肿问题。于若木便建议专家写个材料，她将材料送给陈云。陈云看后，接受了专家的建议，起草电报发往东北，将东北的大豆调入，解决了一大批群众的浮肿病问题。1964年，于若木调至中国科学院植物研究所工作，任植物研究所植物园副主任兼党总支书记。由于单位离家较远，为了不影响工作，于若木每天吃住都在单位，只有星期六才骑着自行车回城里的家。

于若木就是这样时刻记住自己也是一个普通百姓，把自己放到一个最恰当的位置。她曾说过："我与陈云同志，无论从能力上、资历上和地位上都有很大差别，这个差别对我来说，是一件感到很不舒服的事情，我只有努力向他学习，用他的思想行为来解决自己的一些思想问题，努力使自己的行为更端正。"

于若木对孩子的教育也抓得很紧。陈云要求于若木一定不要娇惯孩子，要让他们学会自立自强，学会独立生活的技能。于若木根据丈夫的要求，亲自教孩子们洗衣服、做饭，甚至做衣服。每个星期六，当孩子们从学校回来洗完澡换下脏衣服，于若木都要求他们自己洗干净，然后再返回学校。

"文革"开始后，于若木被下放到湖南衡东的"五七干校"劳动，丈夫陈云则到了江西。这时候的于若木已年近半百，但她从不让同事们照顾她，每天坚持和大家一起劳动。其间，于若木因写大字报揭露江青，被打成"现行反革命"，要被开除党籍，隔离审查。陈云不避风险，亲自给毛泽东写信，保住了于若木的党籍。于若木随干校一同回到北京后，仍然被限制自由不准回家，每天的工作是打扫厕所，清理楼道。女儿陈伟力几经周折打听到她的消息，经过有关部门批准，才与母亲见面。陈云从江西回到北京后，立刻向上级有关部门打听妻子于若木的情况和下落。经一番周折，于若木被允许回到家中与家人团聚。

五

老年的于若木，致力于营养学的研究。1983年，她在《红旗》杂志上发表了自己的第一篇关于营养学的文章《营养——关系人民体质的大事》，提醒有关部门要重视国民营养。

后来又出版了《于若木文集》和《于若木论学生营养》等专著。于若木尤其关注中小学生的营养问题。她认为贫困山区的孩子大多营养不良，主要是蛋白质不够，而大豆含有丰富的蛋白质，且经济实惠，容易推广。她常到有关企业搞调研，虽已八十多岁高龄，仍然楼下楼上、车间厂房各处跑，几乎每一个生产环节都仔细询问。在她身上，我们可以看到强烈的社会责任感。为了更好地研究营养学，老年的于若木开始学习英语。在她的房间里，到处可以看见书写流畅、工整的关于营养知识的英文单词卡片。

于若木先后被聘为中国营养学会荣誉理事、微量元素与健康学会名誉会长、中国食品工业协会顾问等。

2006年2月28日，于若木因病在北京逝世。

本文原载《炎黄春秋》2018年第1期。

作者简介

姚贤玲：山西电影制片厂导演、制片人

陈云的"特殊秘书"——于若木

叶永烈

从护理陈云开始

我按照事先约定的时间前去访问陈云夫人于若木。在中南海,我见到一幢长方形的平房,中间一条走廊,两侧是一个个房间,一律土黄色的房门。那便是陈云的办公室兼住处。工作人员领我来到走廊尽头的一间办公室,在那里我见到了陈云夫人于若木。她与陈云自1938年3月在延安结婚,共同度过了漫长的56个年头。

于若木穿一件黑色夹白圆点的上衣,头发灰白,待人谦和而亲切。她用一口普通话慢慢地谈着。从她的谈吐中你可以感受到,她很有文化修养。谈话时,她习惯性地略微低着头,回忆往事时不时陷入沉思。她说话的声音不大,但思路清晰。

于若木还记得我在1978年曾访问过她。那时,我在采写《高士其传》。高士其忆及,在延安时,陈云曾称他为"红色科学家"。为了核对此事,我到中国科学院拜访了当时在那里工作的于若木。她说,可以回家问一下陈云。翌日,她便告诉我,陈云已记不清楚他是否说过那样的话……于若木认真负责的工作态度，给了我很深的印象。

于若木说，她结识陈云，事出偶然。1937年11月29日，陈云乘飞机从新疆来到了延安。不久，陈云出任中央组织部部长。陈云从小就有出鼻血的毛病。这时，他的老毛病复发，鼻血出得很多，流血不止，不得不休息。组织上考虑要派人照料陈云。

当然，担负护理工作，女性更合适些。于是，中央组织部秘书长邓洁就到陕北公学五队去挑人。为什么要去五队呢？因为五队是女生队，从全国各地奔赴延安的女青年，很多在这个队。

邓洁来到陕北公学五队，找了队长陶婉容和书记宋廉，说明了来意。五队支部研究后，以为最合适的人选是于若木，因为于若木不仅是党员，而且出身清白，政治上可靠。于是，邓洁找于若木谈话。

当时，于若木18岁。她原是北平女一中的学生，刚从北平来到延安不久。邓洁向于若木说，陈云同志是党的重要干部，现在生病，需要人护理。于若木一听，便说自己只是一位普通的中学生，从未学过护理，恐怕难以胜任这一工作。邓洁告诉她，这是经过组织研究的，只有政治上非常可靠的人，才能到陈云同志那里做护理工作，何况护理陈云的工作并不是很复杂。于若木得知这是组织上的决定，也就服从了。陈云住在延安西山的一孔窑洞里。于若木去了之后，就在窑洞门口摆了张办公桌值班。陈云有什么话，就替他传达一下。陈云要找医生，于若木就跑去喊。没事，就在那里看看报纸。不到一个月，陈云病愈了。也就在这不到一个月的时间里，陈云和于若木之间产生了感情……

关系的转变

我问于若木,到陈云那里从事护理工作,怎么会从"病人与看护的关系转到了夫妇关系"?于若木说,陈云最初问她的经历,她做了回答。陈云也简单地向于若木介绍了自己的身世。就这样,他们开始相互之间的了解。

于若木还回忆,有一次空闲时,陈云让她唱歌。她唱起了一支苏联流行歌曲《祖国进行曲》,开头一句是"我们的祖国多么辽阔广大",这首歌在当时北平的学生中脍炙人口。后来,陈云向她问起有没有爱人,谈过恋爱没有。于若木回答说:"我还不懂。"陈云说,他现在也没有爱人。又问她,愿不愿意跟他交个朋友?相处日久,陈云向于若木说了这么发自肺腑的一段话:"我是个老实人,做事情从来老老实实。你也是一个老实人。老实人跟老实人在一起,能够合得来。"这样,他和她日益接近,关系日渐密切,慢慢明朗化了。

不久,于若木的二哥于道源来到延安。陈云郑重其事地把于道源请来,向他很认真地说了自己和于若木的婚事,征求于道源的意见。于道源知道陈云是一个很老实又有很深革命资历的人,欣然同意了他们的婚事。

1938年3月,陈云和于若木在延安结婚。于若木说,她和陈云的婚礼特别简朴,因为陈云不喜欢铺张。结婚那天晚上,陈云花了一块多钱,买了些糖果和花生,请中央组织部的一些同志热闹了一下,就算是婚礼。后来,消息传开了,有些人要陈云请客。当时,陈云手里有点钱,请客也请得起。可是,他没有请客,因为他认为没有必要。于若木说,并不是当时在延安婚礼都这么朴素,也有人大操大办呢。

延安一家报社的主编结婚，在延安的"合作社"办了几十桌宴席。当时，"合作社"是延安最高级的"宴会厅"。那位主编因为常写文章，有稿费收入。不过，婚宴花尽了他的积蓄，还欠了账。不久，他死于肺结核。死时还未能还清婚宴的债！

笔者向于若木提出了一个"细节"问题：她和陈云之间如何称呼？于若木笑了，因为还没有人向她问过这样的问题。她告诉笔者，陈云在家里总是喊她原名"陆华"。在陈云看来，别人都喊她于若木，而他喊她原名"陆华"，显得很亲切，成了"爱称"。至于于若木呢？当着别人的面，总是称他"陈云同志"。两人相处时，叫"陈云同志"当然显得很别扭，直呼"陈云"又觉得不尊敬，因为在她的眼中，陈云如同兄长。她实在找不到恰如其分的称呼，所以干脆在家里不称呼。当然，两人有时分处异地，写信时，她则称他"云兄"。

结婚前后的那段日子，于若木在中央党校第十九班学习。党校在延安城东郊区的桥儿沟，离城里相当远，所以她只有在星期六才能到陈云那里，"住礼拜六"便是这么来的。于若木在党校学了5个月之后，又到刚刚成立的马列学院学习。马列学院成立于1938年5月5日，是当时延安第一所专门学习和研究马列主义理论的学校，被誉为延安的"最高学府"。首任院长由张闻天兼任。院址设在延安北郊的兰家坪。于若木记得，来马列学院讲课的，大都是名家。比如，她听过张闻天讲列宁主义，讲战略与策略，王学文讲政治经济学，吴亮平讲列宁主义问题。陈昌浩、艾思奇也来讲课。印象最深的是陈云来讲党的建设。陈云所讲的革命的坚定性，给了她很大的启示。这样，陈云跟她又多了一层关系，即师生关系。在马列学院的学生中，既有于若木这样不到20岁的高中生，也有丁玲这样的"名"学生。宋平当时也是学生。所以，后来宋平见了于若木，都说彼此是"同学"。在马列学院学习期间，于若木依然"住礼拜六"。

1941年3月，陈云调离中央组织部，担任西北财经办事处副主任。当时，正值陕北财经极为困难之际，中央调陈云来是想解决这一难题。这时，孩子大了一些，于若木就担任陈云的机要秘书，为他收发文件。

从延安到东北

延安的生活虽然艰苦，但还是安定的。

日本投降后，陈云于1945年9月17日和彭真一起乘苏联飞机飞往东北，担负起领导东北根据地的重任。陈云被任命为中共中央北满分局书记。陈云到东北工作不久，于若木带着两个孩子也前往东北。从此开始了动荡的生活。于若木没有机会乘飞机，而是走山路前往东北，拖儿带女，一路艰辛。于若木说，她当时乘坐的最好的交通工具是"骡轿车"——两匹骡子中间架一个"架窝子"，她带着两个孩子坐在"架窝子"里面，翻山越岭。从延安走了一个多月才到张家口。

张家口是晋察冀的八路军部队于1945年8月25日从日军手中夺得的，是当时中国解放区中最大的城市。在张家口，于若木受到聂荣臻很好的照顾。只是由于张家口到东北解放区的路不通，于若木带着孩子在张家口等了好几个月，才来到哈尔滨和陈云重逢。到达哈尔滨不久，形势吃紧，家属转移到后方。于是，于若木来到了佳木斯。于若木来佳木斯才一个星期，陈云就奉命南下，到南满工作。陈云和于若木一起经过吉林省的图们市到了朝鲜平壤。因为在战争年月,带着两个孩子是一个负担,于若木无法随陈云同行,就和两个孩子暂时留在了平壤。陈云只身一人从平壤又到了南满。在南满局势比较稳定之后,于若木才来到了南满临江。她记得,陈云住的是一座日本木结构的小屋,地板非常粗糙,布满裂缝。在临江住了一个来月,陈云到通化工作,于若木也随他去通化。位于长白山区的通化特别寒冷。于若木记得,那里农历八月十五就飘雪花,严冬气温低达零下40摄氏度。陈云和她那时住在通化的一所小学校的宿舍里。虽说有壁炉,可以烧柴禾,但是并不暖和。陈云的卧室在正中间,只要一开门,有人进出,寒风就"呼呼"地吹进他的房间。出生于南方的陈云极不习惯这样严寒的环境,加上体质又差,三天两头感冒。常常是这场感冒还没有好,那场感冒又接踵而至。感冒反复折磨着陈云,他越来越消瘦,但他仍坚持日夜工作。有时病倒了,就半躺在床上拥着被子坚持工作。陈云在南满取得击退国民党军队重点进攻的重大胜利之后,于1948年1月回到哈尔滨,担负东北局的领导工作,同时兼任东北军区副政委。于若木也随陈云回到哈尔滨。

于若木记得,一路上,他们乘坐的是一辆从国民党部队缴获的敞篷吉普车,而当时正值寒天腊月。为了御寒,他们在吉普车上搭了个架子,架子上再搭上棉被。他们从集安过鸭绿江,是在夜里过的桥,到了朝鲜,再从朝鲜坐火车到达哈尔滨。他们坐的火车是"闷罐车"——货车,车厢里什么都没有,只临时放了几个凳子。

1949年5月,陈云奉命调往北平。从此,他们结束了动荡不定的战争生活,住进北京中南海之侧的北长街。

自学成为营养学家

我问于若木,你是怎么成为营养学家的?于若木说,早在抗日战争前,北京的燕京大学、上海的圣约翰大学、南京的金陵女子大学就设有家政系,家政系里设有营养科。当时,于若木曾希望有机会学习家政,但是后来去了延安,也就没有机会去学习家政了。

在"文革"中,于若木看到"五七干校"的学员们因为营养不良,加上又不讲卫生,常常用刚拿过饭票的手去拿馒头,从而导致肝炎大流行。这时,于若木就想从事营养学研究,但在那样的年月,这谈何容易。

十一届三中全会之后,在中央书记处研究室工作的于若木访问了许多营养学家,开始着手营养学方面的研究。由于勤奋努力,她逐渐成为一个在营养学上颇有造诣的人。1982年,在于光远等主持的社会经济发展战略讨论会上,于若木作了关于重视、发展营养学的发言,受到会议的重视。不久,《调查与研究》刊物发表了于若木的发言。王忍之同志读后,觉得很好,便推荐在1983年第十七期《红旗》杂志上以《营养——关系人民体质的大事》为题公开发表。《营养学报》于1984年12月在第六卷第四期全文转载。这篇文章还荣获1984年"优秀理论文章"奖。

从此,于若木更加深入地研究营养学,发表了许多论文。如《关心婴幼儿的健康成长是当代人的天职》《食堂和营养配餐》《位卑未敢忘忧国》等。于若木关心下一代,成为"护苗"的一位辛勤园丁。在1986年评高级职称时,于若木被评为研究员。所以,有的报纸上称于若木为"营养学教授",便是这么来的。

我问起，陈云对她的营养学研究工作持什么态度？于若木用四个字回答："尊重，支持。"

精心照顾陈云生活

我问起一个特殊的问题：于若木作为一位营养学家，是怎样从营养学的角度照料陈云的呢？于若木说，陈云的饮食其实很简单。陈云体弱而能长寿，除了大夫们的精心护理之外，可以归结为八个字，即"饮食有节，起居有时"。谈起起居，于若木说，在20世纪50年代，陈云工作非常繁忙。陈云自己说，他上午、下午在中央财经委员会上班，晚上8点要到周恩来那里，夜里12点则到毛泽东那里……陈云一度累垮了，不得不向中央请假休息。在他的晚年，才做到了"起居有时"。

在晚年，陈云通常在每天晚上11点做就寝的准备工作，11点半上床，12点左右就睡着了。翌日早上8点起床，8点半进早餐。中午午睡一会儿。陈云原本和家人一起进餐，步入晚年后，由于他的饮食与家人不同，也就分开单独进餐。陈云的早餐主要是，两片面包、一碗粥和一杯豆浆。陈云喝豆浆而不喝牛奶的原因是豆浆无胆固醇，更适宜于老年人饮用。于若木也曾把花粉制剂掺在豆浆里，给陈云服用。陈云的中餐和晚餐也很简单，中午一荤一素，晚餐一个豆腐，一个蔬菜。陈云很注意节约，每一回都把菜吃光，连汤都喝得干干净净，从不浪费。

陈云的菜谱，基本做到一个星期内不重复——除了早餐"千篇一律"之外。陈云是南方人，喜欢吃点带鱼、黄鱼，也爱吃上海的鳝糊以及烂糊肉丝。豆制品是他的常菜，于若木就变着花样做给他吃，比如，做豆腐干丝、上海的百页包肉，还有豆瓣泥等。

陈云每顿中饭吃二两米饭，晚餐则吃一两半米饭。不过，由于他的牙齿不好，对于饭的软硬要求颇为"严格"。所谓饭的软硬，无非是控制好加水量罢了。有一段时间，陈云的厨师病了，就由于若木"顶班"，顶了将近一年。在这一年中，于若木有所"发明创造"：她用硬纸片剪成两个圆筒，再亲手用线缝上底。她用这两个一大一小的圆筒盛米，再用秤称米，使大圆筒正好盛二两米，小圆筒盛一两半米。这样，给陈云做中饭，用大圆筒量米就行了，做晚饭则用小圆筒量米。后来，陈云和于若木到上海去，于若木把这特殊的"量具"也带去了。上海招待所的服务员见了，就用铁皮焊了两个圆筒给她。至于控制加水量，于若木也有所"发明创造"：她做了个"量水器"，专门测量加水后米层上面水的高度。经过一次次试验，在陈云认为米饭软硬最合适的时候，她在"量水器"上画了个刻度。从此，她一直照这个刻度加水，做出来的饭不软不硬，恰到好处，陈云很满意。

本来，陈云习惯吃梨、苹果等水果。在晚年，改为三顿都吃香蕉，这主要是考虑到香蕉润肠。通常，陈云每次吃一根大香蕉，或者两根小香蕉。但从不吃零食。陈云上午喝白开水。午睡起来之后，喝一杯淡淡的龙井茶。

陈云那么孱弱的身体，能够长寿，也许和于若木这位营养学家的细心调理不无关系。陈云有句名言："少做多活就是多做，多做少活就是少做。"他在漫长的九十个春秋中，做了大量的工作。

我问及，陈云是否有写日记的习惯？于若木说，他不记日记，但每天的气象他都记录，每天的生活起居他也做记录。陈云喜欢诗词。

晚年，他常练书法，喜欢抄录古典诗词名句，但是他自己并不写诗填词。

我注意到，陈家的白瓷茶杯上绘着墨竹。我问于若木，这是不是因为陈云喜欢竹子的缘故？于若木点头说，的确，陈云很喜欢竹子。在杭州，陈云最爱去的地方便是云栖竹径。几乎每一回到杭州，陈云必去钱塘江畔的云栖竹径。到了那里，陈云心旷神怡，真可谓"云"栖"竹"径。他却应云栖管理处之请，写下"云栖"两个大字。陈云爱竹子的刚直，也爱竹子的俭朴。

在我向于若木告别时，她赠我一枚陈云侧面浮雕铜像章，作为纪念。这是为陈云九十周年诞辰而制作的。在像章背面，刻着陈云所写的九个字，亦即他的座右铭："不唯上，不唯书，只唯实。"

本文原载《人物春秋》2007 年第 4 期。

作者简介

叶永烈：上海作家协会一级作家、教授、科普文艺作家、报告文学作家，曾任中国科学协会委员、中国科普创作协会常务理事、世界科幻小说协会理事、香港海外文联名誉主席

专注 心愿 传承 激励
——纪念著名营养事业专家于若木逝世十周年

王晓磊

回想起10年前,当我听到于老逝世的这个消息时,眼泪在眼眶打转,心情久久不能平静。虽然转眼10年过去了,但是自己曾经作为职工代表专程赴北京医院探望于老的情景还历历在目,让我终身难忘。

那是2005年11月15日下午,在陈云二女儿陈伟华老师的陪同下,我和其他两位同事在约定的时间走进了于老所在的病房。让我感动的是当时还躺在病床上午休的于老,见我们到来,不顾身体不适,马上欠起身来热情迎接。我看到于老面色有些苍白,知道她因摔伤住院已有数日,但精神还是比较好的。我为于老朗读了代表全馆职工心愿的慰问信。信中既表达了纪念馆全体职工对于老健康的关心,同时又发自内心地感谢于老对纪念馆给予的无私帮助和悉心指导。

在读信的时候,于老眼睛湿润了,她是那么认真地听我朗读信中的每一个字,她慈祥的面容让我感到就像家里人那样亲切。于老总是那么笑容可掬,平易近人。

记得在陈云同志诞辰100周年的铜像揭幕仪式上,当时负责讲解接待的我心中忐忑不安。因为第一次接待中央领导人以及陈云家属，害怕自己缺乏讲解经验、临场应变能力不足。当我站在纪念馆序厅的陈云汉白玉雕像前，向在场的各位领导和陈云家属致欢迎词时，我看到了于老向我投来了支持和信任的目光，让我不安的心情即刻缓和了许多，就像看到了家里人一样，让我充满了信心。老人家虽然身患癌症多年，但她动作敏捷，思维清晰，始终站在队伍的最前面，认真仔细地边看展柜里的文稿和照片，边听着我的讲解，还时不时地抬起头向我点头表示认同讲解中的观点。这些小细节对我来说是一种莫大的鼓励和帮助，也让我重新认识了自己，更加坚定了我要做一名优秀讲解员的奋斗目标。

于老听完慰问信后，请我们一定要转达她对纪念馆职工的谢意。当于老得知我是一名讲解员时，就对我说："当好一名讲解员不容易，不仅要形象好，要有一定的文化素养，更重要的是在实践的过程中不断地创新，做到因人施讲。"时隔多年，我虽然已不在讲解岗位，但是老人家的谆谆教导我始终铭记在心，激励着我在平凡的岗位上做出应有的成绩。

随后，于老询还问了另外两位职工代表的名字，还特别关照陪同人员把名字写下来，一个字一个字地念出来，并且"对号入座"。当得知其中一个同事也曾就读于陈云母校时，于老高兴地说："那就更亲切了！"

通过与于老的短暂交谈，我发现老人家非常关心纪念馆工作。她说，每次到纪念馆，都会有新的发现，给她留下了很深的印象。特别是纪念馆的绿化搞得很好，环境越来越漂亮。同时，通过陈云同志诞辰100周年纪念活动，纪念馆影响力越来越大，先后到湖南、广东、江西、黑龙江等地进行陈云生平业绩展。

在这里我想说:"于老,我们没有辜负您对我们的期望。在馆领导和全体职工的努力下,如今的纪念馆已经发生了翻天覆地的变化,每年的巡展遍布全国各地同行单位、高校、企业、社区等,宣传形式丰富多彩。近几年,纪念馆不断引进人才,注入新鲜血液,使得纪念馆人员整体素质不断地提高,也增加了学术研究力量。现在的纪念馆在全国有了很高的知名度和社会影响力。"

因于老有病在身不宜久谈,其女儿一再讲探望时间控制在 10 分钟之内。但老人家不愿意停止谈话,直至女儿一再提出"妈,可以休息了",才不情愿地和我们依依告别。

于老虽然离我们远去了,但她的音容笑貌、谆谆教导,让我们体会到我们的责任和差距。我想我会朝着老人家所题写的"精益求精,尽善尽美"的要求努力,立足本职岗位,在工作中不断开拓创新,奋斗进取。

本文原载《中国食品报》2016 年 2 月 25 日。

作者简介

王晓磊,原陈云纪念馆讲解员

于若木同志与白山老区的不了情

周化辰

2006年2月28日下午，国务院振兴东北办公室在北京召开资源型城市转型座谈会。我作为参加会议活动的唯一地级市的市长，亲身感受到了党中央、国务院对东北资源型城市发展的关心、重视和支持。更从心里感谢于若木同志亲笔致信温家宝总理，希望把白山列入资源型城市经济转型试点，为老区经济社会发展作出的又一次特殊贡献。

当天晚上7时许，正当我想把白山列入资源型城市经济转型试点取得重要进展的消息报告给患病住院的于若木同志时，却突然传来了于老于当天下午5时30分逝世的噩耗。我实在接受不了这晴天霹雳般的残酷现实，再也控制不了自己的感情，泪水一下子涌了出来。当晚，我彻夜未眠，于老那亲切、慈祥、和蔼的面容以及她老人家关心老区经济发展、关心人民生活、关心地方干部成长的一桩桩、一件件往事浮现在我的眼前……

初见于若木同志

我第一次见到于若木同志是在 1995 年 6 月初。当时，我在中央党校中青年干部培训班学习。按照党校教学规定，参加中青年干部培训班的学员可以选修一门研究生专业课程。我虽然在基层从事经济工作多年，但一直喜欢学习研究党的历史，尤其对东北地区抗联斗争史、南满解放战争史情有独钟。于是，我选修了中共党史专业，并将研究方向确定为南满根据地建设对全国解放的贡献。在准备毕业论文时，我想方设法地采访"四保临江"战役健在的见证人，搜集整理有关那个时期重要的历史资料，同时，也非常渴望有机会拜访尊敬的于若木同志，以便从更新的视角、更高的层次，理解、把握和认知那段不平凡的峥嵘岁月。

经营养学界的同志引荐，我终于到中南海见到了仰慕已久的于老。记得那天的天气特别好，中南海花团锦簇，空气清新，阳光明媚。一见面，她就热情地握着我的手说："欢迎来自东北老区的客人。"她向我仔细询问了老区的经济建设情况，并深情回忆了"四保临江"战役的经过。她用简洁、精练、理性的语言说："'四保临江'战役关系到东北战场的全局，如果南满丢失了，北满也可能保不住；相反，如果南满保住了，就会粉碎敌人'南攻北守，先南后北'的战略方针。临江的胜利是一个重要的战略转折点，使我军由战略防御转入战略进攻，为后来的辽沈决战创造了有利条件。"她特别强调，"四保临江"战役的胜利是党、军队和人民群众紧密团结、共同奋斗的结果；是南满分局和辽东军区领导成员，特别是陈云、萧劲光、肖华同志互相支持、密切配合的结果；是我军关内与关外，东满、西满、北满与南满，特别是北满与南满之间相互配合、协同作战的结果，是运用毛泽东军事思想和哲学思想指导战略决策的结果。她谦虚地说，不要突出宣传陈云同志的个人作用，要总结民主集中制的经验，总结实行集体领导的经验，总结全国一盘棋的经验，总结人民战争的经验。她的一席话，深入浅出，言简意赅，使我对陈云、萧劲光等老一辈革命家和先烈们的光辉业绩有了更全面的了解，对"四保临江"战役的过程和意义也有了更深刻的理解。

第一次拜访于若木同志，我深深地感到她是那样亲切慈祥、平易近人、举止优雅、知识渊博、让人敬重。她的言谈举止中，饱含着对老区人民的浓厚情感，对老区的建设发展的关心牵挂，对老区的干部群众的深切厚望。随着和她见面接触机会的增多，这种感觉越发明显、越发强烈、越发具体。她说："我虽然没参加过'四保临江'战役，但在战役刚刚胜利之后曾来过临江，并和陈云同志在临江生活了一个多月。这段时间虽然不长，却给我留下了终生难忘的印象。我亲眼看到了我军指战员是在如何艰苦的环境下，以怎样顽强的精神打赢这一仗的；我亲身感受到临江的老百姓是在如何困难的情况下，以怎样的热情支持我们的党和人民子弟兵的。陈云同志生前常对我说起东北的人民、辽东的人民、临江的人民，说如果没有他们的全力支援，没有他们把自己的孩子和粮食送到部队，要打赢东北解放战争，打赢'四保临江'战役，是根本不可能的。多年来，我一直记住陈云同志的话，也一直保持着与临江的联系、与老区的联系。"

情系白山

从 1990 年到 2002 年，于若木同志先后 5 次来到白山，对白山的建设和发展倾注了大量心血。

——白山人民不会忘记。1993年，白山至靖宇公路改建工程遇到困难，于若木同志亲自给交通部领导写信，希望"从支援老根据地的角度，从扶贫的角度以及国防建设的角度"，帮助解决资金问题，为老区建设提供各方面支持。在得知"靖白公路"建成通车的喜讯后，她欣然提笔"向全体筑路员工一年多的艰苦奋斗表示亲切的慰问，并预祝今后取得更大的胜利！"喜悦之情溢于言表，关怀之切力透纸背，祝福之心跃然纸上。

——白山人民不会忘记。1998年，白山引进娃哈哈矿泉水项目遇阻，市委、市政府领导赶到北京，向她说明情况。她说："矿泉水含对人体有益的矿物质多，营养成分高，市场远景好，应该扶持发展。"在认真查看市领导带去的有关化验单后，她给杭州娃哈哈集团的负责人写了一封亲笔信，终于使将要搁浅的项目投入建设。随后，她积极牵线搭桥，为娃哈哈白山分公司解决进口原料配额，降低生产成本，开发生产系列产品。1999年秋天，她到靖宇矿泉水生产线考察，为"五龙泉"题名，并亲自将一个没有名字的泉眼命名为"丹凤泉"。

——白山人民不会忘记。1999年，80岁高龄的于若木同志回临江查看药业发展情况。当车行至坡陡路滑的老岭山上时，她说这条路实在太难走了，应该修建一条"老岭隧道"。后来，她在身体不佳的情况下，为"老岭隧道"的立项、评估、融资等倾注了大量心血。如今投资3.6亿元的"老岭隧道"已经建成通车。

——白山人民不会忘记。2001年，于若木同志得知白山老区为发展旅游决定修建长白山机场的消息后非常高兴，亲自打电话给国务院领导，动情地说："老区群众盼建飞机场都盼了几十年了，无论如何也要圆了老区人民盼发展、求发展的梦想。"她还亲自给省领导打电话，希望能为长白山机场建设提供支持和帮助。

让白山老区人民更加刻骨铭心、永志不忘的是2006年1月18日，一直关心老区经济建设和社会发展的于老，以87岁的高龄，为将白山列入资源型城市经济转型试点，在病榻上忍受着病痛的折磨，亲笔致信温家宝总理，写下了"作为一名党员、老同志，我有责任和义务将白山的情况向您反映，恳请您一如既往地给予革命老区更多的关怀和支持"这样感人肺腑的话语。这也许是她生前写的最后一封信，倾注着她老对老区人民的深情厚谊。1月20日，温家宝总理亲自批示，要求国家发改委、振兴东北办认真予以考虑。

就在写完这封信的41天后，敬爱的于若木同志永远离开了我们。

关心干部

于若木同志情系革命老区，十分关心地方干部成长。1995年8月，我代表敦化市委、市政府邀请于若木同志到抗联根据地考察，她欣然接受邀请。在敦化期间，她参观考察抗联根据地，游览镜泊湖，兴致勃勃地登上了长白山。在登上天文峰，俯瞰天池碧水、饱览名山胜景的时候，她高兴地告诉身边工作人员："快给家里打电话，告诉他们我登上长白山了，长白山的风光好极了。"这次敦化之行，是我陪同她考察时间最长的一次，也是受到教育最深的一次。她反复对我说："年轻干部是国家的栋梁和财富，一定要自觉加强自身修养，严格要求自己，先做人后做官，心里装着老百姓，任何时候都不要脱离群众。"我从敦化市长到市委书记，从延边州副州长到省政府副秘书长，从白山市代市长到市长,每一次工作调动和职务变化,我都及时打电话向她汇报,听取她的意见和教诲。于若木同志总是既高兴又不无勉励地说:"祝贺你,又挑重担了。"她还多次把新出版的陈云同志著作、一些老同志回忆录和她老人家编著的营养学方面的专著签名送我留念。每念及此,我都感到极大的幸福和温暖,暗暗告诫自己要勤奋工作、加强学习、清正廉洁,绝不能让她失望。2004年4月15日,我到白山工作不久,陪同宝泰书记等市领导同志去北京看望于若木同志。她一眼就认出了我,高兴地和我握手,对我和市里的领导说:"你们要多关心临江的发展,把白山的经济工作做好,努力做到为官一任,造福一方。"当谈到白山立足当地资源,加快项目建设时,于若木同志叮嘱说:"抓项目,扎扎实实地提高人均收入是最重要的,这是调动群众积极性的最好方式。要把项目建设和改善人民生活水平结合起来。经济要发展,人才是关键,要把教育工作抓好抓实。"

心念苍生

于若木同志心念苍生,时刻情系人民健康。1995年6月,我第一次进中南海拜访她。听我谈到敦化盛产优质大豆时,她喜形于色,给我讲述了大豆的营养和她亲身经历的一段往事。三年困难时期,中央国家机关好多人得了浮肿病,究竟是什么原因,一时谁也说不清楚。于若木同志去请教营养学家,专家说,病因是缺少蛋白质,如果每人每天吃上二两黄豆就能解决问题。过了几天,她看到发表在《科学实验动态》上的介绍大豆含蛋白质丰富的文章,就把文章拿回家给陈云同志看。陈云同志看过后,马上起草电报调东北黄豆进关,支援中央和北京。于若木同志风趣地说，那时有人管处级以上的干部叫"糖豆干部"，糖是指干部每月发给一些白糖，豆就是指黄豆。一个建议，让困难时期很多干部的健康状况得到了保障，这是陈云同志在我国三年困难时期的一个重要决策。这里面，其实也有于若木同志的一份功劳。

1998年春天，我出差到北京，带了些新鲜山野菜看望于若木同志。看着水灵灵的山菜，她想起了在东北度过的难忘时光，高兴地拉着我合影留念，并和我们一起包山芹菜馅饺子。吃饭时，她问我山芹菜有什么营养，我根据自己学到和掌握的营养知识作了回答。她听后说："有进步。地方干部要是都能懂得一些营养知识，我们国家的营养事业就好做了。"她还说："长白山满山是宝，绿色食品天然、有机、无污染，应该研究大规模开发，打出有号召力的品牌，为提高人民营养水平、加快老区发展造福。"

于若木同志说，改革开放后，我们的人民开始富裕起来，但这还不够，还要让我们的民族一步步强壮起来，这就要把营养上升为基本国策，这方面的工作应该从青少年抓起。她说日常生活中，碳水化合物、脂肪和蛋白质是最重要，也是需求量最大的营养素。合理的早餐应该是牛奶、鸡蛋，再加馒头或面包和蔬菜。

正是基于对民族、对孩子、对事业的高度负责，于若木同志从64岁开始了生命中新的长征，步入营养学领域。通过刻苦学习营养知识，下基层了解青少年和广大人民群众的健康情况，成了我国著名的营养学家。早在1989年，她就呼吁全社会都来关心下一代的健康，倡导成立了"中国学生营养促进会"，主持制定和实施了"护苗工程""国家饮用计划""学生营养餐工程"，并主编出版了"中国营养丛书"。

于若木同志作风严谨，尊重科学，做事精益求精。2003年，白山市政协副主席、人参专家姜丛同志,把自己几十年来长期研究的人参课题成果整理成书,希望我能为之作序。我一向敬重姜丛同志,但考虑自己对人参知识掌握得不多,要推进人参的深层次开发和产业的快速发展,一个地方领导缺少应有的影响力,便向姜丛同志建议,最好是请于若木同志为她的书作序。姜丛听了我的建议非常高兴,希望争取请于老作序,做大做强老区的人参产业。2004年秋天,我利用去北京出差的机会,带着姜丛同志的书稿和事先准备好的序言,请于老过目,并表达了作者请她作序的愿望。于若木同志微笑着翻阅书稿和序言,对我说,人参是东北"三宝"之一,具有很高的研究价值和开发价值。她表示可以满足老区人参专家希望她作序的愿望,因为这本身也是营养事业的一部分,但不能马上把序言带走,她要把书稿仔细看一遍,再考虑如何写序。大约过了三个多月的时间,于若木同志打来电话,说书稿看完了,序言也写好了。等把书稿和序言取回来一看,大家发现她不仅认真阅读了书稿,而且还对四五处地方提出了修改意见,署名于若木的序言她也做了认真细致的修改。

"个人名利淡如水,党的事业重如山。"这是陈云同志八十诞辰时写下的对联,也是陈云同志和于若木同志在几十年革命生涯中形成的心灵默契和高尚的精神追求。于若木同志住在中南海的平房里,房屋有些陈旧,室内没有装修,书房很简朴,一排旧书架堆满了书,一张书桌也是旧的,老式的沙发,褪了色的茶几,陪伴主人度过了几十年的时光。客人来访,于若木同志总是习惯地坐在沙发的前半部,双手放在紧合的双膝上,上身微微前倾,和蔼可亲地和客人交谈。她用的稿纸正面用完了就用反面,办公室的电灯出门后就随手关掉。

"白山绿水情深,难忘老区人民。"这是于若木同志为白山老区写下的饱含深情的题词,也是她对老区人民披肝沥胆、夙兴夜寐、鞠躬尽瘁的真实写照。在我们纪念于若木同志诞辰 95 周年之际,让我们学习于若木同志的崇高风范和高尚人格,加快白山经济社会发展,不断提高全市人民的生活水平,以此作为对她的最好怀念。

本文原载《党史纵横》2006 年第 7 期。

作者简介

周化辰:吉林省第十一届人大常委会副主任

于若木同志与西部贫困县的 19 年情缘

南来苏

2005年8月,重病在身的于若木同志,没有听从亲属的劝阻,依然接待了来自国家特困县的科研工作者。近20年来,陕西紫阳县的梅紫青,多次与于若木同志握手,每次握手,都让他感到温暖,获得巨大的鼓励。可这次握手,梅紫青却感觉到于老的手微微颤抖,手心发烫,心里暗为于老的身体担忧。让梅紫青想不到的是,此一道别,竟成诀别,2006年2月28日,于若木同志仙逝。紫阳山恸水泣,34万人沉浸在痛苦和哀思之中……

紫阳富硒引来 19 年的关注

4月的茶乡,嫩芽乍绿,满岭生香,正是"微品襟灵爽,细饮颊留香"的佳期。

1990年,陕西安康首届"紫阳富硒茶饮茶节",伴随着采茶山妹们的乡土歌舞,在秦蜀交界、大巴山北麓的山城紫阳拉开帷幕。

"自昔关南春独早,清明已煮紫阳茶。"热情好客的紫阳人,以巴山为壶,斟满清澈碧绿的汉江柔水,为200多位专家、学者和各界代表,捧出清香四溢的富硒茶。

饮茶节上,兴趣最浓的当推著名营养学家、中共中央书记处科技组顾问于若木同志。她不仅再次为紫阳富硒茶题词,而且高度评价了紫阳富硒茶对人体营养、健康的特殊作用。

是什么缘故牵动着年逾古稀的于老,专程来到交通不便的穷乡僻壤?她告诉记者:"1987年在杭州召开的国际茶叶会议上,紫阳县的梅紫青作了一个关于富硒茶方面的学术报告。"

1987年11月,水光潋滟的西子湖畔,迎来首届"茶-品质-人类健康国际学术会议"。在大会选印的118篇论文中,有关茶叶含硒研究的论文,只有梅紫青的《紫阳茶叶含硒量调查报告》。

报告用大量的实验数据证明,紫阳县是迄今为止在中国发现的第二大高硒区,紫阳茶叶含硒量为目前国内外已知的最高水平,紫阳富硒茶作为一种无毒有益的饮料,对低硒地区人民的健康与保健,有着其他茶叶不可替代的作用和功效……

一位名不见经传的年轻人,用8年时间磨砺出的科研报告,受到与会专家们的好评。多年来从事营养学、微量元素科学研究的于若木同志,从相关资料上看到这篇报告后,也感到非常欣喜。

硒是生命中必需的元素,现已发现人畜有40多种疾病与缺硒有关。美国在1974年的调查中发现,由于缺硒,美国的畜禽及牛羊年损失为6.27亿美元。我国专家估计,由于缺硒,我国牧业年损失高达数十亿元。全世界许多国家和地区缺硒,我国缺硒和低硒地区占国土面积的72%,受威胁人口有3亿之多。

于若木同志敏锐地感觉到:第二个高硒区的发现,无疑对国计民生、营养保健，有着不可估量的巨大作用。

于若木同志指出："我国有 22 个省市部分或大部分缺硒，严重缺硒地带居民患克山病、大骨节病或癌症。因此，紫阳生产的食物就不是一般的食物，而是抗癌保健的宝贵资源。"她还不断向有关方面呼吁："如何有计划地开发这一地区，为贫硒地区、为全国人民的健康服务，的确是一个值得重视的问题。"

心系老百姓健康、营养的于老，不顾年迈体弱，疾病缠身，依旧身体力行，奔波在大江南北、崇山峻岭之间，由此与西部贫困县——紫阳县，结下长达 19 年的情缘。

满腔热忱被"拒"之山门

时隔一年，在广州举行的全国第四届微量元素学术会议上，梅紫青第一次见到仰慕已久的于若木同志。她鼓励梅紫青继续从事紫阳富硒茶的研究，她说："在科学研究上，要像唐僧到西天取经一样，困难面前不动摇，只有经过九九八十一难，才能取得科学的真经。"

在于若木同志的鼓励和鞭策下，梅紫青和紫阳县的高级农艺师程良斌等人经过艰苦的工作和大量的实验，完成了《紫阳富硒茶品质、含硒水平及保健作用研究报告》，并于 1989 年 9 月 6 日在北京通过专家鉴定。

因有重要工作，于若木同志未能参加鉴定会。几天后，她从深圳返回北京，立即向有关方面了解了鉴定会的情况。通过了解，她得知，在鉴定会上，世界营养学理事、中国营养学会名誉理事长沈治平教授等 13 位营养学、医学、茶学界的专家一致认为："紫阳富硒茶是具有广阔前景的保健品,特别是对人体硒的补充有益,并具有一定的防癌、抗癌、抗衰老作用,为国内首次通过审定的富硒茶,其研究成果为国内领先水平。本研究具有显著的经济、社会效益,为国内富硒茶开发研究开创了先例。"

后来,中央电视台、新华社、《人民日报》等25家新闻单位向海内外发布了令人兴奋的消息。不久,日本《产经新闻》发表《医学研究证实,富硒茶可抗癌》的文章,美国、意大利等国家和中国香港、台湾地区的媒体,也纷纷宣传报道了中国紫阳富硒茶的神奇功能。

70岁高龄的于若木同志,对此兴奋不已。她不顾疲劳,组建考察组,于1989年9月24日,来到西安,准备挖掘紫阳这个"金矿",并许诺"要给紫阳县带去一个财神爷!"

考虑到于若木同志的身体状况,对紫阳交通、接待、住宿条件了如指掌的陕西省原副省长徐山林,决定由安康行署和紫阳县的有关人员到西安,向于若木同志汇报。

9月27日,于若木同志在西安人民大厦接见了来自安康地区的汇报组成员。她一面认真倾听汇报,一面不停地做着笔记,还不时地提问,详细了解茶乡人民的生活状况,对紫阳富硒和富硒茶的研究情况。她说:"发现富硒茶后,我就想到紫阳的土壤和农作物含硒量高,要想办法开发,打入低硒区。"接着,于若木同志又深情地说:"你们那里处处都是宝呀!"

意犹未尽的于老,28日下午,又一次接见了汇报组。她告诉大家:"从市场需求看,开发富硒茶很需要。"她拉开抽屉,取出一盒外省出产的花茶,感慨地说:"紫阳茶这么好,宾馆小卖部里却没有,房间里也没有紫阳茶供客人饮用。在宾馆里为客人提供紫阳茶,是最方便的宣传窗口，你们应该打入这个窗口，到各大宾馆销售紫阳富硒茶。"

于若木同志不仅关心紫阳茶，她也关心人均收入只有 300 元的紫阳县的经济发展。她认为开发紫阳的富硒食品、饮料的前景非常广阔，并提出了许多项目开发的设想。

会谈结束，汇报组代表安康行署邀请于若木同志 1990 年春暖花开时参加饮茶节，她高兴地接受了这一邀请。

分别前，汇报组请她题词。她稍加思索，在宣纸上挥洒出："开发富硒紫阳茶为全国人民的健康服务，是紫阳县义不容辞的责任。"

于若木同志也把这种责任义不容辞地挑在自己的肩上，直到她临终的最后一刻。

"坐饮香茶爱此山"

紫阳素有"自昔关南春独早"的美誉。而 1990 年的春天比以往来得更早。春节过后不久，于若木同志就多次给紫阳县领导打电话、写信，表达她的问候和关心，联系考察的事宜。

为了迎接于老和 200 多位国内专家、学者和有关人士的到来，举办好国内首次富硒茶饮茶节，紫阳县专门成立工作组，倾全力筹办紫阳县历史上最隆重的活动。

紫阳县是国家级的贫困县，工作组调动全县所有的车辆为大会服务，38 辆有年代的汽车中，最"高档"的就是一辆北京 213 吉普车。与会人员下榻的是全县最好的住处——县政府招待所，它的前院是两层吱吱作响的木板楼，一座很有年代的破旧客栈。后院则是空旷的大院，中庭是过道，两边是招待所里最好的房间——几间阴暗潮湿的土坯房，屋门则是带木门闩的两扇小木门。于若木同志的住处被安排在最大的一间，也仅有十一二平方米大小。

虽然紫阳人盼望于老一行的到来，但也忐忑不安，担心落后的接待条件请不来远道的贵宾。享有高干待遇的于若木同志，了解紫阳的现状后，仍然坚持到紫阳考察，并婉言谢绝了一些会议的邀请和头衔，于1990年4月14日下午，乘火车来到紫阳。

招待于老一行人的晚餐，没有山珍海味，一点也不奢华，只是十几道家常菜。但她看后，还是深感不安。她对紫阳县委书记说："四菜一汤就可以了。明天，我不吃大鱼大肉。紫阳的蔬菜很好，我觉得紫阳的土豆丝、香椿芽、莴笋丝就很好吃呀！"

饮茶节期间于若木同志的"素食节"，赢得了紫阳人的好评，但也并非所有人都能适应。事后，一位陪同她用餐的人悄悄"诉苦"："和于老在一起吃不饱呀！"

晚饭后，于若木同志不顾旅途疲劳，在她的陋室里不断会见有关人士，进行调查和座谈。深夜11点多钟，她送走客人，又伏案挥笔，起草饮茶节上的发言稿，直到凌晨三四点。

4月15日上午举办的饮茶节上，于若木同志开门见山，诚恳地对大家说："这次访问安康地区紫阳县是慕名而来。"

紫阳县以"紫阳茶"而闻名天下，其悠久历史可追溯到商周。自唐朝起，紫阳的"紫邑宦镇茶"、"桂花庄毛尖"已成为贡品。民国年间，西安市清盛魁茶庄仍保留一本主人先祖在盛唐时期的账册，记有秦琼、尉迟敬德购买紫阳茶的账务。紫阳茶在唐朝"茶马互市"，宋、明时代的"茶马法"的实施中，都起到了极其重要的作用。清代，"紫阳毛尖"名列全国十大名茶，沿丝绸之路，远销伊朗、土耳其、伊拉克、埃及、突尼斯、摩洛哥等国,享誉海外。新中国成立后,"紫阳毛尖"被评为陕西名牌产品,并荣获食品博览会银奖。

于若木同志对紫阳情有独钟的缘故,不仅仅是因为紫阳茶,她说:"因为紫阳是国内少有的富硒地带,我们不但对茶感兴趣,对其他作物如粮食、水果、蔬菜、畜产品也感兴趣,这是我们一行来访的动机。"

已对紫阳了然在胸的于老,在大会上向各界人士宣传紫阳茶的悠久历史,介绍紫阳富硒茶的特有作用,并呼吁他们积极帮助紫阳县开发、利用富硒资源。她说:"宣传紫阳茶、提高紫阳茶及紫阳县的知名度,对安康地区发展经济是有帮助的。这也是在座的可以做得到的事情。"

她不仅关心着紫阳,也牵挂着全国人民的健康。她指出:"了解自然界的规律,为人类健康服务是科技工作者的责任,也是各级父母官的责任。"

饮茶节期间,于若木同志还考察了西北最大的茶厂——紫阳县茶厂。仔细品茗"紫阳毛尖"后,她赞叹不绝,并欣然题词:"紫阳茶富硒抗癌,色香味俱佳,系茶中珍品"。

由于要去四川省考察,她在紫阳只停留了近30个小时,但于若木同志朴素的工作作风,给随行人员留下了难以忘怀的印象。考察途中,看到警车开道,坐在半新的拉达牌小车里的她,不安地对身边的紫阳县长说:"请不要用警车开道,这样影响不好。"车队突然停止前行,她得知是为电视台拍照而安排后,立即谢绝:"不要搞这些了,这么热的天气,让大家挨晒,司机很累,让他们早点回家休息吧!"

20年过去了,于若木同志热情洋溢的讲话、平易近人的工作作风和对周边人的关心,仍然深深打动着每一位与会者和34万紫阳人。程良斌、梅紫青和许多紫阳人，至今仍能一字不差地背诵出于老讲稿里的许多段落，她在饮茶节的讲话已经镌刻在紫阳人民的心中。

紫阳富硒茶昂首挺进人民大会堂

亲临紫阳考察后的于若木同志，不但对老区人民产生了更加浓厚的情感，而且对紫阳富硒茶的效能和价值，有了新的了解和发现，增强了"开发紫阳富硒茶，为全国人民的健康服务"的迫切感。饮茶节期间，安康行署领导人向于老汇报打算1991年在北京举办饮茶节，请她给予支持。让安康行署领导感动的是，有点像给于老出难题的请求，竟得到她毫不犹豫地回应。

于若木同志一回到北京，就积极筹划此事。她不仅希望"紫阳富硒茶"，早日在首都出现，而且还希望能在人民大会堂里绽放。她多次与全国人大、全国政协、中顾委、国务院发展中心和中国科协等有关部门领导联系、协商，获得了他们的有力支持。

1990年，北京各种重要的活动，都受到非常严格的规定和控制。当时规定人民大会堂里不能举办产品发布会，当然更不能举办饮茶节。经过于若木同志两个多月的积极奔走和协调，"紫阳富硒茶、安康绞股蓝专家评议会"得到了有关部门的批准。

1990年7月3日，凝巴山汉水之灵气，纳富硒沃土之精华，"洗尽古今人不倦"的紫阳富硒茶，在人民大会堂的云南厅被隆重推出。在于若木同志的邀请下，习仲勋、马文瑞、杨成武等中央40多个部委的相关领导和专家近300人出席会议，品茗评议紫阳富硒茶。

当人们沉溺在"雀巢""麦氏"和各种"可乐"的舶来品中时，在这个中国营养学界、茶学界和紫阳历史的盛事上，于若木同志再次发表重要讲话，力陈"国饮"的独特神力和魅力。她认为："茶对人民的健康，中华民族的繁衍昌盛方面起到了不可忽视的作用……""中国人较高的智力得到许多人的承认，这也许与茶不无关系……""中华民族的祖先由茶文化培育了较为发达的智力，并且把这一优良的品质遗传给了后代……我国是茶的故乡，提倡饮茶，将茶作为国饮，则是顺理成章无可非议的。"

于若木同志又指出："紫阳茶不仅硒元素含量高，而且决定茶叶品质、风味、香气的氨基酸、咖啡碱、茶多酚含量也高……""茶叶这一天然保健饮料，是国际90年代研究的重大课题之一，硒作为人体的必需微量元素，是各国学术界大力研究抗癌防衰机制的热点，紫阳富硒茶两者兼而有之，格外引人注目是不言而喻的。"

于若木同志还把紫阳富硒茶的开发研究誉为山区人民脱贫致富的"绿色金子"，并寄予厚望。讲话中，她特别强调："开发紫阳富硒茶为人类健康服务，特别是为贫硒地带及老年人服务，也是一个重要问题。"于若木同志"紫阳富硒茶应重新评估，赋予新的价值"的讲话，引起与会者的强烈反响。评议会上，全国著名的营养学家、茶叶界和医药界的专家一致认为：紫阳富硒茶所含的五大营养成分指标，均高于我国江、浙、皖、闽、川等地的17种名茶的含量。更为珍贵的是它所含的微量元素硒，其含量平均值比日本、英国及国内南方15个省市的茶叶含硒量高4至5倍，为食品中含硒标准范围内最佳水平。"根柯散芳津，采服润骨肌"的紫阳富硒茶，在庄严肃穆的人民大会堂里，获得了新的评估，被发掘出新的价值。这不但引起40多家新闻媒体的关注，也受到了老一辈领导人的青睐，许多人当场购买紫阳茶。习仲励副委员长更是高度赞誉紫阳茶,挥笔题词:"健康佳品,驰誉神州"。

于若木同志和诸专家、学者们对紫阳富硒茶的好评,通过各大媒体的宣传报道,给紫阳带来了实实在在的"财神爷"。1990年下半年,紫阳茶的生产和销售在全国茶叶市场疲软的情况下,走出低谷,一枝独秀,出现了供不应求的抢购现象。紫阳茶当年产值高达2 000多万元,占财政收入的1/3,呈现出前所未有的大好形势。紫阳富硒茶也成为驰名海内外的国饮。

深刻的回忆,引发出强烈的责任感和绵绵不绝的关怀

"'自昔关南春独早,清明已煮紫阳茶。'每当看到这一清朝诗人的名句时,便唤起对今春清明之后在紫阳县首届饮茶节的回忆。"这是于若木同志在人民大会堂紫阳富硒茶专家评议会上的一段讲话。1990年的紫阳行,让贫困的紫阳、丰富的富硒资源和全国人民的健康与保健,成为于若木同志魂牵梦萦的经久记忆,引发出她的强烈责任感和绵绵不绝的关怀。

于若木同志不但自己深入紫阳考察调研,还不断地委托有关专家到紫阳,帮助开发富硒资源。1994年5月,她嘱托北京博士国际咨询有限公司总经理等人,赴紫阳考察硒资源及开发情况。同年6月,"硒系列保健品科研与开发研讨会"在北京举行。会上,她肯定了博士公司的开发思路。她说:"博士公司重视这个问题我非常高兴,把硒保健品作为重点是非常有意义的。富硒茶我非常欣赏,得到以后,广为散发,以茶为载体,体会保健功能。"接着,她不无焦虑地说:"研究硒的单位较多,主要是理论研究多,但全面开发没有起步,只有少量产

品开始生产,是广种薄收。"

她建议博士公司先从紫阳富硒茶着手,进而开发其他产品,生产富硒大麦苗等高档保健品。她从手提包里取出一瓶从美国进口的大麦苗粉,当场赠送给博士公司和紫阳县的一位领导,鼓励他们分工协作,共同研究开发。

会上,于若木同志还请博士公司与北京西苑饭店联系,"让紫阳的小豆、绿豆、茶叶,出现在菜单上,用紫阳的产品宣传紫阳的产品,开发富硒茶、富硒蔬菜、富硒食品"。

2002年,时任中国微量元素科学研究会理事长的陈祥友教授深入紫阳进行考察。陈教授风趣地说:"于老要求全国学会给紫阳最大的关注,我不能不来呀!"

2005年8月,中国化工地质研究院副院长莫珉教授向于若木同志汇报,他与紫阳合作,用紫阳富硒的岩石、土壤,开发研究出"富硒多元素营养液"的试验品,获得很好的反响。听后,重病在身的于老露出一丝笑容,缓缓地说:"紫阳的富硒岩石、土壤,在地质医学方面大有可为,你是这方面的专家,应该尽快开发出去。我年事已高,身体也不很好,不能参与你们的工作了,祝你们早日成功。"

1990年的饮茶节后,紫阳县的每届领导班子都把开发紫阳富硒茶和富硒资源当作头等大事去抓,并且都得到了于若木同志的大力支持。几乎每年,她都要会见好几批来自紫阳的客人,给予他们各种帮助。

1995年6月,在中南海于若木同志的家里,紫阳县几位同志代表县委、县政府向她汇报工作。当汇报到富硒资源开发存在的困难时,她切中要害地指出:"紫阳富硒资源开发关键在领导重视,应该当作一件大事来抓……只要党政一把手重视,摆上位置,正确决策,组织实施就能取得大的成效。"后来，在她的帮助下，紫阳县在富硒资源开发中遇到的困难很快得到解决。

2001年，于若木同志在医院会见了紫阳县县长等5位领导同志。抱病的于老，仍然关心的是紫阳的一草一木。她希望紫阳县的领导除了抓紧开发富硒茶外，还要把开发富硒食品尽快地提到议事日程上。她语重心长地告诉客人："这是一件利国利民的大好事呀！"

在于若木同志的关心和扶持下，紫阳县的富硒资源开发工作初见成效，相继开发了富硒蔬菜、水果、粮食、食品、药材、矿泉水等产品，建立了许多食品生产基地。富硒系列产品的开发，使山区农民找到一条致富之路。1995年，紫阳县人均收入达到774元，比1990年翻了一番。在农民的人均收入中，富硒系列食品的销售收入占到一半以上。

1996年，于若木同志力促"紫阳富硒茶及富硒食品宣传推广会"在北京新华社的新闻大厦召开。会前，身患疾病的于老，在医院里会见紫阳来人，听取汇报，做出重要指示，并在病榻前撰写了讲稿。1996年5月9日，她在"开发丰富多彩的富硒保健食品，提高人民健康水平"的讲话中，向全国推广紫阳开发富硒资源的经验。1998年，紫阳县在西安举办紫阳富硒茶宣传推广会。虽然她因要事未能参加，但仍为大会撰写了讲稿。

于若木同志在得知紫阳县派人到国家质检总局等部委，申请紫阳富硒茶原产地域产品保护、无公害绿色茶园基地建设等项目时，专门邀请紫阳县申报人员到她的家里，为申报工作，想了许多办法。她的许多观点和想法，成为紫阳申请报告中的依据。2004年，紫阳县成为我国富硒茶的唯一原产地。"原产地保护"的申报成功，对紫阳开发富硒茶，发展经济起到了极大的推动作用，也使紫阳茶的当年销量达到历史的最高水平。

于若木同志对紫阳富硒资源研究和开发的支持，可谓不遗余力。"中国微量元素科学研究会"是国家一级学会，一般的分会大都设在省、市一级的大中城市。2005年，在她的大力支持下，我国唯一一家县级的全国学会"中国微量元素科学研究会紫阳分会"，在富硒茶的原产地成立。于若木同志毫不推辞地担任起全国级别最低的分会名誉理事长，因为她在那里又看到了自己的责任。

淡如君子洁如仙

于若木同志喜欢饮茶由来已久，对茶叶的鉴赏有很深的功底。

她喜欢品茗紫阳茶，起源于1988年12月在广州召开的全国第四届微量元素学术会。参加会议的梅紫青送给于老紫阳茶，请她品评。清香爽口、回味醇厚的紫阳茶以及富硒的特殊功效，给于老留下很深刻的印象。从此，于老开始饮用紫阳茶。

陈云同志以前喜欢喝龙井茶，好浓茶。为了避免浓茶对身体的伤害，于若木同志建议陈云同志只饮淡茶。陈云同志接受她的建议，从此坚持饮用淡茶。于若木同志饮用紫阳茶后，感觉很好，征得陈云同志的保健医生同意，每次给陈云同志的茶中添加少许紫阳茶。过了一段时间后，她问陈云同志感觉身体有无变化。陈云同志回答，饭量有所增加。她告诉陈云同志，是给他的茶中添加了紫阳茶的作用。陈云同志从此也开始饮用紫阳茶。

于若木同志不仅关心陈云的身体健康，也关心中央一些老领导和老朋友的身体健康。1990年4月,她从紫阳带回几盒紫阳富硒茶,大部分赠送给老同志。不到一个月,她便给程良斌邮汇1 000元,请他代购紫阳富硒茶。

"坐斟泠泠水,看煎瑟瑟尘。无由持一碗,寄与爱茶人。"每年春茶上市,紫阳人第一个想到的人就是于若木同志。每到这个时候,程良斌、梅紫青等人,都会精选佳茗,给她邮寄去。收到茶叶后,她总是及时地将钱汇给对方,从未忘却。此后,为了不惊动大家,也为了方便大家,每逢清明节后,她就会给程良斌邮汇两三千元,请他代购新茶,直到去世。

十几年来,于若木同志始终坚持作价汇钱和寄钱买茶的清廉作风,成为紫阳反腐倡廉的一段佳话。它不仅感动了紫阳人,也对改变当地的工作作风起到良好的推动作用。

临终的关怀,永久的怀念

2005年8月,积劳成疾的于若木同志,身体每况愈下,不得不闭门谢客,在家静养。得知这一消息,准备和县常委张教志、县妇联领导一起,前往北京向全国妇联申报"三八绿色工程项目"的梅紫青,连忙给于老家打电话,希望代表紫阳人民探望慰问于若木同志。考虑到于老的身体状况,于若木同志的子女婉言谢绝。但于老得知后,坚持要在家里接见紫阳的客人。

8月25日,于若木同志在家里接见了梅紫青等人,仔细询问了近几年来紫阳富硒茶的开发利用情况,紫阳县经济发展和群众脱贫致富的情况。约定的45分钟会面时间到了,她兴趣不减,仍然不断地发问，了解情况。室外，接连响起"时间到了"的声音，她抱歉地说："他们是为我的身体着想，请你们不要介意。"

听完长达两个小时的汇报，她一往情深地说："紫阳是块宝地呀！我1990年曾经去过紫阳，那里硒资源丰富。你们要充分开发利用，造福人民。"

听到紫阳县正在以"紫阳县天然富硒茶科技示范园建设"的项目，申报全国妇联"三八绿色工程"时，她露出笑容，表示愿为紫阳富硒茶开发牵线搭桥。她当即在紫阳县妇联提交的申报报告的扉页上写下："顾主席：希望全国妇联对全国'三八绿色工程'予以支持为感。于若木 2005年8月25日"。

于若木同志的签批，得到顾秀莲副委员长、全国妇联和国家林业局有关领导的高度重视。2005年年底，紫阳县的项目被纳入2006年的计划。为了扶持贫困山区经济发展，全国妇联及时拨付资金，用于该项目的启动培训。

告别时，于若木同志握着梅紫青的手，缓缓地说："希望紫阳人民早日脱贫，我在北京等待你们的好消息。"殷切之情溢于言表。

握着于老微微发颤的手，感觉到于老的手心发烫，梅紫青一阵惊悸。回忆起于老听汇报时难以坚持的痛苦表情，梅紫青感到非常地内疚。他责备自己不该打扰重病在身的于老，希望于老保重身体，早日康复。

梅紫青万万没有想到的是，此告别，竟成诀别。2006年2月28日，关心紫阳、热爱紫阳，却没能等到紫阳人民脱贫致富好消息的于若木同志，与世长辞。

"白水暮东流，青山犹哭声。"于若木同志逝世的消息传到紫阳，不少人放声痛哭，不少人泣不成声，有人拿出于若木同志在紫阳的照片，有人取出于若木同志购茶汇款单的复印件，有人重读于若木同志的来信，追忆亲切感人的经历，山城紫阳沉浸在悲痛和哀思之中。

为了永久地缅怀于若木同志，在2007年2月28日纪念于若木同志逝世一周年的北京座谈会上，紫阳县代表提出成立"于若木营养科学基金会"建议，得到与会人士的一致赞同。为了早日实现于若木同志的遗愿，紫阳县加大了开发富硒资源的力度，制订出了《紫阳县"十一五"富硒绿色食品开发实施方案》，让于若木同志与紫阳的19年情缘，结出丰硕的果实。紫阳将真正成为"紫气东来，阳光普照"的地方。

本文原载《中华儿女》2007年第11期。

作者简介

南来苏：《当代青年》杂志社编审

大力支持开发紫阳富硒资源的故事

——纪念于若木同志诞辰 95 周年

程良斌

1959 年，我从安徽省屯溪茶校毕业后服从国家分配到陕西省农业厅工作，1962 年下调安康专区茶叶试验站，1971 年单位下放，留在紫阳，先后在紫阳县茶叶试验站、多经局、科委、茶叶局、茶叶产业办公室工作。1982 年晋升为农艺师，1988 年晋升为高级农艺师，1993 年国务院批准为享受政府特殊津贴专家。我原来是陕西省政府部门的办事员，曾下放到山阳县当过缺粮饿饭的农民、到紫阳县当过茶叶工人，"文化大革命"中住过牛棚，喂过猪，放过牛羊，挨过批斗，而后从事茶叶科研、试验、示范、推广工作，是最基层的科技人员。我做梦也没有想到于若木同志会亲自来陕西考察，听我的汇报；我也未曾想到我能进北京人民大会堂、进中南海去拜见她。

我认为，她一心想着全国人民的身体健康，而我开发研究的紫阳富硒茶，可为全国人民的身体健康服务。我从事的工作正合她的心愿，因此，她才不顾七十多岁高龄、冒着"蜀道之难难于上青天"的风险，亲自来紫阳考察。至此，我才算真正认识了她，并从此得到了她的多次鼓励、大力支持和谆谆教导。她给了我慈母般的关怀，经常给我来信来电。她对我极其信赖，年年给我汇款，要我帮她代购紫阳富硒茶。她开始给我写信称呼我为局长、主任，其实我既不是局长，也不是主任，我跟她讲了以后，她就亲热地改称同志，甚至连姓都不带，称我为良斌同志，让我感到特别亲切。她给我无微不至的关怀，不仅是对我的鼓舞，她给紫阳人民、安康市富硒区人民乃至全国人民都带来了福音。

慈祥的于老给我留下了令人难以忘怀的印象！

平易近人　和蔼可亲

最令我感动和难忘的事要从我们第一次见面说起。在陕西省农科院等单位发现"紫阳是我国第二个富硒区"这项重大成果的基础上，我主持完成了"紫阳富硒茶品质、含硒水平及保健作用研究"，并于1989年9月6日在北京通过了营养学、医学、地方病学及茶学专家的科学鉴定。从此，紫阳茶成为我国第一个通过科学鉴定的富硒茶。于若木同志得知后，如同发现新大陆一样，立即兴致勃勃地打点行装要到紫阳实地考察。

到西安后，省政府领导考虑她已是古稀高龄，紫阳条件又差，未让她前来，而是立即通知安康地区行署前去汇报。汇报组由副专员王寿森带队，我因是课题主持人，也荣幸地得到了在西安人民大厦向她汇报的难得机会。临行前，梅紫青跟我说，于老是真正的营养学家，她在学术界有四五个头衔：中国微量元素与健康学会理事长，中国营养学会名誉理事长，中国老区建设委员会名誉会长，《中国营养丛书》主编等。见面前，我心里总有那么一点拘束的感觉。当我们走进她的会客室时，她轻言细语地招呼我们就座，把正座留给客人，自己却坐在边座上。她非常认真地听取我们汇报富硒茶开发研究情况，并在笔记本上认认真真地做着记录。有时还轻言细语地提问、提示和指点。她听了我们汇报后说："发现富硒茶以后，我就想到紫阳的土壤、作物含硒量高，想法开发，打入低硒区"，"你们那里到处都是宝"。她的话令人鼓舞，她的一举一动，平易近人，和蔼可亲，使我的拘束感顿时消失。

9月28日下午，于若木同志又一次接见了我们，语重心长地说："从市场需要看，要开发富硒的食品、饮料、玉米笋、甜玉米，宾馆很需要。"她拉开办公桌的抽屉，取出广州花茶给我们看，并一针见血地指出："紫阳茶这么好，西安宾馆却无紫阳茶，供应的是广州花茶。你们应打入这个窗口，来宾馆销售紫阳茶。"她认为开发富硒食品、饮料的前景广阔，并谈了很多开发设想。正当我们越说兴趣越浓的时候，汇报组请她挥笔题词，她好像早已打好腹稿，拿起毛笔，在宣纸上一气呵成，题词如下："开发富硒紫阳茶为全国人民的健康服务是紫阳义不容辞的责任"。清秀工整的题词把开发富硒紫阳茶提到"为全国人民的健康服务"的高度，真是一字值千金！这时富硒茶鉴定会开过刚20天，她又给紫阳34万人民送上一份厚礼，她的关心与期望，不能不让我们感到欣慰与自豪。为了脱贫，为了致富，紫阳人一定要担起这义不容辞的责任。

1994年6月，于若木同志来信点名要我去北京参加"硒系列营养保健品科研与开发研讨会"。6月20—21日，她两次接见了我们，开始我坐的位置离她较远，她却专门叫我坐在她的旁边，向我询问紫阳富硒资源开发情况，使我感到万分的亲切，激动的心情无以言表。

2001年，我编著了《紫阳富硒茶文集》，试着提出请她题写书名并作序。她听后，毫不推辞，满口答应。序中称我是一位朴实的茶叶工作者，接着写道："我见过他几次，他是安徽绩溪县人，1959年响应党支援西北的号召来陕南紫阳工作，一干就是40年，把自己的青春献给了紫阳茶，退休后笔耕不辍，编成《紫阳富硒茶文集》，请我作序，义不容辞。借此机会祝紫阳富硒茶、紫阳富硒事业兴旺发达。"

她对在紫阳从事开发富硒资源的各界人士都视如亲人，多次接见过陕西政界、科技界、妇女界和新闻媒体人士。原福建籍铁道兵陈瑛丽退伍后回乡从事乡镇企业工作，出于对紫阳茶优良品质的厚爱，带了一批技术人员，到紫阳开发出了闽秦牌"紫阳翠芽"，我年年给她购买一些。陈瑛丽很想去中南海拜访著名营养学家于若木同志，我电话联系，于老欣然答应。2005年4月8日，我和陈瑛丽乘京西宾馆的军车前去，于老把我们乘坐的车号告知门卫，并告知门卫见我们的身份证放行。后来，车子一直开到她家门口。入座时于老坐右边，让我坐在左边，又详细地了解紫阳富硒资源开发情况，最后，还和我们在陈云同志的铜像前合影留念。走时她又叫她的司机把我们送回京西宾馆。路上年轻的小警卫战士告诉我们，他们都把于老称奶奶，亲如一家，真让人感动。在于老的鼓励下，闽秦公司通过QS食品安全认证，成为紫阳县标杆企业。闽秦牌"紫阳翠芽"获第四届国际名茶评比金奖，安康市茶叶企业唯一入选安康特色旅游商品，富硒红茶获市科技创新一等奖。

为人民健康服务，全心全意

于若木同志给我留下的第二个深刻印象是全心全意为人民健康服

务，勤奋好学，学风严谨。1989年，于若木同志来紫阳考察的计划未能实现，但如同众多科学家一样，决不轻易放弃探求真理的决心。1990年春节过后，她就来信来电联系考察的有关事宜。行署杨吉荣专员、王寿森副专员等领导非常重视，最终决定由紫阳县政府做好举办安康地区首届紫阳富硒茶饮茶节的安排。1990年4月14日，紫阳山城沸腾了。全国茶学专家、医学专家、营养学专家、学者、新闻界人士、商贸界人士，省、地领导共200多人，云集山城，品评名茶，交流学术，出谋献策，洽谈订货，共商大计。于若木同志乘火车到紫阳，已是晚饭时间。她吃了一些素食便饭，便住进简易招待所。紧接着，她又不顾旅途疲劳，立即开展了调查座谈。新闻记者趁机采访了她，直到晚上11点才离开。但她并没有休息，乘夜操笔，修改完善了第二天的发言稿，一直工作到凌晨3点半才休息。

4月15日，饮茶节上，于若木同志发表了热情洋溢的讲话，把饮茶节推向了高潮。她说："我这次到安康地区紫阳县就是慕名而来的，因为紫阳县是国内少有的富硒地带，我们不但对茶感兴趣，对其他作物，包括粮食、水果、蔬菜以及畜产品也感兴趣。""如何有计划地开发这一地区，为贫困地区和全国人民健康服务，的确是一个值得重视的问题。……虽然对贫硒地带补硒的方法有多种途径，但食物贵在天然，了解自然、运用自然规律为人类健康服务是科技工作者的责任，也是各级父母官的责任。"她的这段话既是对我们科技工作者的支持，也是给各级父母官提出了期望。就像我承担的紫阳富硒茶开发研究工作一样，如果没有领导的支持是不可能完成的。当时的安康行署杨吉荣专员对她的话有深刻的理解，他认为在贫困地区科学技术加权力才等于生产力。后来，杨吉荣专员等领导用他们的权力，大力支持紫阳富硒茶的开发与宣传，出色地当好了父母官。

会议期间，于若木同志考察了西北农林部1953年创办的紫阳县茶叶试验站和西北最大的茶厂——紫阳县茶厂，并在视察期间，品尝了历史名茶紫阳毛尖。之后，又根据我们居国内领先地位的科研成果，高度概括，挥笔题词："紫阳茶富硒抗癌，色香味俱佳，系茶中珍品"。

于若木同志的讲话、题词和会议盛况，新闻界作了广泛的宣传报道，同时，也将紫阳富硒茶的开发与宣传推向了一个崭新的阶段，带来了极好的经济效益和社会效益。当年产销两旺，茶厂院内排满了汽车，客商汇来现款到紫阳购茶叶，出现了前所未有的大好形势。1989年于若木同志在西安对我们说"明年给你们带一个财神爷来"，此时，我才真正理解此话的精神实质。

1990年饮茶节期间，杨吉荣专员向于若木同志汇报一个新的想法，打算明年在北京举办饮茶节，请她给予支持。她回京后立即积极策划，与全国人大、全国政协、国务院发展中心、中顾委、中国科协部分领导同志多方面联系，正式向有关部门提出在京召开宣传介绍"陕西省紫阳富硒茶、绞股蓝总甙片专家评议会"的建议。经过她两个多月紧锣密鼓的联络策划，1991年7月3日，这次会议在人民大会堂云南厅正式召开。可以说，如果没有她满腔热情、全心全意为人民健康服务的精神，是不可能这么迅速办到的。如此高效快节奏的工作效率，令人钦佩！

在于若木同志亲切关怀下，带着大巴山的清新，浸润着汉水甘醇，吸纳了富硒土壤精华的紫阳富硒茶，从紫阳这块穷乡僻壤，进入了庄严神圣的人民大会堂，接受了习仲勋、马文瑞、杨成武等老一辈领导同志和来自全国各地250余位专家学者的品尝与评议。她又一次亲自写发言稿，到会作了长篇讲话。她在肯定了茶叶的保健作用、硒的保健功能后，概括地指出："紫阳茶不仅硒元素含量高，而且决定茶叶品质、风味、香气的氨基酸，咖啡碱，茶多酚也高。""茶叶这一天然保健饮料是国际上九十年代研究的重大课题，微量元素硒，作为人体必需的微量元素，是各国学术界在大力研究抗癌防衰机制的热点。紫阳富硒茶两者兼而有之，格外引人注目是不言而喻的。"同时，她还强调："开发紫阳富硒茶为人民的健康服务，特别是为贫硒地带及老年人服务，也是一个重要的课题。"

这次会上，习仲勋副委员长为紫阳茶题词："健康佳品，驰誉神州"。会后，全国人大、中顾委等领导纷纷向紫阳索购紫阳毛尖茶。国内外广大消费者也纷纷来电、来信向紫阳订购紫阳富硒茶。

1996年，北京召开紫阳富硒茶暨富硒食品宣传推广会，于若木同志又亲自写稿推介："开发富硒产品，将为缺硒人群作出应有的贡献，提高他们的健康水平，从而提高他们的寿命。"她在深入浅出地介绍了硒与茶的保健作用后又说："紫阳茶作为硒的载体，具有许多优势，硒与茶中的有机物和蛋白质或氨基酸结合，在进入人体后吸收利用率高，且无副作用。其次，紫阳茶中除硒外，还富含锌、铜、铁、锰、氟，这些微量元素与硒协同作用，提高保健效果。再次，紫阳茶中有各种维生素，如 V_C、V_E、V_{B_1}、V_{B_2}、胡萝卜素，在清除自由基方面也与硒协同作用。茶叶中特有的茶多酚、儿茶素本身具有抗癌、抗突变、抗氧化、抑制脂质过氧化作用，硒与茶中这些有益成分结合起作用，达到延缓人体衰老作用，使人体处于正常的健康状态，常饮富硒茶是补硒的最好途径。"于若木同志的发言，有理有据，叫人信服。

这次会议有40多家新闻单位作了报道，许多报纸以《紫阳茶蜚声中外》《紫阳茶香飘四海》《硒龙昂首大巴山》等为题作了大量报道，进一步宣传了紫阳富硒茶开发成果。

我有幸多次见到她，每次她都是那样地认真、谦虚。当有人称她为教授时，她立即解释"我不是教授"。她的文章每次出版时她也都要多次修改，2001年我编著《紫阳富硒茶文集》时，拟将她的几篇关于紫阳富硒茶的讲话收入，我把清样打印稿寄给她以后，她又认真地看了三遍，改了几个错字和标点符号，最后，还再三叮嘱我"再最后审核"。这种实事求是、认真负责的精神，是从延安带来的好学风、好传统，值得发扬。

科学论证茶为国饮

1990年饮茶节上，于若木同志引经据典，提出了把茶作为"国饮"的科学依据。她说：

> 我国是茶的祖国，最早可追溯到史前期，传说神农尝百草，日遇七十二毒，得茶而解之，商周已有发展。
>
> 不论历史上的经验或近代科学研究，都证明茶叶有解毒的功能。紫阳县以外各地所产茶也都具有这种功能，只是因茶叶的品种不同、产地不同、解毒功能有强弱之分罢了。
>
> 据中国预防医学科学院营养与食品卫生研究所的研究，有17种茶可阻断体内亚硝胺的形成（即强致癌物）；又据苏联科学研究报道，红、绿茶都可使致癌的黄曲霉素降解。据国内外的研究报道，所有动物试验都证明茶叶具有抗突变、抗癌变的效果。因此

茶被列为六种抗癌食物之一，有"日饮一杯茶，癌症可少发"的说法。

茶叶有多种氨基酸、多种维生素，特别是Vc、Ve丰富，其他有机抗癌物还有茶碱、茶多酚；无机抗癌物有硒、锗、锌、锰、钼等。硒是谷胱甘肽过氧化物酶的组成成分，有抗氧化作用。据测试分析，各地茶中都含硒，只是含量有多有少，可能茶具有富集吸收硒的能力。当然富硒地带的紫阳茶含硒最丰富，抗癌效果也最好，这是没有疑义的。

又据报道，茶叶具有杀菌的功能，茶中的醇类、醛类、脂类化合物以及碲、碘、氯等无机物都有杀菌的功能。碲有类似硒的作用，部分替代硒。

茶叶除了抗癌的功能以外，还有降血糖的功能。因为茶叶中含有降血糖的物质——多糖体，日本已将提取物——多糖体用于临床，取得了满意的效果，它既价廉又无副作用，此外还有抗辐射功能和防龋（氟的功能），市场已有茶牙膏出售。

我国人民对饮茶，对茶树的栽培、驯化，对茶叶的加工，虽然积累了丰富的经验，对茶叶的保健效果也陆续作了一些科学试验。但比较全面、系统的调查研究、科学试验还是近些年的事。中国预防医学科学院营养与食品卫生研究所作为一个重要课题，对140多种茶叶的成分和抗癌保健功能进行分析试验，作出了权威性的论断。尽管如此，也许是由于对饮茶的好处宣传不够，或者是由于销售渠道不畅的原因，我国的茶叶消费水平并不高（人均仅200g），远远不如可乐、汽水、啤酒发展速度快，相比之下，国外饮茶比我们还热一些。日本出现了乌龙茶热，英国掀起了饮茶的热潮，宣传"茶是每天最好的饮料""饮茶让你保持青春"，提倡"大家来喝茶"，在苏联、法国通过宣传饮茶的好处也取得了很好的效果。又据报道：日、美、西欧有学者已把"茶——21世纪的健康饮料"列为90年代农业与人类环境重大发展研究课题。

回顾我国的情况，作为"茶的祖国"的我国，反而不及国外的重视和普及，这或许是开放之后，由于对西方文化的崇拜的关系，以喝洋饮料为时髦，因此不惜高价买可口可乐，特别是年轻人，只求感官刺激，不问营养效果。我认为主要的原因是营养保健意识差，也就是营养知识不普及的结果。所以普及茶叶的知识，把茶叶科学试验的结果、喝茶有什么好处，不断地、反复地向人民宣传是一个重要的课题。至于紫阳富硒茶的保健抗癌作用的好处知道的人就更少了。西安人民大厦小卖部没有紫阳茶供应，客房也没有紫阳茶供客人饮用就是证明，而在西安各大宾馆里为客人提供紫阳茶就是最近的最方便的宣传窗口。我们把茶作为"国饮"是当之无愧的，开发茶叶的系列产品也是需要的。

她的上述有理有据的讲话在全国传开以后，对国人尤其是茶叶界震动很大。近些年来，茶的国饮地位也得到了大大增强。

壮志未酬、精神永存

于若木同志一心想着提高人民健康水平，多次宣传紫阳富硒茶，强调开发富硒食品。

1994年3月，紫阳县委副书记雷璟思撰写了《论紫阳硒资源开发的战略与策略——关于制订紫阳"硒龙计划"的思考》一文。之后，随我的信寄给于老。1994年5月10日，她给我回信，信中写道："雷副书记开发富硒资源的宏伟计划令人振奋，这个计划如能实现，既使贫硒地带的人民受益，也是紫阳人民致富之路。"

于若木同志来过紫阳，深知紫阳有资源，却缺技术缺人才，因此她直接指导北京博士国际咨询有限公司，于1994年6月20—21日，召开了"硒系列营养保健品科研与开发研讨会"，她说：

> 博士公司重视这个问题我非常高兴，把硒保健品作为重点是非常有意义的。富硒茶我非常欣赏，得到以后，广为散发，以茶为载体，体会保健功能。研究硒的单位较多，主要是理论研究多，但全面开发没有起步，只有少量产品开始生产，是广种薄收。

6月21日下午，于若木同志又发言，指出：要先易后难，可与中学生营养餐结合开发。既大众化，也是高档的食品。第二步是草本植物保健品的开发。会议期间，她为紫阳题词"开发富硒保健食品"，给博士公司题词"以新取胜占领科研战线的前沿阵地"。

会后，博士公司组成中科院专家考察组专程到紫阳进行了为期一周的考察，采集了200多份样品、标本和大量照片、录像资料。8月19日，博士公司专家组在紫阳与地县领导一起召开了"紫阳县富硒保健品产业开发座谈会"。博士公司专家组回京后，分析检测了样品，写好论证材料，拟从美国引进外资和技术，来紫阳进行封闭式栽培，开发硒保健品，但由于关贸总协定谈判受挫，计划就此搁浅，实在遗憾。

引进外资及先进技术虽未实现，但于若木同志仍不遗余力，在国内进一步加大了宣传力度。1995年8月27日，《中国食品报》登载了她介绍陈云同志喝紫阳富硒茶的经过，进一步宣传了富硒茶和硒"对人体十分有益，它可以消除人体内的自由基，增强免疫力并抗衰老"。

1996年5月4日，于若木同志接受了《中国食品报》记者王克明的专访。采访中，她强调："有计划有重点开发富硒地区资源，发展富硒绿色食品产业，更是为贫硒地区和全国人民健康服务的重要手段。"

2006年，于老带着对贫困山区人民的惦念和开发富硒产品以提高人们健康水平的厚望，离我们而去了。她想引进外资、引进国外先进技术开发硒保健品的壮志未酬，但她的精神永存。在于老的精神感召下，各级父母官纷纷承担起了他们的责任。继中共安康地委、安康地区行署"九五"期间提出建成以紫阳富硒茶为主的富硒食品支柱产业的战略决策以后，2008年2月26日，中共安康市委常委扩大会议、3月26日市人大二届四次会议相继提出将富硒食品产业作为安康市支柱产业重点进行培育和发展，并开展了扎实细致的工作。2008年之后，富硒产业快速发展，生产富硒茶及富硒的矿泉水、五谷杂粮、食用油、食用菌及深加工产品、魔芋系列保健品、绞股蓝系列保健品、肉制品、豆制品、调味品及富硒饲料等。全市富硒食品产业产值逐年增长，企业效益、产业规模增长迅速，新辟高新区、紫阳县、汉阴县富硒工业园区，各县区均呈现加速发展态势。

2014年8月7日，陕西省人民政府发出《关于加快茶产业发展的意见》决定："在安康建设以紫阳富硒茶为主的优质富硒茶生产基地90万亩。"

清正廉洁、大爱无私

于若木同志关心紫阳茶，也酷爱紫阳茶，而最令我感动、令我难忘的还有她的高风亮节。因北京市场上买不到紫阳茶，她多次帮忙在北京打开市场，帮找销售点。有一次我们在西苑饭店吃饭，她把饭店老板叫到跟前，叫他们设法销售紫阳富硒茶、紫阳富硒食品、办富硒宴。可惜当时我们紫阳的企业跟不上步伐。她清正廉洁、大爱无私，为买紫阳茶，她年年春茶前就汇款给我，托我定购代买紫阳富硒茶。

1990年5月19日，于若木同志给我写第一封信，由于地址错写到安康市（即今汉滨区），幸好有熟人告知，才转至紫阳，信中写道："四月饮茶节时期，我们对紫阳茶及紫阳县的风土人情留下了深刻的印象，只是时间有限了解得很肤浅。关于紫阳茶的保健效果曾向许多同志推荐，最近向中顾委推荐，他们很感兴趣，拟购买一些供老同志品尝。"她主动向中央领导推销紫阳富硒茶，成为紫阳富硒茶的高级免费义务推销员，而她自己喝茶时却给我寄了200元现金来，要请我代购。收信后，我立即落实了紫阳县茶厂给中顾委邮寄250斤紫阳毛尖茶，并按市价给予收费。同时，我还专门撰写了《紫阳富硒茶保健作用简介》随茶寄出。自此以后，每年3月下旬她即给我汇款订购，遗憾的是未妥善保存汇款票据，现存几个汇款单及附言可作为佐证：1994年4月4日，汇款300元，附言："请代购紫阳茶，过去承蒙你赠送，十分感谢。今年请按市价购买，多多拜托。"我们确实给她送过茶，但她收到后却把茶款汇来，我们只好又用此款给她买茶寄去。1994年6月30日，又汇来1 000元，附言："此款为补偿所寄茶叶之用，近期请勿再寄茶。"1997年3月31日，又寄2 000元，附言："此款请购紫阳茶，请代办，不胜感激。"她是个营养学家，深知单靠喝茶补硒是不够的，2000年5月7日，又汇来2 000元，附言："请代购五袋富硒大米，余款购富硒茶。多谢！"她品尝富硒大米以后马上打电话来说："香米味道很好，但加工上能否搞成免淘的？"后来我联系汉滨区一家米厂在高硒区洪山收购水稻，制成了免淘的富硒大米，由开发银行生活部直接前来购运。于若木同志这种从延安带来的优良党风与廉政作风是永远值得我们学习的，她是我们学习的好榜样！

作者简介

程良斌：高级农艺师，国务院政府特殊津贴专家，陕西省茶业协会理事，陕西省茶业协会专家组专家，陕西省茶文化研究会常务理事。

八十七载凌霜傲雪　新世纪溢彩流芳

孙树侠

有位哲人曾说："有的人，可能刚出生就老了；有的人，老了可能还保持着青春；青春，是不以年龄为唯一界限的；青春，是以人的精神、心态为标志的。"面对年逾花甲却"壮志未与年俱老"的学者，我国营养事业的旗手，"护苗工程"、学生营养餐、"学生两奶计划"的开拓者，名扬海内外的营养学家于若木先生，我们无不为之肃然起敬。20多年前，她虽已过了知天命之年，但仍潜心于食品营养、膳食结构、食品生产和食品产业发展的研究与实践，并于1983年在《红旗》杂志上发表了具有前瞻性的文章《营养——关系人民体质的大事》。这篇文章不但是切合实际又高瞻远瞩的政策建议，而且是一篇具有很高学术水平的学术论文。过了30年，我们惊喜地看到：经过她孜孜不倦地追求、身体力行，以及科学工作者、企业家们的共同努力，我国的营养事业有了很大的发展，"营养指导饮食"成为我国的一项国策，得到了历届领导的重视。江泽民、朱镕基、李岚清、温家宝、回良玉等都曾对此作出批示。

爱事业——有一万个理由

于老说:"现在有一万个理由发展营养事业,没有一个理由再不抓营养事业。"于老自己这么说的,也是这么做的。对待营养事业,年龄大,对她不是理由,有大病不是理由,有小病更不是理由。住了几次医院没停止过工作,住多长时间的医院也没中断过工作。于老就是这样,谈起了工作,什么病都忘了。于老为了营养事业到处奔走呼吁,给中央领导写建议,到各个省各级领导那儿宣传营养知识,帮助科研人员筹集科研经费,科研遇到问题帮助出点子。她经常深入基层,发现基层的问题就提建议、帮助解决实际问题。除了西藏,全国几乎都遍布了她的足迹。"护苗工程""大豆行动计划""两奶计划"、学生营养餐等等,每项工作都凝结了于老的心血。

对后代——寄千言万语

于老对下一代的关心与爱护是无微不至的。于老说,我国有2亿多儿童少年学生,其中农村学生占85%以上。因此,学生的身体素质直接影响着国家的兴衰。于是,于老1991年倡议实施"于若木护苗工程",并列入1999—2000年学生营养工作大纲中。为了培养更健康的下一代,于老说,爱护自己的后代是人类的天性,也是人类文明的表现,一代更比一代强是社会发展的总趋势。于老还说,"把最好的东西给予儿童","为了孩子的健康不能等待明天","要全社会都来关心学生的健康","青少年健康成长,营养当居首位","学生营养工作是神圣的事业"。

对工作——百分之百的热情

于老对待工作可谓"老车不倒只管拉"。她在紧张的工作和繁忙的社会活动之外，抓紧时间查阅国内外资料，每起草一个文件都要反复修改，核实数字，查找依据，包括措词都要求表达得非常严谨；发言稿或采访稿也是坚持自己起草，她的立论、数据、分析、语言的表达，都表现出她深厚的文化底蕴。于老批示文件、看资料、写材料、回复信件，经常是忙过午夜，而且是几十年如一日。崇高的理想，是支撑她一直驰骋在营养战线上的重要原因，她也一直在用自己的行动实践"老牛明知夕阳短，不用扬鞭自奋蹄"的座右铭。

我们都知道，中国是最大缺硒国，缺硒地区面积占全国72%，但世界上含硒最高地区湖北恩施，也在中国。于老在1992年，以73岁高龄从武汉坐着24人的小飞机，飞抵恩施，对恩施高硒情况进行了考察，并同专家们对其中成因进行了研讨，制定了治理方案，并对开发富硒产品发展地方经济给予了肯定，并提出一些合理化建议。恩施地区的富硒茶，名扬全国；富硒茶多糖、富硒大豆蛋白在治疗、预防儿童铅中毒、排铅及"非典"时也作出了贡献。可以说，至今于老在恩施人民的心里，都有着重要的地位。

通过对于东北农垦总局的103个农田普查，发现71个农场严重缺硒，是因土壤中富含有机质，与硒络合成不易吸收硒而造成。为了考察黑龙江农场缺硒情况，于老率领专家冒雨考察，汽车在泥泞的路上行驶，人像筛煤球似的在车里上下、左右、颠簸、摇晃，就是年轻人都大叫不止，于老却幽默地说：这是分子运动，如果分子再大些，就不会振动这么大了。

她在普阳农场考察时，参观了当地的小学、中学，还去教师家看他们的住房、询问生活情况、工资是否能按时发等。当得知他们一切都很好时，于老说这我就放心了。这些教师听说当地领导要来北京办事，就托他们一定代向于老问候。

我国的硒研究一直处领先地位，但近几年克山病在一些缺硒区又有反弹现象。知道此事后，于老非常着急，也非常关心。在社会上很难筹集研究和治疗的经费时，她想方设法，两次筹资80万元，支持科研和购买救助硒片发给病人吃，使他们非常受感动。当地人说我们的科研人员是"活菩萨"，而科研人员却说，活菩萨是于老。

对困难——十分重视

于老不但对食物营养非常清楚，对我国食品业的情况也了如指掌。于老说：食品工业分属18个部门，本身具有24个行业，由于条块分割，有些工作很难协调。可是"两奶计划"由于于老积极参与，使几个部门能联合行动，并取得了很大的成绩。她还积极建议中央成立协调委员会，使食品工业统一计划、统一政策、统一管理。对于营养问题，于老建议"加强营养立法，促进国民健康"。

实施学生营养餐虽然是世界潮流，也有成功的经验，但在我国推行起来困难重重。如学校嫌麻烦，家长怕花钱，企业困难多，部门难配合。据我所知，北京"九三学社"被于老开宗明义的阐述所折服，积极向中央、北京市提出题案。经贾庆林同志批准，北京市政府拨出300万元，在北京市展开学生营养餐的试点，北京已有40万中小学生吃上了营养餐。

于老非常关心我国奶业发展,明确其意义"一杯奶强壮一个民族","牛奶给您健康、智慧、力量"。她还鼓励"乳业同仁,鼓足干劲,勇挑重担"。但我国"两奶计划"的发展可谓一波三折,经常遇到这儿封杀,那儿禁入,对时任总理温家宝的批示有这么理解的,也有那么理解的。但最后经于老的点拨,顿觉脉络凸显,"两奶计划"得到了很好的发展。同时,我们也从中感悟到了于老具备成大事的气节——坚毅、忍耐、执着。

对同志——心里充满爱

于老论文集中有一篇文章题名为《切实解决中年知识分子的健康问题》,当我翻看此文章时总忍不住两眼湿润,于老说:过去对知识分子问题喊得多,实惠少,还带来副作用,我认为应当重实效,不必大喊大叫。以"好雨知时节,润物细无声"的形式为好。我被那些调查数据和话语感动的同时,脑子里浮现了于老 1996 年去探望卫生部食品监督检测所副研究员巫鸿坤并支援 5 000 元钱,使巫鸿坤全家都沉浸在激动之中的场景。巫鸿坤说,于老是德高望重的革命前辈,对一个普通研究人员这样关怀,这是多么难得的无私与爱心啊!她对我们全家的教育和鼓舞是刻骨铭心的,永生难忘的。就是我们经常同她打交道的人,何尝不是总能感受她的爱呢?我先生病了她电话询问、推荐新药,并买大批的药和保健品送给我们。我的小外孙病了,她亲自到我家进行穴位疗法治疗,我病了也是送医送药,使我体会到母亲般的关怀。

北京残疾人金毅,为了学生营养餐的科学配餐要买计算机,于老马上自己出资1万元让"润生"配备上了计算机。"润生"总经理丁静说，我们营养餐发展到今天，无不和于老的关心与支持有关。天性，也是人类文明的表现，一代更比一代强是社会发展的总趋势。于老还说：把最好的东西给予儿童，为了孩子的健康不能等待"明天"，要全社会立即行动。

心里有未来　晚年更光辉

俗话说，人眼是一面镜子，只有把众人心目中对于老的印象集中起来，把一个个不同视角组成一个大视角，也许更能反映于老整体的风貌。政协原副主席布赫在转发于老给温家宝的建议上写道："于若木是我国著名营养学家。"农业部原副部长刘成果说："于老提出的问题和对待事业的态度，显出大家的风范。"湖北省原副省长苏晓云说："同于老谈话总能学到新知识、新概念、新信息。"中国妇联原主席顾秀莲说："于老说自己位卑未敢忘忧国，我说她位高不忘孩子们。"

于老去世前20天，全国人大副委员长韩启德、国家公众营养与发展中心主任于小冬曾去看望过于老。当他们向她汇报了她关心的国民营养事业已列入国家"十一五"计划，世界银行和一些国际组织也非常关注我国的营养事业的发展，营养师也列入劳动部的新职业，已经培养了近万名营养师时，于老激动地说：你们要用好手中的权力，政府重视非常重要，要为民造福。韩启德副委员长表示：政府就是要重视国民营养、国民健康，您关心的事情我们一定办好！人民给我们的权力，就是要为人民办事，为民造福。

追溯我国营养事业的发展历程，勾画出于老心里有未来，晚年更光辉的形象。她的文章、她的业绩，反映出她八十七载凌霜傲雪，在新世纪溢彩流芳的魅力。

作者简介

孙树侠：研究员，中国妇联心系系列活动专家委员会主任，中央文明办、卫生部、中央国家机关、北京市健康科普特聘专家，中国保健科技学会食物营养与安全专业委员会会长

我和于若木先生的二三事

——纪念于若木先生诞辰 95 周年

邓书读

20 世纪 80 年代初,于若木先生悄悄地走进了营养科学领域,在促进中国营养发展过程中探索出了一条具有中国特色的营养发展道路,并在实践中取得丰硕成果,对促进中国营养事业的发展具有指导意义。1985 年,我与于若木先生相识,由此,开始了长达 20 年的交往。在于若木先生诞辰 95 周年之际,我回忆几件在交往中印象深刻的事件记录下来,以此纪念于若木先生。

关照创建中国学校卫生杂志社

1986 年 3 月 27 日,市卫生局值班人员李群众来到我家,通知我到南山宾馆会议室见市委书记杨道德同志。我心想杨书记与我素无来往,周日找我肯定有什么重大的事情,又或者与前几天市科协申报成立中国学校卫生杂志社的事情有关。于是,我立即找了市科协分管副主席李刚同志,一同前往。直到中午 12 点左右才来到宾馆。只见杨书记的秘书张朝标在宾馆门口张望,很着急地对我们说:"今天是于若木同志来我市视察工作,杨书记请你们来一起吃个饭,快走!"

听到于老来了,我心里特别高兴。因为在3个月前她在北京答应我来蚌埠一趟,这么快就兑现,真是喜出望外。我们跟随张秘书走到了枇杷园小楼餐厅。

走进餐厅看见两张餐桌坐满了人,在于老就餐的桌上有杨道德书记、龙念副省长、崔承兰副市长、市委李景江秘书长等领导同志,还有两位是跟随于若木先生来的客人。我刚走进屋子,于老就起身走下座位绕前两步与我亲切握手,把我让进座位。坐在我右侧的是安徽省副省长龙念,他说:"这个位子就是给你留的,昨天晚上于若木同志就吩咐要你中午来吃饭,她今天晚上就要离开蚌埠去上海,时间很紧。"

此时,于老大声问我一句话:"今年《中国学校卫生》杂志情况怎么样?"

我立即回答:"今年比去年好!"

这时,坐在我左侧的崔副市长拉拉我的衣襟侧身悄声地对我说:"关于成立杂志社、学生课间加餐问题昨天都给于老汇报过了,你不要多说了。"

现在,我才明白,于老不辞辛苦专程来蚌埠是为帮助我们解决成立"杂志社"的困难。我们的《中国学校卫生》杂志虽已经创办5年,但还没有一个正式机构管理。市科协虽然承办了杂志,但还没有人员编制、办刊经费,不能持续发展。两次市长会议认为,这个国家级的杂志应该由中央政府拨款定编,地方不应该负担,也没有财力承担。所以,杂志社久久没有成立。于老听到我们的难处后利用她外出转车的简短时间,专程来蚌埠会见市委、市政府领导同志,阐述《中国学

《校卫生》杂志对促进全国学校卫生工作的发展和增强中华民族儿童青少年体质发挥的重大作用。她说：地方为国家分忧，多作贡献，花几个"小钱"提高地方知名度，有利于本地区的经济发展。各位市领导也被于老的高度政治觉悟和社会责任感所感动，接受了于老的建议。立即开会决定特批成立中国学校卫生杂志社，在市科协管理下专职办公，解决了"杂志"5年困扰的大问题。

在餐桌上，于老讲了一些营养知识。大家听后，感到受益匪浅，场面也十分活跃。

策划举办全国首届学生营养与课间加餐研讨会。午饭结束后，为了能将成立杂志社尚未解决的困难情况趁机向于老反映，我还是凑上前去希望争取一个说话的机会。她下楼时我搀着她的左胳膊，另外一位女同志搀着她的右胳膊，慢慢地走下楼。此时，她把头扭向我小声地对我说："你还有什么话要对我说？"听到这句感人肺腑的贴心话，我顿感到热血沸腾。对她说："我们能不能在蚌埠开一个全国性的研讨会，对学生营养与课间加餐进行学术研讨和工作交流？"于老高兴地说："好啊！"接着又追问我："在什么时间开呢？"我看于老没有再说不来参加会议，说明她已经同意了这个会议。说到这里已经走到了二号楼的楼梯口，崔副市长、杨书记等都在楼梯口与她一一握手告别。

我这时想再确认一下，大声问于老："研讨会在什么时间开好呢？"陪同于老来蚌埠的余永龙研究员熟悉于老的日程安排，回答说："上半年没有时间了。"我立即回答："那就下半年开了。"杨道德书记可能已经听到了我们的谈话，支持我们的倡议，连连说道："欢迎于老再来！"就因这样几句话，我们策划了一个全国性的学生营养学术研讨会，后来取名为："全国首届学生营养与课间加餐研讨会"。经卫生部批准，

1986年10月在蚌埠举行了会议。这个会议开辟了我国学生营养工作新局面，被评价为我国学生营养工作的一个里程碑。

创建"中国学生营养促进会"。1986年10月，在蚌埠市召开的"全国首届学生营养与课间加餐研讨会"上，于若木先生倡议以《中国学校卫生》杂志为核心与全国各界热心于学生营养工作的单位和个人建立联系，以聚集力量促进学生营养工作发展，并宣布接受《中国学校卫生》杂志编辑部的建议，创建"中国学生营养促进会"。于老将这个倡议在大会上宣布之后，全体代表热烈鼓掌。会议主席提议，推举于若木为首届会长，再次获得全体代表长时间的掌声。于是，杂志社1987年成立了"中国学生营养促进会"筹备组，上报卫生部审批。经过于若木先生的努力争取，终于在1988年6月获得了卫生部批准，于老的亲自领导组建工作，1989年1月15日在北京中南海怀仁堂举行了"中国学生营养促进会成立大会"。于老被推举为首届理事会理事长，我以《中国学校卫生》杂志常务副总编的身份参与"促进会"的创建工作，被推举为首届理事会常务理事，被聘为副秘书长，专职在办公室工作。从此，我被于若木先生带到学生营养的光荣大道上，一干就是20年。其间，我聆听过她的教诲，受到过她的熏陶，至今虽已近耄耋之年，仍感责任未尽。

创建"护苗工程"

1991年4月15日晚上10点左右，家中电话响起。从话机的显示屏上看出是上海来的长途电话。

"你是邓书读同志吗？"我一听就知道是于老的声音。

"是啊，于老有什么指示？"我习惯地回答。

"我告诉你一个好消息！就是，李铁映同志（时任中共中央政治局委员，分管妇女儿童工作——作者注）今天来看望陈老（陈云），顺便也看看我。我抓住这个机会与他谈了两个多小时。我把我们学生营养促进会的工作、'护苗工程'、学生肠道寄生虫与贫血防治、学生营养午餐、'中国学生营养日'活动、办学生营养报等等，都跟他说了。他还是很重视的，表示支持，他对'护苗工程'表示赞赏。这个消息你说好不好呀？"

于老一口气说了这么多，把我们的工作说得那么仔细，可见于老作为中国学生营养促进会的首任会长，对学会工作了如指掌。

于若木先生从花甲之年起，除了照顾陈云同志的身体之外，专做中国营养促进工作，特别是对学生营养工作可谓是绞尽脑汁，呕心沥血。对中国学生营养促进会的工作，她总是亲自调研、亲自指导、亲自实践。为了便于动员社会力量积极参与，协助政府工作，她将学生营养工作中的长期目标与短期计划，整体冠名为"护苗系统工程"。这个拟与当时的"希望工程"相配套的"护苗工程"制定过程凝聚着于若木先生的非凡智慧，条条项目浸透着她的汗水和心血。"护苗工程"能得到高层的赞赏与支持，预示着"工程"将会被政府接受顺利实施，她的梦想将会逐步实现。

1990年9月24日，"促进会"农村工作委员会在杭州市举行了"农村学生肠道寄生虫感染与贫血两病防治协作会议"。会议由朱仪娴主任（时任吉林省疾病防治中心副主任——作者注）主持，杭州市副市长陈端应邀出席，学生营养促进会副秘书长高影君与我以及参加协作的13个省市卫生防疫站的代表参加会议。会议代表一致认为，我国农村学生肠道寄生虫感染率较高，有些地区还相当严重，成为威胁学生健康的营养剥夺者，是引起学生贫血等营养缺乏症的重要原因。当务之急应该降低和控制肠道寄生虫感染，挽回营养损失。国内外实践经验证明，采取"健康教育与预防服药相结合"的综合措施，可以在较短时间内取得明显效果。但由于这项措施工作量大，必须有政府主导、社会支持。会议建议将这项工作冠上一个简便而又有号召力的名字，便于动员社会各界积极参与。会议委托高影君教授将这个愿望用电话向于若木先生详细汇报。于老在北京当即表示赞同，要求大家都来思考冠名的问题，再作交流。第二天上午于老从北京打来电话，说她反复琢磨还是叫"护苗系统工程"比较好。与会代表一致拥护。9月25日朱仪娴主任将会议的信息向媒体发布。9月26日的《杭州日报》对此作了报道。

1991年1月10日至12日，于若木先生又在上海主持学生营养促进会召开的"护苗系统工程专家座谈会"。上海市部分高校、研究所专家与各地"促进会"秘书长30余人参加了会议，上海市副市长谢丽娟、卫生部白呼群、市卫生局局长袁惠章等领导同志，中国营养学会理事长葛可佑、中国寄生虫病防治研究所所长余森海等著名专家也应邀与会。于若木先生在会上作了以"位卑未敢忘忧国"为主题的讲话。她说，我们对学生营养教育、营养调查、营养改善以及肠道寄生虫与贫血防治工作，制订了较详细的工作进度，使学生营养促进会的工作计划性更强，步骤更明确，以后我们将"促进会"工作纳入"护苗系统工程"分批实施。她强调，目前这项"工程"已经是中国2000年卫生保健战略目标的一部分，我们要协助政府执行好这个计划，因为"就我们国家来说，我们的经济实力是可以改善我们的学生营养现状的，我们的科学技术水平及优越的社会主义制度是实现这一目标的有利条件，现在存在着经费短缺、人力不足的问题，只要我们一点一滴努力去做，这些困难是会逐步得到克服的。'未卑未敢忘忧国'，在前进中遇到困难的时候，这句话应该作为激励我们前进的格言，激发我们对社会、对下一代的责任感。我们青少年一代的健康成长是对我们的最好报偿"。

经过与会者热烈的讨论和反复论证，专家们一致认为"工程"方案的项目战略目标具有挑战性、可行性，可提交政府。

之后，根据专家学者提出的许多意见和建议，方案又作出了认真的整理、修改，最后综合成一份文件，于若木、何界生、邹时炎三位领导同志审批签字后于1991年6月9日，以中国学生营养促进会"学营会字〔1991〕102号"文件：《关于实施"护苗系统工程"的通知》，发文给各位理事及各地分会，正式实施。

"护苗系统工程"发布以后得到社会各界的积极响应，驻蚌埠的解放军汽车管理学院、坦克学院、海军士官学校、空军13航校等四所军事院校的卫生科分别到附近农村小学校，义务开展营养教育与学生贫血、寄生虫检查，由点扩大到面，学生受益，学校欢迎。四所院校卫生科的行动，融洽了军民关系，带来良好社会效益，得到部队院校政治部的认可与支持。四所院校又联合倡议全国军事院校都来支持"护苗系统工程"，采取"一校帮一乡"的方法，在农村中小学校逐步实施。这一创举取得了显著的成果，得到于若木先生的赞扬。

于若木先生一贯认为，我国的学生营养工作多年来裹足不前，不是技术问题，也不是经济问题，主要是认识问题。特别是领导层对营养工作的重要性认识不足，列不上计划，无法律保障；群众的营养意识淡薄，缺乏营养指导。她教导我们多做宣传教育工作，既要对群众进行营养科学知识的宣传与指导，又要对领导干部进行营养工作重要性的宣传，特别是要多为各地的"父母官"出谋献策。在这方面于若木先生身体力行，她充分利用每次难得的机遇，不遗余力地进行宣传。她倡议每年有一段时间专门宣传学生营养，以期动员社会各界的重视与支持。

从1990年起，每年的5月20日前后，"促进会"都要在北京举行一次"中国学生营养日"宣传活动的启动大会，每次活动都有"促进会"提出一个主题。开头连续三届的主题都是于若木先生亲自命题。如："营养是增强体质的物质基础"，"营养主要来自日常膳食"，"营养贵在全面适量均衡"等。大会分别在北京人民大会堂或亚运村或中山公园举行，全国人大委员长万里，副委员长习仲勋、阿沛·阿旺晋美、雷洁琼、费孝通，原中央顾问委员会常委王平、余秋里、陈丕显、陈锡联，全国政协原副主席谷牧、吕正操、王光英等中央领导同志参加了大会。各地也因地制宜地开展一些宣传活动，取得明显的社会效益。于是，教育部、卫生部于2001年5月联合发文，将这个日子定为学校正式的活动节日。这是"护苗系统工程"的一个重大项目，经过10余年的不懈努力，终于实现。

为了扩大"工程"项目与实施范围，1999年1月31日，在于若木同志的指导下，学会对"护苗系统工程"进行了修订，冠名为"于若木护苗工程"。她亲自写报告给"中华慈善总会"会长阎明复，请求在该会领导下设立"于若木护苗工程"与"于若木护苗工程基金"，保持学生营养工作的连续性。之后，得到该会的热情支持。

2001年，北京儿童发展中心提出将"护苗工程"的实施范围由中小学校扩大到幼儿园,得到中央领导顾秀莲的支持。从此,"护苗工程"又扩大到幼儿的范围。

2006年2月28日于若木同志病逝。但她的营养观已经深入人心,她所大力扶持的"护苗工程"仍在发展。

创办《中国学生营养报》

1992年《中国学生营养小报》出版,2000年更名为《中国学生营养报》,2005年又更名为《中国学生健康报》,至今已经10余年了。但人们还是非常怀念和敬仰为创办这份报纸而呕心沥血的于若木先生。

创办《中国学生营养报》是于若木晚年奋斗的事业之一。她认为我国学生的营养状况与有无营养指导有很大关系。改革开放之前,营养科学被贴上修正主义的标签予以批判,国内没有一份专门宣传营养科学知识的报刊。我国营养事业滞后的一个重要原因即是民众营养意识淡薄,因此,要推进我国的营养事业发展,最重要、最紧迫的任务是向民众普及营养科学知识。这是投入最少、收效最快的营养建设举措。同时,她还认为向民众普及营养知识必须先从娃娃抓起,从学校做起,创办一份面向学生的营养科普报纸十分必要。1989年,于若木先生要求"中国学生营养促进会"秘书处向有关部门咨询办报的手续,向国家新闻出版署申请创办《中国学生营养报》。出版署的吕晓青同志答复道:"现在科普报纸要走向市场,自主经营、自负盈亏,你们可以先搞两年内部出版试探一下市场,待条件成熟之后再来报批。"

于若木先生按照这个思路建议由中国学校卫生杂志社承办报纸。指派"促进会"秘书长施承斌、办公室主任王粟二人专程到蚌埠与分管副市长李福祥商量落实她的建议。于若木先生的办报宗旨、办报精神感动了有关部门，获得了蚌埠市与安徽省党政部门的积极支持。一批热爱学生营养事业的热心人，如蚌埠汽车管理学院退休军官王泽远、退休医生李良玲等人把办报作为公益事业，不计较工资待遇积极参与，义务分担报纸的出版发行、财务管理等工作，使杂志社基本具备了办报条件。

1992年4月11日，于若木先生在北京《健康报》社召开了创办报纸的座谈会。座谈会邀请了卫生部新闻处处长徐致光、国家教委体卫处处长谢谋宏等10余人，专门讨论了创办科普报纸问题。在讨论报纸名字时：她说，"可以在《营养报》《学生营养报》《学生保健报》《学生健康报》中选择一个"。但由于学生营养促进会以"营养"为主题，主要面对学生，还是叫《学生营养报》好。同时，为了方便学生阅读，决定办一份四开本的小报，暂定每半月一期，于1992年5月20日第三届"中国学生营养日"时创刊。她亲自题写了两幅"中国学生营养小报"报头，还撰写了《创刊词》。

后来，该报经过安徽省新闻出版局审查批准，于1992年5月26日以"皖准印证1073号"文件，同意在教育系统内部交流，内部刊号：AHB-148。1992年5月20日出版创刊号，于若木同志荣任名誉社长，李福祥任社长，施承斌任总编辑，王粟为顾问，我与张声闳任副总编，杨一民任编辑部主任。国家教委体卫司也给予了大力支持，于1992年7月专门发文向全国学校推荐，要求各省教委体卫处做好组织征订工作。大部分省、市教育部门及时转发了这个文件，使得发行量逐年上升。两年后每期发行量达到15万份，且有继续上升的趋势。

但由于《中国学生营养小报》没有公开发行，发行范围局限，发行量艰难上升。特别是在出版两年后,有些地区把教育部门代订《中国学生营养小报》列入乱收费项目予以删除,堵塞了通过学校发行的渠道,发行量逐年下降,每期发行量徘徊在4万份左右,假期才有两三万份。因此,不公开发行已经没有出路。但多次申报转正,又均告失败。于若木先生为此寝食难安,只有求助于李铁映同志。在1997年的春节年初三,她给李铁映同志写了一封求助信。她在信中恳请道:

> 铁映同志:现有一事相托。《中国学生营养小报》是专为中小学生而办的一张营养小报,自1992年5月20日发行以来深受广大师生家长的欢迎。报纸虽小,但图文并茂,文章短而精悍,通俗易懂,撰稿人水平较高,深受读者的赞许。现在的问题是尚未办公开发行刊号,影响其社会效益。希望您给以支持,以利于少年儿童的健康成长。于若木 1997.2.9。

后来,在时任中共中央政治局委员且分管教育、卫生工作的李铁映同志的关心下,我们步入办理刊号的程序。1997年2月25日,正值我退休,于若木先生就把这个特大的任务交给了我。于是我与中国学生营养小报社的王泽远立即着手整理申办刊号的资料。后来,这些资料被送往北京上报"中国学生营养促进会"办理手续。"促进会"办公室王粟主任草拟了申请文件,按程序经卫生部分管处、司审批后,报办公室转部长批准,由部办行文上报国家新闻出版总署。这个需要层层审批的文件在部里、署里周转几个月。为了加快速度,于若木同志于1997年3月18日又亲笔给卫生部陈敏章部长写了一封恳请支持的信:

陈部长：

　　《中国学生营养小报》是中国学生营养促进会创办的营养专业性小报，读者是针对中小学生的需要。自1992年发行以来深受广大师生家长的欢迎。

　　在小报进行读者评议时，读者评价甚高，认为是一张纯正的、科学性、可读性很强的报纸。有的读者说，相见恨晚。中小学生的健康与家长的营养知识密切相关。希望陈部长予以支持，使这张小报能继续办下去。

　　后来，文件上报等待审核。大家本以为万事大吉。但却遇到了部门文件往来的误解，又延误了三个月，多亏了卫生部刘仁富处长、毛朝辉同志，出版总署李军同志的热情帮助才解决了具体问题。但是，此时却遇上了全国报刊停刊整顿阶段，批准必须报请国务院报刊整顿领导小组同意。整顿期间一个不批，在总量不增加的原则下"死一个"（停刊一个旧的）才能"活一个"（办一个新的）。我们虽然感到迷茫但从未气馁。直至1998年7月申请报告已经过了14个月，于若木先生在北戴河遇到了新闻出版总署于友先署长时，获悉报刊整顿工作已经结束，审批工作仍由出版署负责。她打电话告诉了我这个消息，我主动与李军同志联系，他让我8月6日上午直接去出版署取批准文件。我按约到达出版署，拿到批文《关于同意出版〈中国学生营养小报〉的函》后，马不停蹄直奔北京广外手帕胡同北街3号北京市出版局办理注册登记手续。当时接待我的两位年轻人见到文件感到为难，认为出版署没有分配刊号，无法登记，需要找领导请示如何解决。经过请示，批下了国内统一刊号CN11-0257，发给"报纸登记表"。我接过盖有北京市新闻出版局大印批准的刊号，激动得几乎流下眼泪。

随后，我立即奔赴后海北沿 14 号"中国学生营养促进会"办公室交差，把出版署、局发给的文件与登记表全部交给了王粟主任和郭节一秘书长，并立即向于若木先生电话汇报工作进展情况。于老十分高兴，并对我给予了热情的鼓励。

此后，在卫生部朱庆生副部长、办公厅姚晓曦副主任等同志的亲切关怀与热情支持下，有关文件办得很顺畅，但由于"促进会"在报纸"法人"、"出资"等问题上尚无统一意见，以至填表、办证拖延。于若木思考许久，最后她以高度的政治觉悟与社会责任感、使命感和崇高的职业精神，决定亲自出征，担起报纸法人的重担，并自荐担任总编辑。进入耄耋之年的她此举令"促进会"各位领导惊讶与敬仰。1998 年 8 月 31 日，于若木先生以总编辑的法人身份亲笔写下委托书，委托我为法人代表办理有关手续，以加快办证的速度。

报纸的"法人"解决后，报纸的资金成为重大问题。我在进京前曾向于老表过态，遵照于若木先生的教诲自力更生办报纸，不向国家、单位伸手。我们的自强、自立精神获得广大同行们的赞扬与支持。于是，许多热心人都向我们伸出援助之手。在解决了资金问题和验资报告这一关键问题后，我们拿到营业执照。随后又办理了"税务执照"、"机构代码"、"广告许可证"等证照，手续齐全，顺利办公。1999 年 1 月 4 日，《中国学生营养小报》在北京公开发行时，于若木先生高兴地为报纸公开发行撰写了一篇"致读者"短文：

《中国学生营养小报》自 1992 年创刊以来，已经度过了七年，它是为适应我国改革开放的形势应运而生的。普及学生的营养知识是中国学生营养促进会、营养食品界乃至全社会经常讨论的议题。大家认为，少年儿童生长发育时期存在的问题，如缺铁性贫血、佝偻病、缺锌、缺维生素 B1 和维生素 B2，以及"小胖墩儿"和"豆芽菜"体形并存的情况，其主要原因并不是家庭经济困难，而是因为年轻的父母们缺少营养知识。他们常常跟着广告走，跟着潮流走。不少人认为价钱高的食品就是营养价值高的食品，导致食物结构进入误区。其实，一杯牛奶或一杯豆奶，其营养价值远远超过一杯可口可乐，而且价格低廉。

《中国学生营养小报》既有营养学的基础知识，又有营养学的最新动向，还传授烹调小知识，学以致用，图文并茂，生动活泼，受到广大读者的喜爱，被誉为最纯洁的"绿色报纸"。

《中国学生营养小报》公开发行之时，适逢北京市学生营养午餐新一代蓬勃发展之际。为适应新形势，《中国学生营养小报》将更贴近广大师生，更贴近家长，反映他们的意见和要求，将致力于学生营养午餐的推广和质量的提高，致力于学生营养意识的提高，与学校和家长以及社会各界共同努力，为了一个奋斗目标：培育更健康的德智体美劳全面发展的新一代。一代新人应是体魄健壮、思维敏捷、体态匀称、动作灵活，既善于学习又善于动手的新一代。他们将以矫健的步伐去迎接 21 世纪的到来，以自己的知识和智慧去创造人类光辉灿烂的明天。

于若木先生为创办《中国学生营养小报》耗费了大量精力，操透了心。2001 年她已经 82 岁，终于累倒，多次住进北京医院。而她只要身体稍有好转就从病房里打电话询问报纸的出版发行情况。为了缓解报社的经济压力，福建厦门多糖研究所黄寿祺所长介绍上海一家文化公司老总陈建顺先生承办《中国学生营养小报》的《营养与健康专版（B版）》，还聘请了《解放日报》退休编辑参与工作。于若木先生感到他们有积极性、有实力，是个合作的伙伴。特地聘请黄寿祺先生为总编助理协调此项工作，请他们先编辑一期样报送来看看。不久，样报送到报社。当时，于老还在北京医院住院，但她仍要求将样报送到医院亲自查看。我们不想让她再劳累本打算迟送几天，但她却主动打来电话敦促按约送到。几天后，她召集大家去医院听听她的意见。她说，上海编的小报一期32版，信息量大，图文并茂，彰显编辑实力雄厚，上海有人才，也有经济实力，从这份样报上看内容繁杂，广告较多，作为一份商业报纸是可以的，但是，不能面对学生。我们不能走这条路。对此，上海方认为现在的报纸经济上主要靠广告收入支撑，没有广告报纸就没有生命力。于若木先生则认为，报纸必须把社会效益放在第一位，我们应坚持家长喜欢读的"绿色报纸"原则，以传递营养科学知识为主要目的，不以营利为目标，以报纸的质量赢得读者，扩大发行量，从而获得经济效益。我们的报纸可依据推广科技产品的需要适当发布广告是可以的，但不能作为创收的主要手段。按照她制定的办报原则，上海合作没有成功。

此时，我们已经意识到单靠教育系统的集体征订方式在学校无法扩大发行，必须面向社会、面向家长。为此，我们发起组织地方采编部，调动社会积极因素，设立了"黑龙江"（李骞）、"安阳"（陈海军）、"潍坊"（王成锦）、"江西"（李和平）、"沈阳"（张云）、"岳阳"（方奎明）等地方采编部或发行部，在学生中培育、建立"小记者"队伍，通过他们扩大发行量，扩大宣传效益。此举团体发行数量虽然基本稳定，但邮发数量显著减少，邮发亏空严重，经济压力未能得到缓解。为了继续办好报纸，我们又认真研究了走出困境的具体措施。第一，扩大版面，增加 4 版，便于发布广告；第二，采用委托发行方式，扩大发行量；第三，增加编辑力量。后来，于若木先生批准了这个方案。

2002 年 1 月，我们申请增加 4 版的报告获得批准，并且从当年起可以适当刊登广告。2002 年 5 月 25 日，于若木同志在"红星楼"召集会议拟组织老中青相结合的第二编辑部，增强编辑力量。又在江西、山东、辽宁、安徽等地区洽谈"委托发行"问题，也基本达成协议。当时的"委托发行"，主要是每个委托点一年收 4 万元，只要我们供给各点全年 52 期的版面，由他们自行印刷发行。这是很多报社采取的行之有效的发行方式，既节约成本又保证获利。发行人员有利可图，激发了他们的发行积极性。此时，《中国学生营养小报》的光辉前景鼓动了各方面的办报热情，前景看好。2002 年 5 月 20 日在北京人民大会堂举行的"中国学生营养日"大会上，全国政协副主席孙孚凌代表"中国学生营养促进会"向于老颁发了创办《中国学生营养报》贡献奖证书，而后在报纸创办十周年的座谈会上"促进会"理事长杜玉侠及于老向参与创办人员颁发了荣誉证书与纪念品，以此表彰。2002 年 9 月于老与我离开报社，交王培舟负责管理。后来由于种种原因，报纸改由人民卫生出版社承办，于若木先生创办的报纸，更名为《中国学生健康报》继续出版。

作者简介

邓书读：中国学生营养促进会公共卫生主任医师，《中国学校卫生》杂志顾问，中国学生营养促进会首届副秘书长，《中国学生营养报》常务副总编、法人代表

缅怀于大姐

吴美云

人生往事，有些会随着时间的推移渐渐淡化，而有些往事却令人刻骨铭心，难以忘怀。尊敬的于大姐离开我们已经 9 年多，但她对我在餐饮业从事营养工作的支持、指导和关心，使我终身受益，铭记在心。她那做事睿智通达、虚怀若谷、认真务实，待人和蔼可亲、善良谦和、平易近人的作风，点点滴滴历历在目，令我敬佩，是我一生的榜样。

1985 年，在北京食品学会资深食品专家和特级厨师的支持下，我调入北京国际饭店。国际饭店领导远见卓识，首开先河，决定在餐饮部设立营养分析室，对菜肴进行营养成分的测定，把营养科学应用于餐饮经营，这在国内尚属首家。在营养室筹备调研过程中，经著名营养专家沈治平和李瑞芬前辈引荐，我有幸见到了仰慕已久的于若木大姐。于大姐听说国际饭店成立了营养分析室十分高兴，说营养科学在餐饮业占有了一席之地，这是具有现代饮食文化观念的表现。之后，她参加了饭店组织的专题研讨会，并作了重要发言，对即将进行的 240 种中国风味成品菜肴进行营养成分的测定研究工作给与了充分的肯定和支持。

会后，国际饭店与中国预防科学院营养与食品卫生研究所（中国CDC）达成共识，合作进行科研项目"中国名菜肴的营养成分研究与质量标准初探"的专题研究。该课题历时3年，完成了中国烹饪史上首次大规模、系统性的（包括五大菜系、240种代表菜肴、每种菜肴测定22种营养素）对菜品的营养成分研究与测定工作，填补了中国菜点缺少科学测定的空白。其间，于大姐一直关注课题的进展，及时给予指导和鼓励。1991年初课题研究报告和相关总结完成后，寄给了于大姐，当时她正在外地公干，百忙中十分仔细地进行了审阅和修改，并亲自回信给我，提出她的看法和建议。

1991年6月，国家旅游局和中国轻工业部联合主持了该课题成果鉴定会。于大姐对这次鉴定会十分关心，不仅亲自出席而且作了主旨发言。发言稿她亲自撰写，字里行间表达出她对餐饮业要改进饮食结构、提倡营养配餐、进行宴会改革等工作的重视与关注，充分表现了她对提高中国餐饮业经营科学化水平和国民身体健康水平的殷切希望。鉴定会上她充分肯定了课题的成果和意义，还语重心长地指出了菜肴营养分析是基础性工作，以后开展宴会改革、推广平衡膳食等工作应如何进行，对饭店营养分析室日后工作提出了4点方向性建议。于大姐的讲话使每一位与会者深受教育，受益匪浅。于大姐还为日后国际饭店出版的《中国名菜图谱与营养分析》一书作序。

遵照于大姐的建议，营养分析室先后开展了宴会菜单营养分析，与厨师长配合开展美食节套餐设计和对传统菜点进行营养化改进等一系列工作。这些工作也一直得到了于大姐的关心和指导，尽管她工作很忙，几乎每日都在尽心尽力为营养事业奔波，但只要我有需求，她总是设法给予帮助。记得一次营养室请相关专家开会，探讨营养科学在餐饮经营中的应用问题，于大姐准时来到了饭店，后来我才知道她是从机场直接来饭店开会的。从南方飞到北京路途要经几个小时，肯定很累，所以我和于大姐说，先去客房休息一个小时。但她对我说："专家们都很忙，时间宝贵，不用休息，准时开会。"会上于大姐与各位专家为营养室出谋划策，为饭店餐饮营养科学化提出了许多宝贵建议。那天，于大姐回家已经很晚了。

于大姐不仅重视营养科学的研究，还十分关注营养学的实际应用，并对不同领域、不同性质工作如何把营养学的应用落到实处，进行了深入的调查研究。对于我的工作，她说："你在饭店做营养工作，饭店有饭店经营的特点。根据营养科学去改善不合理的食物结构，工作比较复杂。你要首先取得领导的共识和支持，还要尊重厨师，学习烹调知识和技术，取得厨师的合作。许多人认为营养和烹调是两张皮，现在要把这两张皮结合在一起，讲究营养和美味的和谐统一。"她的教导对我日后从事科学饮食、营养配餐工作具有切实的指导意义，让我受益终生。

于大姐虽然离开了我们，但她对营养事业的贡献，对国民健康的大爱，她的优良品德与精神永在！

作者简介

吴美云：北京国际饭店原营养分析室主任，高级工程师。中国老教授协会食品营养与保健专家委员会委员，北京市学生营养餐协会顾问，中国营养学会会员

学习于若木同志　大力提升我国营养健康水平

邹力行

　　于若木同志不仅是一位革命领袖的伴侣,而且还是我国著名的营养专家。她长期致力于我国营养事业的研究和实践,为推动我国营养事业的发展作出了重要的贡献。20世纪80年代和90年代初,我在轻工业部出版社和国务院研究室工作期间,有幸参与于老组织的一些调研活动,深受教育。今天,在和同志们一起缅怀于若木同志的时刻,我愿借此机会写几点感受。

一、于若木同志有强烈的社会责任感、深刻的战略洞察力,善于发挥自身优势,把食品营养与革命事业、人民健康紧密结合

　　于若木同志一向对我国传统保健和食品营养知识有着浓厚的兴趣。早年投身革命后,在艰苦岁月和恶劣条件下,作为陈云同志的伴侣,她长期潜心研究、探索食品营养和保健方法,为陈云同志的健康、保障陈云同志长时间工作,作出了不可替代的贡献。不仅如此,她同样牵挂着经济拮据的普通群众,牵挂着缺医少药的农民,牵挂着长年驻

守边关的边防战士。她有一种强烈的责任感,要把健康作为礼物送给老百姓。为提高广大群众的健康水平,她忘我地工作,一直都在摸索食品营养和保健方法,凸显出一种伟大的人文关怀和高尚的精神境界。

二、于若木同志较早地、系统地、深刻地阐述了中国特色食品营养发展的理念、政策、措施

1983年,于若木同志在《红旗》杂志撰文《营养——关系人民体质的大事》,深刻阐述了营养科学的内涵,以及营养与国民经济发展和中国现代化的重要关系,指明了营养科学发展的工作重点和工作原则。她在改革开放初期就提出了"营养食品、健康食品、绿色食品"的观念,大力提倡平衡膳食,大力宣传简单、朴素、自然的饮食文化。她深刻指出:四个现代化应该包括饮食现代化。因为食品营养和安全也是国家安全的重要组成部分,它反映了一个国家的发展水平和文明程度。她特别重视青少年营养,大力推进"护苗工程"和"学生营养餐",要求把最好的食品提供给学生,增强学生体质,开发人力资本,为民族复兴强基础、固根本。于老还大力推动"营养普查"制度建设,大力推动《营养法》的制定和实施,体现了依法保障人民群众健康的法治精神。

三、于若木同志有独特的国际视野,关心人类健康发展的基础性问题,期盼21世纪成为人民健康的世纪

于若木同志一方面大力把国际先进技术与中国实际相结合,促进中国营养事业发展;另一方面又大力宣传中国优秀的饮食文化,为人类共同发展贡献心力。20世纪五六十年代,于若木同志在国家科技委

员会负责编辑《科学动态》和《创造与发明》，密切关注日本、美国等国家营养科学研究的新成果、新技术，特别是关注国际社会儿童食品营养科研方面的积极进展和健康趋势。改革开放后，她充分利用国际社会比较宽松的环境和便利的条件，更加关注国际营养科学的发展，结合我国实际，为政府主管部门献计献策，及时组织推动相关部门引进先进理念和先进技术，促进改善我国人民的健康状况。特别是在促进中小学生"营养午餐"方面，她开展了卓越的工作，为提高青少年的健康水平作出了重要的贡献。

当今世界，食品营养问题仍然是一个关系人类健康发展的基础性问题。2014年11月19日，联合国粮油组织和世界卫生组织在罗马指出，全球饥饿问题未解决又增加了肥胖问题。一方面全球仍有8.05亿人处于严重饥饿，20亿人处于隐性饥饿，饱受缺乏维生素和必要的食品元素之苦；另一方面有5亿人患严重的肥胖症。联合国呼吁全球向食品营养不足和不公宣战。奥巴马总统夫人米歇尔组织沃尔玛等大企业在美国大力推进健康营养和低价食品。

在全球进一步高度重视食品营养问题之时，在我国国民营养健康形势仍然严峻之际，我们深切缅怀于若木同志，有特别重要的意义。她以特殊的身份、特殊的智慧，在特殊的领域，为提高人民群众生活质量和健康水平作出了特殊贡献；她是革命伴侣的楷模、优秀母亲的典范、食品营养的导师。我们深切地缅怀她，她的思想、她的精神、她的贡献，永远值得我们学习，永远激励我们更好地工作！

作者简介

邹力行：国家开发银行研究员，中国社会经济系统分析研究会副理事长

留取丹心照汗青

——深切怀念于若木同志

姜德泉

新华出版社出版的《中华老年光彩人生》一书收录了我撰写的《借光添彩　繁荣科普事业》一文。在文中，我曾写道："1992年，我国著名的营养学家于若木教授发起创办《中国学生营养小报》，责成我编辑'创刊号'。她老人家担任总编辑，在出版发行10周年中，我们依靠她保驾护航，使学生营养的宣传工作逐步深入和提高，在全国青少年学生中成为一份喜爱的读物。"

20世纪80年代初，我就慕名于若木同志。当时的我只知道她是一位德高望重的营养学教授。后来，又获悉，她还是一位辛勤为营养事业奋斗的慈祥、和蔼的老人。

我和于若木同志结识于《中国学生营养小报》。1992年该报纸创刊以后，她是总编辑，我是她领导下的一名责任编辑（编外）。随着报刊的不断发展，我们的接触和联系也逐渐增多。

当时，我是上海铁路局中心卫生防疫站（现疾控所）的一名卫生工作者，具体担任学校卫生（儿少卫生）工作。在石家庄举行的中华医学会全国少儿卫生第一次学术会上，我结识了报社副总编邓书读主任医师。在会上，叶恭绍教授向全体代表介绍了我编印的一份《青少年卫生》报。这份曾在全国铁路系统内部发行，曾荣幸地得到国家名誉主席宋庆龄同志（时任全国人大副委员长）的亲笔题词，引起全国的轰动，影响很大。

于若木同志也知道我在编《青少年卫生》报，于是在她决定创办《中国学生营养小报》时，由常务副总编邓书读同志热忱推荐，责成我来编辑"创刊号"。

当我收到报社寄来创刊号的稿件和于若木同志亲笔题写的报头"中国学生营养小报"时，心中感到非常激动，手捧这张题词时，浑身仿佛热流在翻腾，这是于老对我莫大的信任和鼓励。我暗暗发誓：一定要贡献出我的全部力量，坚持办好这份报纸，不辜负她的重托。

我正式工作是在上海，这是一份兼职编辑的分外事。因此，与报社（当时在蚌埠后迁至北京）联系主要通过信件和电话，见面机会很少。但是，我仍把业余时间几乎都投入到这份报刊的编辑上，有时还要求去搞采编工作。因为那时，我仿佛总能感到于若木同志在我身边督促我，鼓励我，使我力量倍增，信心骤添。

有一件事令人久久难忘。1988年11月13日，报社在北京召开编辑工作会议，于若木同志也出席会议。会议主席台上的主持人多次邀请她上台就座，而她每次都婉言谢绝。这时，她选择坐在我身旁。我站起来迎坐表示敬意，她看到我便轻声地叫了一声："姜明（作者的笔名——编者注），你好！"我顿时觉得既激动，又荣幸。我想：她既是国家领导人的夫人，又是专家教授，却仍把自己看作是平凡的人和普通的工作者。

她并没有和我多说话，而是专心致志地倾听各地代表的发言，同时，还用笔认真地做记录。整个会议，她始终精神抖擞。当时，我还用照相机给她拍了几张聚精会神听代表发言的照片。于若木同志确实给我留下了深刻的印象，使我久久难忘。

会议是在北京医大会议室举行，中午就在北京医大招待所食堂就餐。吃饭的时候，于若木同志恰巧又和我坐在一起共同就餐。她的亲和、慈祥再一次给我留下了深刻的印象。

于若木同志虽年事已高，但日夜为学生营养事业忙碌操劳着。于老的这种"不服老"、辛勤关心学生健康的精神，使得凡是知道她的人，无不对她怀有敬佩和感动之情。

除了北京外，于若木同志每年要到全国各地去调查、动员、协调各项营养工作的开展，还要参加各种各样有关营养的会议，向领导和群众宣传营养知识。正如她在题词中写的："宣传营养知识，功在当代，惠及子孙"。

上海市是于若木同志每年都要来的地方。上海市主要领导也多次和她亲切商讨有关青少年的营养和健康问题。有一次，于若木同志在上海市人大常委会副主任叶叔华教授（天文学家）的陪同下，参加了某公司赠送豆浆机给静安区第一小学的捐赠仪式，受到了学校领导、全校师生的热烈欢迎。受赠的市区各学校学生代表纷纷到主席台上，向敬爱的于奶奶表示敬意和感谢，于若木同志也亲切地和孩子们交谈和拥抱，令人激动万分。我把这动人的场面一一拍摄记录下来，不少照片还分别在《中国学生营养报》和上海市其他报刊上刊登出来，感动了不少读者。于若木同志的业绩不仅在领导和上海群众中传颂，也在其他地区人民群众心中深深地扎下了根。

在我的记忆中，于若木同志一生都没有担任过中央的重要职务，但是她的一生兢兢业业为人民、为孩子们办了许多实事、好事，必将会流芳百世，永久被人民传颂下去。

于若木同志虽永远离开了我们，但我们会永远怀念她。宋朝名臣文天祥曾有一句诗："人生自古谁无死，留取丹心照汗青。"于若木同志这颗热爱祖国、热爱人民，热爱孩子们的"丹心"会永远激励着我们。

作者简介

姜德泉，笔名：姜明、育青，原上海铁路局中心卫生防疫站健康教育科主任，《中国学生营养报》责任编辑，《青春与健康》杂志、《青少年卫生》报主编，中国科普作家协会、中国健康教育协会会员，中华医学会会员，中国卫生摄影协会会员，中国农工民主党党员

忆"和于若木同志在一起的日子"

——于若木同志对北京食品学会的关爱与指导

蔡同一

我1999—2007年在北京食品学会工作,非常幸运能多次聆听于若木同志对我们工作的教诲,并得到她的关爱。她每次亲临学会所组织的活动都发表讲话,给我留下了深刻印象。

1984年3月3日,学会召开北京食品工业发展形势报告会。会上,于若木同志就如何发展婴幼儿和儿童食品作了重要讲话。她老人家强调了两个问题,提出了一项建议。两个问题:一是食品工业的发展应与人类学研究结合,生产出造福人民,造福儿童的富有营养的优质食品;二是食品生产单位和食品研究部门应当切实解决双职工家庭学龄儿童吃饭难的问题。一项建议是举办好营养学培训班。

2003年11月,于若木同志应邀出席第25次科学技术专家季谈会,主题为"启动奥运食品工程"。季谈会是北京市长直接听取专家们意见和建议的一个平台。于若木同志就"奥运食品"发表了重要讲话,她指出:"奥运食品安全是实现'平安奥运'的根本保障,供应奥运的食品要确保零事故,建立食物从产地到餐桌的全程追溯体系,对奥运食品的原辅材料供应要作出正确的预测和科学评估。"她还参加了学会组织的"关心青少年成长,关爱小胖墩健康"的研讨会。她希望我们为创新探索人类健康营养事业努力工作,并语重心长地指出:重视营养教育,普及营养知识至关重要,是一个重大的课题。在她的指导下,北京食品学会高度重视营养知识的普及工作。学会积极组织食品科技工作者经常深入社区、机关、学校开展宣传活动。"让营养健康知识走进千家万户",组织专家编著《食与健康》《平衡膳食,珍爱健康》《科学饮食,健康伴侣行》等书籍。学会还联合中央电视台拍摄了《科学饮食》科教短片,在海淀区、朝阳区展出"科学饮食健康生活"的科普展板,开展"科学营养"科普画廊冠名活动。

于若木同志曾给北京食品学会题字:"饮食与健康""食品科技工作者之家"。为不辜负她的期望,我们一直努力把学会建成食品科技工作者之家,提出了"团结、尊重、协作、奋进"的会风。在开展学术活动和科普工作中,学会涌现出一批年轻有为、朝气蓬勃、热爱食品营养健康事业的中青年科技工作者,成为学会不断发展的中坚力量。

于若木同志高度重视国民营养与健康。她认为:身体健康是"1",事业、家庭、财富、感情……都是"1"后面的"0",只有依附于"1","0"的存在才有意义,"1"没有了,那么其他一切都将不存在!她殚精竭虑地为我国的食品工业发展和人民营养健康事业倾注了全部心血,作出了非凡的努力。

于若木同志虽然离开了我们,但她的智慧和品格,她的坚强和勇气,永远激励我们向前!

进入21世纪以来,养生成为人们非常重视的事情。而养生最重要的是要"睡好觉",增强人体内自然力量,人体自身的免疫力才是疾病的真正克星;"吃好饭"要科学饮食,让体内获得均衡营养,摄取全面的营养素,这是健康的基础;"要有一个好心态",人活着其实是一种心情,要寻找一种快乐的心情。在此背景下,学会的工作需要广泛的探索,寻找我们要做的正确的事,而且要去正确地做事。于若木同志的精神激励我们一直向前,我们会为中国营养食品、健康事业的不断发展而努力奋进!

作者简介

蔡同一:北京食品学会原会长,中国老年学营养与食品专业委员会名誉主任

于若木同志在北大荒的日子

孙 莉 马道子

于若木,中国营养学专家、中国食品工业协会顾问、中国学生营养促进会会长、中国保健品协会荣誉会长、国家安全食物与营养咨询委员会顾问、中国绿色食品协会名誉会长、中国儿童中心营养与健康专家委员会主任。

2009年9月,我来到北大荒,追寻着当年于若木同志来北大荒视察时所走过的足迹,采访了接待过于若木同志的有关人士,追述着她来北大荒的日子……

1987年8月,于若木同志第一次来到黑龙江垦区

三江平原的8月,如鲜花般灿烂,如画卷般绚丽多彩,如诗般缠绵悱恻,如歌般令人陶醉。

三江平原的8月,是一年一度最瑰丽、最迷人的季节。

在这如画如诗的8月,三江大地迎来了最尊贵的客人——时任中共中央书记处政策研究室顾问、国家食品协会顾问、中国未来研究会

顾问、中国著名的营养学家于若木同志，她专程来黑龙江垦区视察。

1987年到2009年，已经过去22年了。

当年负责接待于若木同志的黑龙江省农垦总局原副局长，如今已经88岁高龄的杨清海同志，回想起当年陪同于若木同志在黑龙江垦区考察的日子，仍然激动不已。

那是1987年8月22日。

初次来到三江平原腹地的于若木同志，立即被祖国北部边疆的广袤的黑土地所折服，被黑土地所孕育的一望无垠的庄稼所吸引，被这如诗如画的秀丽风光所激动，被北大荒人在这亘古荒原上创造的天下大粮仓所感动……

为了考察营养食品项目，于若木同志专程来到黑龙江垦区。

那天，于若木同志在哈尔滨太平国际机场下飞机后，不顾旅途的疲劳，婉拒了接待人员让她在哈尔滨休息一下的安排，直接驱车赶往坐落在佳木斯的黑龙江省农垦总局。

那天，时任黑龙江农垦总局局长王强同志向于若木同志汇报了黑龙江垦区在开发建设北大荒的工作情况，并着重汇报了当时正在筹建的三江食品公司项目的立项、考察、筹建及现在的生产运营情况。于若木同志在得知黑龙江垦区不仅仅生产粮食，为国家作出重要的贡献，还依托三江平原盛产大豆的优势，通过引进国外设备，正在建设全国第一家以生产大豆蛋白为主要产品的现代化农副食品加工基地时，非常高兴。

时年已经68岁的于若木同志顾不得旅途的劳顿，没有片刻休息，就赶到坐落在佳木斯市南郊的三江食品公司视察。在视察中。她对在建设中的三江食品公司寄予了很大的期望。她视察了每一个车间及生产流程，对在场的全体职工高质量、高速度的筹建工作所取得的成绩表示祝贺，对日夜奋战在建设三江食品公司投产一线的建设者表示慰问。她希望三江食品公司的同志们认真学习，把具有世界先进水平的技术学到手，使项目建设按期投产，一次试车成功，为中国的营养食品作出贡献。当她得知已经试生产的大豆代替肉食品的产品供不应求时，她高兴地说：三江食品公司为中国的营养食品的先驱企业，也是中国的第一家生产大豆蛋白的企业，黑龙江省农垦总局引进的大豆综合加工项目，具有20世纪80年代的世界先进水平，是很有胆略和远见卓识的。她说："我早就希望中国有这样的工厂，现在建起来了，这是件大好事，垦区建这个项目最有条件，产那么多大豆，这是垦区的优势。工厂建在大豆之乡，靠近原料基地，又有铁路运输之便，建在佳木斯这个地点也是合适的，这个项目建成后，不论经济效益还是社会效益，都将是可观的。许多产品可以出口，给国家创外汇，有的在国内代替进口给国家节省外汇。"

接着，于若木同志又从营养学的角度评价了这个项目。她说："近代营养学家确认，大豆蛋白既是全价蛋白，又不含胆固醇。大豆的油脂以不饱和脂肪酸为主，所以，十分有利于健康，无论对儿童，对成年人，还是对老年人，都很适宜。大豆系列产品，根据食品工业的不同用途，生产不少的产品，而且去除其中的有害物质，这就是大豆系列产品的优势。发展食品工业，按现代营养学的标准，提高食品质量，就必须首先发展现代化的基础原料加工业。三江食品公司将生产的系列产品就是这样的基础原料，无论是配制主食，还是制成副食品烹制菜肴，或者说是制作糕点、冷食、冷饮，大豆系列产品都有着广阔的用途。此外，它的产品还在医药、化工方面有着广阔的领域。三江食品公司产品的问世，必将丰富人民的物质生活，改变人民的膳食结构，为提高人民的健康水平作出贡献。"

在当时的三江食品公司负责人高振声的要求下，于若木同志挥笔为三江食品公司题词："同心同德，从严治厂，创第一流管理，出第一流产品，为国争光"。

当三江食品公司经理高振声提出，想聘请于若木同志当企业的营养食品顾问时，她欣然应诺：别的顾问我不敢当，营养食品的顾问我不会推辞，要让大豆蛋白食品走进中国人的餐桌。

那时，中国的营养学还是一个新课题。一直以来，于若木同志为了提高全民族的身体素质，为在全民族倡导营养学而呕心沥血着。此次黑龙江农垦之行，是她进行有关营养食品的调研和推广工作的重要内容。

于若木同志这次北大荒三江平原之行的任务有两项：一项是对中国营养食品基地的考察；一项是在垦区推广营养理念，让垦区的儿童从小就注重养成健康的体魄。

营养学既是一个古老的话题，也是一门新兴的学科。特别是进入改革开放新时期以来，随着中国经济社会的发展，人民生活水平的不断提高，营养问题日益被中国人民所重视。特别是对于拥有4亿左右未成年人的中国来说，营养问题是关系未来国民素质的战略性课题，必须从娃娃抓起。

因此，儿童营养问题得到了社会的普遍关注。于若木同志在强烈的责任感和使命感的召唤下，已经年届六旬的她，承担起了这项造福当代、功在千秋的责任。责任让于若木这位营养学专家成为营养学的义务宣传者，她不遗余力地推动实施各项改善儿童营养的计划，为提高中国儿童的营养水平、促进中国儿童健康成长，发挥了重要的作用。

这是于若木同志继 1983 年开展的中国营养学调研《营养——关系人民体质的大事》以来，第一次来三江平原进行有关营养学的调研和推广工作，也是她在中国率先提出的从娃娃抓起的"护苗工程"的主要内容。

为了推广营养学，于若木同志还在黑龙江省农垦总局副局长杨清海的陪同下，行程一千多公里，视察了农垦建三江管理局、红兴隆管理局和牡丹江管理局及所属的农场。

1987 年 8 月 24 日，于若木同志来到了农垦牡丹江管理局，在当时局党委书记、副书记的陪同下视察了牡丹江管理局所管辖的兴凯湖、宁安农场、8511 农场。

在兴凯湖农场，于若木来到兴凯湖岗，在"新开流"文化遗址眺望兴凯湖，正值大风骤起，美丽的兴凯湖碧波浩渺。于若木同志激动地说：这大浪和大海没有什么区别。

于若木沿着湖岗一边走一边感叹着：这里的风景很好，应当发展旅游业。我是喜欢游泳的，可惜的是黑龙江天气凉了，水也凉了。这个湖游泳很好。

到达兴凯湖农场后，于若木同志为农场旅游局题写了"兴凯湖胜景"五个大字。

于若木同志在发展旅游业上的远见卓识，为兴凯湖旅游业的兴起规划了可喜的蓝图。十余年后，兴凯湖所辖区的鸡西市政府，开发了以"兴凯湖胜景"为主要内容的兴凯湖文化旅游业。

在 8511 农场，于若木同志在视察完达山食品厂（乳业）时，一再叮咛：一定要发展好乳制品业，让我们的孩子们每天喝奶。在完达山制药厂，她惊喜地说：没想到在三江平原的深处，竟然有这样规模的企业，一定要好好地发展，多为人们的健康作贡献。在黑加仑果汁生产车间，她一边看生产线，一边高兴地说：我在飞机上就喝到你们生产的这种果汁了，很好。她对完达山食品厂的现代化管理很满意，并为这个企业题词："完达山食品厂为农场多种经营和食品工业现代化做出了贡献。"

在建三江管理局视察时，于若木同志站在一望无垠的农田里，看着一台台大型农机具在田间工作着的场面，激动地说："这里可真是高度机械化了，你们这个农场每个工人每年向国家上交12万多斤的粮食，贡献真大呀！"

她对建三江生产的"三江白"牌的白酒很满意。于若木同志平时是不喝酒的，但在建三江视察期间，每次吃饭时，她都很有兴致地喝一点。

陪同考察的黑龙江农垦总局副局长杨清海告诉于若木同志：黑龙江垦区这样的现代化农场还有两个，都是用世界银行贷款建设的。

于若木同志连连说：多几个更好。

于若木同志视察了几个农场后，感慨地说："黑龙江农垦我早就听说了，耳闻不如眼见，北大荒真正变成北大仓了。你们这里资源丰富，潜力很大，加工业，食品工业，大有作为。"

于若木同志还视察了红旗岭农场黑加仑种植基地和853农场山葡萄园。她望着400多亩的山葡萄园，高兴地说："这么大面积的山葡萄园管理得这么好，产那么多葡萄，加工业一定要跟上，要发挥你们的优势，你们的好东西其他地方都比不上，要搞出你们独特的东西来。"

于若木同志在黑龙江垦区考察时，还视察了洪河农场幼儿园。她在视察时，除了强调重视幼儿的早期教育外，着重强调了幼儿的健康。她说："孩子们的健康，应该从幼儿抓起，从幼儿时期就要重视，特别是小学生，每天要有一次课间餐，我们的领导干部和管理部门要积极为孩子们创造这方面的条件。"

于若木同志在黑龙江垦区视察的日子里，每天都有七八个小时的路程，而且那时垦区的路面不好，只是一些乡村土路，路上坑坑洼洼，颠簸难行，可是她硬是坚持了下来，每到一个农垦管理分局，她都要到田间和幼儿园去调研。因此，所到的管理局和农场没有更多的时间向她汇报工作，只能是借着吃饭的机会，边吃边汇报。当得知黑龙江垦区是1946年解放战争时期，陈云同志为落实毛泽东同志关于建立东北农村根据地的指示，在黑龙江工作期间而兴办起来的，后来，才有了20世纪50年代的10万官兵大规模的开发北大荒，而陪同她视察的杨清海同志在1946年陈云同志在黑龙江工作期间，负责安全保卫工作时，她激动地说："向你们问候，向你们慰问，向你们祝贺！"

今天，原黑龙江农垦总局副局长杨清海同志回想当年他陪同于若木同志在北大荒考察的情景时，仍然激动不已。他说："于老自8月22日来到黑龙江垦区，到29日的离开，虽然时间很短暂，但是，却给黑龙江垦区留下了深刻的印象。于老衣着简朴，一身灰色的西装，一双旅游鞋，为人谦虚，和蔼可亲，令人肃然起敬。每到一地，她都吃农家饭：土豆、茄子、豆角、玉米、玉米碴子。于若木同志吃苦耐劳的工作作风，于若木同志艰苦朴素的优良品德，于若木同志关心群众疾苦的那种责任意识，永远值得我们学习。她给黑龙江垦区留下了老一辈革命家的优良传统。"

1994 年 9 月，于若木同志第二次来到北大荒

三江平原的 9 月，是丰收的季节，是收获的季节。

三江平原的 9 月，是金黄色的季节。黄得透彻，黄得灿烂，黄得醉人。金黄色的大豆，金黄色的谷稻，金黄色的玉米，金黄色的麦田……

在这三江平原的金秋时节，天，格外的碧蓝；云，洁白如洗；太阳，灿烂辉煌。在这蓝天、白云、朝阳的辉映下，金黄色的三江平原陶醉在这迷人般的绚丽之中。

这是丰收在望的景象。

在这收获的季节，三江平原第二次迎来了最尊贵的客人——于若木同志。于老又一次来到了黑龙江垦区，来到了坐落在黑龙江畔的普阳农场，进行富硒产品的试验和生产等调研工作。

普阳农场，是中国硒产食品研究和开发生产基地。

硒是一种重要的元素。硒是人体必需的一种微量元素之一。

而人类对于硒的认识，却有着一个曲折而复杂的过程。

1918 年，瑞典科学家 Berzelius 在硫酸的残物中，发现了一种半金属亲铜元素，化学反应和硫相似。到了 20 世纪 30 年代初，硒被认为是一种有害元素。因为吸入过量，会导致人或者畜中毒而死亡。直到 1957 年美国科学家 Schwarz 在研究中发现微量元素硒能预防大白鼠肝坏死，并证明硒是动物体内所必需的微量元素。此后不断有报道牲畜因饲料中缺硒会出现一系列的疾病，这些疾病往往造成畜牧业的重大经济损失。在饲料中加硒，可有效防止因维生素 E 缺乏而造成的心肌坏死和肝硬化。随后又证实了，牲畜和鸡所患的白肌病和营养性萎缩

症都是因为缺硒所致。

因此，有科学家认为：硒元素对生物的必要性的证实和硒与维生素 E 在营养学上相互作用的关系，是近 40 年来营养学最为重要的发现。

后有研究表明，缺硒会导致人类患克山病和大骨节病。

1974 年，中国科学工作者研究证明，人体补充硒，可以预防克山病，之后又证实硒对于大骨节病的防治有益，在学术上论证了硒和人体疾病的关系。中国有 15 个省市自治区由于缺硒而引起了克山病和骨节病。黑龙江属于硒缺少而导致克山病、大骨节病高发区的省份之一。缺硒还可以导致或者加剧碘缺乏症的病情。

这项研究，引起了国际社会的极大关注。经过二十多年科学工作者的努力实施和推广，已经取得成效。特别是在防治克山病和大骨节病上，由于硒的正确应用，已经取得了显著的效果。但是，如何把硒应用到营养学上来，以提高人体免疫力，还有待进一步研究。同时，预防癌症、抗衰老及预防心血管疾病等方面，也同摄入硒的安全量有关。有研究表明，硒具有防癌、治癌的双重作用。从癌症死亡率的资料来看，富硒地区为 32—63 人 /10 万人，低硒地区的癌症死亡率为 65—128/10 万人。为此，联合国卫生组织在 1973 年宣布：硒是人体生命中必需的微量元素。而在中国，对于硒的应用和推广，还是一项巨大的实验和推广应用工程。

中国对于硒和人体健康的认识，是从硒中毒开始的。在 20 世纪 60 年代初，湖北省恩施地区曾经流行人畜脱（发）毛、掉指甲的病症，由于发病原因不明，给当地的生活造成很大的恐慌。1965 年，湖北省卫生防疫站将恩施产的玉米送到卫生研究所进行检测时，发现玉米中含硒量竟然高达 44PPM，约为一般地区的 1 000 倍，随之又检测出该地区脱发、掉指甲病为硒中毒而引起的，而这一地区的高硒中毒是来源于当地的石煤之中。

硒具有一般微量元素的共同特点：摄入不足或者摄入过多，均会影响人体健康。从营养学的角度，硒是人体健康不可或缺的微量元素。

那么，如何把硒最适量地输送到人体内，以达到防治地方病、增强人体免疫功能的作用？

答案只有一个：在种植中渗入，在食品中按配方加入。

硒产品是一个新事物，也是一项新工程，它的被认识、被利用、被人体吸收的过程，凝聚着中国科学工作者，特别是营养学家们的全部心血。这需要有高度的责任感和使命感的驱动。

这就是于若木同志此次三江平原之行的原动力。她被关心人类健康的使命感和责任感驱动着，在中国著名营养学家孙树侠的陪同下，再一次来到了黑龙江垦区，来到了普阳农场，筹建硒食品生产基地。这个富硒食品生产基地是根据中国东北地区严重缺硒而筹建的。

在普阳农场的日子里，于若木同志视察了农场生产富硒面粉的车间，视察了富硒食品的制作车间，一再嘱咐在生产时，一定要注意卫生，进行标准化作业，保证人用硒的安全，还要做好硒的转化作用，即通过施肥，通过光合作用进入食物，增强人体硒含量的标准。她还和时任普阳农场场长丁元森同志一起研究如何生产富硒大米，并帮助普阳农场制订了实施方案：用飞机喷洒硒，使之经过茎叶而生产出富含硒的稻米，帮助富阳农场制定富硒食品申请专利计划等。

同时，于若木同志还帮助普阳农场设计了产品的包装袋等一些生产中的细小环节。

于若木同志在普阳农场视察期间,一边观看各个生产车间,一边对普阳农场场长丁元森说:"既然你们农场做了这个项目,就要往深里做,要研究功能性食品的规划,严格富硒食品的操作程序,特别要在富硒水稻的开发上下大功夫,因为这是人们餐桌上必不可少的食品。你们一定要申请产品专利,才能更好地推向市场。只有推向市场,才能提高人们对富硒产品的认识。这对于人们的身体健康是十分必要的。你们研制的这个富硒系列食品,对于中国人民的身体健康是作出了积极贡献的。"同时,她还特别叮嘱道:你们这里有生产绿色食品、保健食品、安全食品、有机食品得天独厚的条件,你们要为中国人民的食品安全筑起第一道防线,化肥和农药使用量一定要按标准使用,千万不要超过标准,更不要让农药残留,给人们的身体健康带来危害。你们把富硒产品这个课题做好了,你们对人类的贡献就是不可估量的。

普阳农场富硒食品的生产,一直得到于若木同志和营养学家孙树侠的重视。孙树侠陪同于若木同志在普阳农场考察期间,取得了具体参数后,拿到实验室去检验,在大白鼠试验中取得人体所需最佳标准,由普阳农场进行试生产。

于若木同志的此次北大荒之行,为普阳农场的富硒食品的生产和开发,起到了决定性的推动作用。

于若木同志在普阳农场视察的7天时间里,3次到幼儿园看望孩子们,研究幼儿成长过程和如何进行幼儿教育,特别是对幼儿成长过程中如何进行营养方面的供应,使之健康成长,于若木同志对此给予了高度的重视。她和农场领导及幼儿园的领导多次研究幼儿营养配餐的各个配餐配方,指示幼儿园要给孩子喝奶、喝豆浆。她对丁元森同志说:你们这里盛产大豆,一定要搞好豆奶制品的开发。

于若木同志在幼儿园视察时，和幼儿园的孩子们拍照，和幼儿园园长畅谈工作。当她得知这个幼儿园不仅开设了文化课，还开设了体操课，配置了现代化的学习机微机室时，特别高兴，指出：学习微机，要从娃娃抓起；培养孩子，就要从小抓起。

于若木同志在视察普阳农场的职工医院时，从丁元森同志那里得知，普阳农场是黑龙江省垦区 114 个农场的"三面红旗"典型之首，医院也是建设得最好的一个。通过亲自视察医院后，于若木同志非常高兴，她指出：没想到在黑龙江边上有这样先进水平的医院。你们要继续努力，要争取做到疑难病症能诊断、能治疗，要真正做到专业化，特别是要解决婴幼儿看病难的问题，以保证农场的职工群众在这里安居乐业。

于若木同志的话，对普阳农场的医护人员是一个极大的鼓舞，这个医院后来建设成为联合国教科文卫组织的"爱婴医院"。

于若木同志在普阳视察期间，看到普阳农场大机械化作业中的大农田，特别激动。她说：这是我们国家的国营农场，是我们国家粮食安全的大后方。

普阳农场场长丁元森同志向于若木同志介绍了普阳农场的开发建设史：普阳农场是当年抗美援朝十五军筹建的，也就是打上甘岭战役的部队筹建起来的。当时，他们这支部队的官兵们开赴北大荒时，他们的首长秦基伟让这支部队和他一起回城，可是，这些官兵们表示愿意到边疆去，到祖国最需要的地方去开发建设。后来秦基伟又给他们来过信，询问他们愿不愿意回城，他们表示就在边疆工作一辈子。后来，时任北京卫戍军区司令的秦基伟病重时，他们纷纷要求上北京去看望老首长……

于若木同志听到此，很感动。她激动地说：感谢当年的老兵们为中国的商品粮基地建设、为我们新中国的建设所作出的巨大贡献！普阳农场为国家的粮食安全和饮食安全，都作出了重要贡献。特别是你们生产的富硒食品，为中国人民的身体健康，起到了带头作用。

于若木同志时刻牵挂着北大荒

于若木，这位中国的知识女性，这位参加过"一二·九"运动的久经考验的忠诚的共产主义战士，这位当年在北平从事地下工作的革命者，这位1936年加入中国共产党的老党员，这位住过延安窑洞的老人，这位新中国营养学专家，在进入高龄时，仍然关心着中国营养食品问题，特别是对她倾注过心血的黑龙江垦区的普阳农场所生产的富硒食品，更是念念不忘。

1994年的冬天，时任普阳农场场长丁元森同志风尘仆仆地带着农场生产出来的富硒大米和黑龙江特产大马哈鱼，和时任国家农业部副部长的刘成果同志一起到北京于若木同志的家去看望她。

于若木同志看到从黑龙江到家里来做客的远方客人，非常高兴，当她看到丁元森同志和他带来的这些土特产时，连连说："你们的土特产很好，大家肯定喜欢。你们一定要把富硒食品坚持生产下去，这是造福社会的好项目。"

同时，于若木同志还特别叮嘱丁元森同志："你们一定要把农垦建设好，要把国家的大粮仓建设好。"并欣然挥毫写下两幅题词："普阳富硒面粉延年益寿"、"富硒食品，健康的食品，理想的食品"。

农业部副部长刘成果也在于若木同志家中为普阳农场题词："开发

利用有机硒造福人类"。

在 1995 年和 1996 年北京召开的国际农产品博览会上,于若木同志都要来到会场,来到普阳农场的展位看望普阳农场的干部职工,都要详细地了解富硒食品的生产、研发和经营情况。丁元森同志向于若木同志汇报了当时普阳农场富硒产品的生产情况后,她高兴得连声地说:"很好,谢谢你们为中国的营养食品所作出的贡献。"

1997 年的冬天,黑龙江农垦总局在哈尔滨召开富硒产业论坛会议,当时已经 78 岁的于若木同志不顾哈尔滨的数九严寒,专程从北京赴哈尔滨出席会议,并在会上就关于中国营养学的问题,关于硒食品进入人们的餐桌问题,进行了富有激情的讲话,对黑龙江垦区绿色食品的开发和富硒产品的研发,都起到了指导作用。

2000 年 10 月 6 日,黑龙江垦区的北大荒集团在北京召开的绿色食品新闻发布会暨经贸合作项目签约仪式在亮马河大厦举行。于若木同志应邀出席了会议。当于若木同志看到会议非常成功时,她激动地对中国绿色食品协会会长刘连馥和黑龙江农垦总局党委书记王玉林说:"黑龙江农垦在食品安全方面,功不可没。我一直牵挂着北大荒。"

这一天,于若木同志不顾自己年事已高,坚持参加了黑龙江农垦分局各农场场长同国内外客商就经贸合作签订合同的仪式……

时至今日,于若木同志关心北大荒、心系北大荒的情怀,一直鼓舞激励着北大荒垦区的人们。他们时刻不忘于若木同志的教导和叮嘱,时刻忘不了于若木同志来北大荒视察工作时的情景。

如今,已经从黑龙江农垦总局牡丹江管理局党委书记的岗位上退休的普阳农场原场长丁元森同志,回忆起 15 年前于若木同志来北大荒来普阳农场视察硒食品项目时的情景,仍然感叹不已。他说:"于老朴实的工作作风，平易近人的亲民情怀，爱祖国、爱人民、爱祖国的山山水水的情感，关爱祖国儿童成长、关爱人民健康体魄的责任感和使命感，以及她的超前意识和睿智的思维，都给北大荒留下了宝贵的精神财富。"

如今，北大荒的一山一水一草一木，都铭记着于若木同志为了宣传和推广中国营养学时的一言一行；三江平原上黑黑的沃土，永远烙印着于若木同志为了发展中国富硒食品所走过的路程……

作者简介

孙　莉：黑龙江省作家协会一级作家，国家一级编剧，中国作家协会
　　　　会员，中国电影家协会会员
马道子：黑龙江省作家协会会员，国家公众营养中心示范基地专家，
　　　　海峡两岸农林专家委员会主任

回眸"大豆行动计划" 缅怀恩师于若木

方一之

1994年春,一个阳光灿烂的日子,我有幸拜见了仰慕已久的于若木同志。初次见面我就被她的高度政治觉悟和社会责任心感动。她是陈云同志的夫人,深居中南海,在年逾古稀之时,本该颐养天年,但她却放弃安逸的生活,全身心地关注人民的日常膳食营养质量和身体健康,并为其呕心沥血,日夜操劳。我与于若木同志交往的十余年中,有幸聆听前辈的教诲,深受启迪。她成为我从事新的职业生涯道路上的恩师,往事历历在目,心潮澎湃。

1993年,在全国著名营养学家沈治平教授的指导下,我成功研制了一种新型"豆奶机",并获得专利。次年,《健康报》头版头条刊登了《黄豆行动诞生记》,报道了内蒙赤峰地区青少年学生营养状况欠佳的严峻形势以及当地采用大豆补充优质蛋白不足的试验成效。对此,我们深受启发。1994年春节刚过,我就接到时任卫生部副部长何界生同志的通知,让我急赴北京向"中国学生营养促进会"汇报"豆奶机"情况。抵京后,很快得到于若木会长的批示,派我去赤峰实地考察。临行前,于若木同志在中南海寓所亲切地接见了我。见面后,她和蔼可亲平易近人的态度消除了我的紧张心情,深入浅出的谆谆教诲给了我极大的鼓舞,让我终生难忘。

从"黄豆行动"的发源地内蒙古赤峰市翁牛特旗调查归来,我向于若木同志作了汇报。听完汇报后,她毅然决定邀我共同出资,在"北京四中"和"北师大二附中"无偿投放"豆奶机",进行学生营养改善试点。正如她所料,试点取得巨大成功。有些中央领导和部委同志亲临现场品尝豆奶机生产的鲜豆奶,对其品位高、味道好交口称赞。就连正在北京参加国际妇女大会的各国代表也分批前来参观。不久,以卢良恕院士为首的20多位科学家联名倡议在全国学校推行"国家大豆行动计划",获得国务院批准。1996年8月,由农业部牵头,教育部、卫生部和轻工总会共同参与,备受称赞的一项我国由政府领导的营养干预行为——"国家大豆行动计划"正式启动。在11个县市、22所学校试运行三个学期后,试验组的学生生长发育高出对照组1.3%—4.5%。在1998年北京人民大会堂广西厅的总结会上,于若木同志慷慨激昂,作了精辟的发言。为加快"大豆行动计划"推广速度,在发言中,她提出了"全民大豆行动,豆奶进入家庭"的全新理念。

北京总结会议后,于若木同志亲自打来电话,要我立即着手研制家用豆奶机,明确指出新机器必须遵循的三大原则:安全可靠、经济实惠、功能多样。集机、电、汽于一身,把具有高温、高压的偌大机器,缩微至普通蒸锅大小。这对于我这个临床医生来说,无疑有很大困难。在满足豆乳奶加工的同时,我们面对的是千家万户不同的人群,年龄、层次、环境不尽相同;高压蒸馏罐因安全通道堵塞爆裂伤人的难题,各国专家绞尽脑汁至今还没有找到万无一失的解决办法;机器还要人人买得起,用得上,机器体积和造价也是成功道路上的瓶颈。

我几度因信心不足而试图中断试验。但每次到于若木同志家中汇报，她总是满怀信心，谆谆教导，鼓励有加。

2000年初，"大豆营养与健康高层研讨会"在北京科技会堂召开。会间休息时，于若木同志把我喊到贵宾席，当场交给我3万元现金。装钱的纸袋有好几个，式样各异，大小不一，让人想到这些钱来之不易，是她在日常生活中积攒下来的。她说这些钱是她用来购买我的"豆奶机"送给东北老区——吉林省临江市学校的。为支持我的科研工作，她货款预付，执意要我收下，并鼓励我坚定信心，不拘一格，大胆创新。在于若木同志的热情鼓励和具体指导下，我反复试验，采用国标材料和配件，减少专用件，降低成本，攻克多个难关，经过19个月的努力，终于大功告成。而成功的道路上，则处处饱含着于若木同志的心血。

第一台样机未采用模具制作，显得粗糙，但我还是把它带给于若木同志试用。我们在客厅里刚坐下，她就快步赶来，兴致勃勃地观察，一点一滴地询问，字句不漏地倾听，包括试机表演在内足足3个小时。这打乱了她的作息时间，工作人员一再催促，她才同意我们离开。我国第一台自主知识产权的"家用豆奶机"就这样走进了倡导者的厨房。机器完全达到了于若木同志提出的要求，安全可靠，采用单片机控制，重力阀阶梯泄压，任何情况下都不会爆裂，加工工艺过程100%符合轻工部部颁标准；经济实惠，每台机器售价不足800元，相当于一般电动压力锅的价格；功能多样，可以制作豆奶、高压烹蒸菜肴、小型物件无菌消毒、蒸汽熨烫衣服，做到了一机多用。2002年，这款"家用豆奶机"获国家知识产权局国际发明金质奖，在上海市国际工业博览会大获成功，国家科委授予"最具竞争力产品"殊荣，北京电视三台"智慧接触"栏目两次拍摄专题片播放。

于若木同志常说:"人类应当将他拥有的最好的东西给予儿童。"为此,她创建了"护苗工程"。我把"大豆行动计划"工作过程和取得社会认可的情况向于若木同志作了一次详细的汇报后,她语重心长地说:"我们在做一些有益于人民的事情,这种事业具有不可抗拒的生命力,就像涓涓山泉,克服无数艰难险阻,蜿蜒而下,百折不回,即便短时滞留,也是蓄积能量,准备伺机夺路而出,终归汇流百川,融入大海。"她用言简意赅的语言诠释了"有志者事竟成"的人生哲理,成为我以后勇往直前、坚持不懈完成任务的动力。

于若木同志倡导的功在千秋的"大豆行动计划"已经显示了改善学生营养状况的巨大作用。它将会与"护苗工程""希望工程"有机地结合起来,为强壮民族体质作出更大的贡献。

作者简介

方一之:武汉美芝科技研究所所长

于若木同志的营养理念总是我践行的座右铭

——深情怀念于若木同志过去 15 年中的谆谆教诲

胡承康

在 1991 年至 2005 年期间,我非常荣幸地得到了于若木同志的谆谆教诲,使我受益终生。在这 15 年中,我先后聆听了她多次报告,并向她作了多次工作汇报。于若木同志那音容笑貌,一幕一景,历历在目,使我终生难忘。

1991 年 12 月 14 日,于若木同志亲临视察了我们平湖县(1992 年撤县设市)的学生营养午餐试点实践工作。她对首次在中国县城推行起营养午餐给予很高称赞,并欣然题词:"把营养午餐办好,让学生高兴,家长放心"。记得那天晚上,我向她汇报我市在开展学生营养午餐试点实践工作同时,还开展了学生营养征文、营养小报、营养书法、营养综艺等内容丰富、形式多样的学生营养宣传有奖竞赛活动。对此,她说:"营养知识宣传工作做在前面,会使营养午餐推广工作起到事半功倍的效果。"这句话使我深受启发和激励。

1997 年 11 月 17 日,于若木同志出席了由国家大豆行动计划领导小组、国家食物与营养咨询委员会、中国学生营养促进会等部门在我市联合召开的"国家大豆行动计划平湖现场会"。会议间隙，在我陪同于若木同志参观了"平湖市学生营养工作成果展"后，她亲切地对我说："在营养午餐的实践中做出些科研成果，更好地指导试点工作，会使试点推广工作更实在、更易推广，更易出成果。"

在 2004—2006 年，我被调到国家发展与改革委员会宏观经济研究院下属的公众营养与发展中心工作，有关学生营养工作就主要由我向于若木同志请教或联系。于若木同志常常让我去她家中汇报工作，或给我打电话了解全国学生营养工作的宣传与推进情况。记得有一次，我针对一些地方某些学校提供给正在长身体的学生午餐食物种类单调、数量少、营养不够合理全面，而老师午餐的食物种类丰富又色香味形齐全的现象，写了篇《学生与老师，应当谁吃得多》的文章，请于若木同志指教。她仔细看后，说："在学校伙食供应方面，那种重视老师午餐而忽视孩子午餐的做法，有悖于教育学家陶行知的教育思想。你这篇文章说出了成千上万孩子和千家万户家长的心声，建议把这题目改为《学生与老师的膳食应当一视同仁》。"我顿感这文章的意义及其宣传分量都与之俱增。

2005 年 7 月 16 至 17 日，国家发展与改革委员会公众营养与发展中心和中国学生营养与健康促进会在上海联合举办了"首届中国学生营养餐高层论坛"。该论坛可以说是历年来规格最高和规模最大的。全国人大副委员长韩启德特别为此作了"推进学生营养餐工作，改善我国青少年营养状况"的题词。会上还发布了《上海宣言》。在组织举办这个具有历史意义"论坛"期间，于若木同志先后十余次打电话给我，了解会议的筹备进展、组织安排、取得成效等，使我非常感动。我向她汇报：韩启德副委员长未能出席会议但作了题词，上海市政府的谢丽娟副市长将出席会议，美国的农业部副部长也将参加会议并做报告，还有联合国儿童基金会、亚洲开发银行等各有关国际组织代表都将参加会议，会议规模估计有300余人。她听后欣然地说，这个会议我来不了，写个贺信吧。

后来，她在贺信中讲道："中小学生这一年龄的青少年处于人生的第二个生长高峰时期，也是青春发育期，这一时期营养状况关系到一个人成年之后的身体素质，也就是说，国民的身体素质如何与青春发育期营养状况密切相关。中小学生的营养应当引起学校、家庭以及社会的广泛关注，这一项对未来的投资是十分重要的，因为他们是国家民族未来的主人。"

在"高层论坛"后的第2天晚上，于若木同志就打电话给我，说要了解会议概况。我向她汇报会议开得非常成功，将成为我国学生营养餐事业上的一次极具意义和价值的会议。美国农业部埃瑞克·鲍斯特副部长在"学生营养餐项目：健康孩子，世界"的主旨报告中讲道："在学校提供营养餐，会使中国更强大。如果搞不好营养餐，学生生长不好，也将不会使中国发展好。"还有日本农林省的高级官员、亚洲开发银行的代表、联合国儿童基金会的官员等，他们不仅到会作礼仪上的"站脚助威"，而且还翔实描述了美、日等国60余年来学生营养餐发展的来龙去脉，介绍了学生营养餐如何被列入国家发展大政方针，进入国家立法行列，成为一条国家法律，等等。大会的高度共识，就是要将学生营养餐提高到综合国力的高度。要从国际竞争与发展的高度和大视角来看待和重视学生营养餐，才能实现复兴中华民族伟大理想的宏愿。她听后极为高兴地说："你们做了老一辈营养学家梦想未及的事。这个会议在动员全社会为民族未来负责，在推动国家立法方面会有作用的。"

对于长年倾注于少年儿童营养与生长发育调查研究的基层工作者来说，每一次听到于若木同志的大会报告或短暂讲话，总使我情不自禁地受到鼓舞与激励。这些讲话是一种鞭策，是一种勉励，更是一种责任。1997年5月20日，中国学生营养促进会在重庆召开了"全国学生营养工作经验交流会暨中国学生营养促进会第三届代表大会"。于若木同志在会上所致的开幕词，尤其使我心灵震荡。在讲话中，她专门用了较长片段讲述了平湖市的学生营养午餐创造的一整套的经验，指出，这是学生营养工作的后起之秀，因为它的先进性是全方位的。那次她的讲话久久回响在我的脑海里，这不仅是对平湖工作的赞扬，更应是对我的勉励与鞭策。还有一件事让我难以忘怀并一直在鞭策我前行。2006年3月6日，我在北京八宝山参加于若木同志追悼会时碰到孙树侠教授，她对我说，他们在一次看望病重期间的于老时，于老似乎心事重重又非常语重心长地说："胡承康是个老实人，他做事认真又能力强，是个人才，在学生营养工作方面做出了不少成绩呢。"

作为从1979年起就关注少年儿童营养与生长发育工作的我，总想着在工作岗位上为社会作出一点贡献，而于老的称赞就是我努力的方向。自那以后，我总是按照她的营养理念，积极探索，一步一步地去做力所能及的事。

为了更好地宣传普及学生营养知识，实现于若木同志让"全社会都来关心学生营养与健康"的期望，1999年，我根据她的意愿，结合本人在基层开展学生营养宣传普及工作积累的知识和经验，编写了《学生营养知识科普读物》一书，希望正式出版向全国宣传学生营知识。该书主要由"生命首先在于营养""营养主要来自日常的科学膳食""一日三餐的学生营养"等10章组成。于若木同志认真地看了书稿后，欣喜为之题词"营养知识的宝库，培育幼苗的指南"，并为书定名为《中国学生营养指南》。最后，这本书在人民卫生出版社正式出版发行。

记得于若木同志的嘱咐中，她讲得较多的一个话题就是：能否通过一个孩子牵手一个家庭，或者是由一个家庭教育一个孩子的方式途径将营养知识与理念传播到千家万户。在反复琢磨和不断思考她的话的意思后，我在2002年编著了《全家人合理营养与指导》一书。书稿中包含了不容忽视的早餐营养、至关重要的午餐营养、不可轻视的晚餐营养，以及合理营养的"五个搭配"和"五个平衡"等。我将书稿邮寄给于若木同志，请她指导。她看后，为书题词"营养乃人生之命脉，健康之基础，力量之源泉"，并为书定名为《全家吃出健康来》。2002年11月26日，于若木同志在大连召开的"新颖环保餐盒与学生营养餐推广研究会"上，亲手将书稿交还到我手里。该书于2003年8月在人民卫生出版社正式出版发行。

为了更好地根据于若木同志的营养理念在更宽更广的范围，用心做点力所能及的学生营养工作，我在2004年以来，在接受《新华通讯社》（内参）、中央电视台四套、《参考消息》《中国教育报》等各有关媒体采访或约稿时，在为全国人大代表起草议案或是为全国政协代表起草提案期间，总会就自己的观点虚心向她请教，征询她的意见，而她也总是像导师那样为我的提纲出谋划策。如我在《新华通讯社》（内部参考）上撰写的《学生营养餐应引起政府主管部门的重视》和《美国学生午餐的做法值得借鉴》等文章，都离不开于若木同志的悉心指导。

近 20 年来学生营养餐发展过程中出现某些负向流变苗头，为此，为了更加深入地在全国范围传播学生营养午餐的正能量，给民众科学引导，并积极争取政府的支持，同时，也为了更好地践行于若木同志的营养理念，实现她关于"人类应当将她的最好的东西给予儿童""一顿营养午餐可以强壮一代人""为了孩子的健康不能等待'明天'"的遗愿，我于 2008 年编著了《孩子的午餐营养》一书。该书由《究竟什么是学生营养午餐》《营养午餐是一项功德无量的善举》《见证正规企业的"炼金过程"》等九章组成，全书对学生营养午餐的科学概念、科学理念、科学制作，以及老师、家长与全社会的共同责任等问题，进行了系统全面、深入浅出、通俗易懂的简述。该书于 2008 年 10 月在人民卫生出版社出版后，受到全国广大学生、老师、家长和社会各界人士的欢迎。

2011 年 10 月 26 日，时任总理温家宝主持召开国务院常务会议，决定启动实施农村义务教育学生营养改善计划。2012 年 5 月 23 日，教育部、宣传部、财政部等 15 个部门下发了关于《农村义务教育学生营养改善计划实施细则》等 5 个配套文件，标志着在我国试点地区以及全国其他各地学校开始实施学生营养改善计划。这与于若木同志当年曾经多次给江泽民、朱镕基、温家宝、李克强等中央领导同志当面反映或写信建议，及其在全社会各级各界的积极呼应与共鸣的效应，有着重要的关系。

20 多年过去了，但于若木同志的营养理念与实践经验，始终作为我在基层学生营养午餐实践探索与理论研究的座右铭，不断鞭策与勉励着我前进。可以说，我在学生营养工作中所取得的成就，全在于于若木同志过去对我的厚爱与栽培，都是她谆谆教诲的结果。

作者简介

胡承康：中国学生营养与健康促进会理事、专家组成员，中国烹饪协会营养美食委员会委员，浙江省学生营养专业委员会副主任委员，全国十大"营养科学传播奖"，中国健康教育"金牛奖"获得者

她是我们的一面旗帜、一盏明灯
——怀念于若木同志

李和平

于若木同志走过了她87个春秋，永远地离我们而去，让人万分悲痛！

于若木同志生前是原中共中央书记处政策研究室科技组顾问，党和国家领导人陈云同志的夫人。我是个普通医生，本来与她相距甚远，但1998年春，我有幸从江西省卫生防疫站来到中国学生营养报社，参与了"护苗工程"相关工作。当时，于若木同志任该报总编辑，虽不常坐班，但她在中南海的寓所时刻关注着报纸的编辑出版工作。我也有幸亲耳聆听到她的教诲，深深感受到了她的崇高精神和伟大情怀。

在我认识的长者中，最慈祥、最本色、最谦虚、最关怀儿童青少年的就是于若木同志，她心中只有祖国和人民。1999年5月2日，报社安排我和邓书读同志上午9时去中南海西大门取《于若木文集》和稿件。9点10分，中南海值班门卫叫我接电话。一个温和的语音传来："李和平同志，我是于若木，让你在门口久等了，我向你道歉，秘书马上来接你们……"那种谦虚、真挚、关切的语句，至今依然萦绕我的耳际。至此，我第一次见到了于若木同志。

在她的办公室，我们亲耳聆听她在营养方面的独到见解，亲身感受她对儿童青少年健康成长的一片热忱。她的言语像是与你喁喁谈心，但每句话都流露着真情。她倡导营养科学理念，鼓励我们追求事业。这些论述似乎平淡，但都是肺腑之言，是她本人的生命体验。当她知道我的同伴是革命烈士的后代，他爷爷死在日本人的屠刀之下时，于若木同志良久没有说话，眼睛湿润了。

于若木同志十分勤奋好学，常常不耻下问。为了掌握更多的营养学知识，她找来大量的营养书籍，白天工作，晚上自学到深夜。在学习中遇到难题就通过电话或书信向有关专家请教。她二十多年来辛勤笔耕，已汇集出版了《于若木文集》《于若木论学生营养》等专著，并领衔编辑了大量的营养科普书籍。无论什么讲稿，她都是亲自动笔，每次都有新意，从不让人代劳。她还亲自指导营养科学实践，深入基层调研如何改善人民营养状况，开创了我国学生营养工作新局面，取得了巨大成就。然而，她十分谦虚，说自己是半路出家，不够资格。我们认为她是一位知识渊博的营养学家，一位热爱人民的营养学家。她对我国儿童青少年的健康成长所作出的贡献，如同日月，灿烂辉煌！

于若木同志说话语音温和，用词严谨，对营养科学事业十分执着。她认为，有许多做少年儿童工作的人，谈营养之外的事情很多，像服装、玩具、体育锻炼等，可就是谈营养，容易被人忽视。她认为，营养不是吃饭这样一件生活小事，而是一件关系人民体质的大事，应该列入国策，对人民要进行营养教育、营养指导，对儿童青少年的营养，政府要给予特别关照，制定营养制度，营养立法。她说："我们成年人特别是年长者，对青少年一代的健康成长负有责任，如果没有尽责，有负于革命先烈的期望，愧对子孙后代！"

于若木同志心怀大爱。她犹如鲁迅说的"孺子牛"，吃的是草，挤出来的是奶。她亲自创建了"中国学生营养促进会"，创办了《中国学生营养报》，制定和实施了"护苗系统工程"，指导实施了"学生奶计划""大豆行动计划"以及"学生营养餐制度"。她主动捐款支持学生营养餐企业，并且多次向慈善机构、红十字会、希望工程和贫困灾区捐款、捐物，还要求经办人员不留名、不宣传、不报道。

2001年春，她在患病住院治疗期间依然惦记着"护苗工程"的实施。其后，虽然不能赴江西参加她制订的"护苗工程"全国校长营养管理学习班，但她仍在病床上给江西学习班写来了贺信。她写道："老区人民为革命作出了巨大贡献，全国人民是不会忘记的。他们的后代理应得到关爱，成为革命事业的一代新人，是我们义不容辞的责任。关心学生营养工作，就是关心祖国的未来，做好这项工作，无论给予多高的评价都是不过分的！"

重温这些教诲，让我感觉于若木同志并没有离去，她依然在人们身边活在我们心中，带领我们继续前进，她是我们的一面旗帜、一盏明灯！

作者简介

李和平：江西省疾病预防控制中心原办公室主任，中国学生营养报原护苗工程办公室主任，江西省直属门诊部党办主任

我心目中崇敬的于若木先生

李无为

于若木同志离开我们已经8年了。正如她的女儿陈伟华所说：她不仅是一位伟大的母亲，而且是一位伟大的女性。于若木同志虽逝犹存，她的音容笑貌永远沉浸在我们的心里。她倡导了新时期促进学生营养的新营养观，提出"营养是关系人民体质的大事"。在历史转折时期，她不顾体弱年迈，凭着对祖国的热爱，以一个无产阶级革命家的大爱胸怀和敢于担当的改革精神，秉承"少年强则中国强"的国粹精神，站在全国促进学生营养的第一线，向社会发出"全社会都来关心学生营养与健康"的响亮号召，赢得了社会的强烈反响，获得了广大教育、卫生和社会各界人士的由衷称道。

于若木同志虚心学习、潜心研究、深入调查、大胆实践，直至耄耋之年，仍然广泛联系社会各界人士，坚持以学生营养促进工作为己任，并反复强调"营养是大事，必须大办。她强调，营养工作的重点在学校，首先在农村中小学校"，体现了一位共产党人的赤子之心和强烈的政治责任感。人们赞誉她老人家"夕阳红似火"，我更体会到她老人家"晚霞映如虹"。

我是一名长期从事基层卫生保健工作的医生和教师，以前也知晓于若木同志倡导的营养理念和实践，但没有见到过她。1989年初，我担任湖南省湘潭市卫生防疫站学术委员会主任，曾经从事儿童少年卫生和学校卫生专业的教育研究。在卫生部卫生监督司学校卫生处施承斌老师的推荐下，抽调参加"中国学生营养促进会"成立大会秘书组的文秘工作，从而有幸接触、认识于若木同志。作为一名基层卫生防疫专业人员，能够亲耳聆听无产阶级革命家的教诲，让我激动万分，这也是我一生中的荣幸。

第一次见到于若木同志是在1989年元月上旬。当时，我随大会施承斌秘书长和邓书读副秘书长到她家中，聆听她对大会报告稿和有关会议文件的指导。她认真地听取了我们汇报。当听到汇报中多次提到她对学生营养工作的贡献时，于若木同志严肃地说："你们不要动不动就这也是于若木如何关心学生营养，那也是于若木如何关心学生健康。我只是一名普通的老共产党员，我所做的工作，体现的是党和政府对学生健康的关心和对儿童青少年的爱护，你们动笔杆子的人要懂得这个道理。营养不仅是科学上的一个学科，也不单是家庭生活中的普通琐事，它关系人民体质强弱，民族繁衍昌盛。人类生命虽然在于运动，但首先基础在于营养。"当我问及陈云同志对学生健康有关指示和期望时，她格外认真地说："要讲党中央，讲国务院，不要搞个人迷信。"当时我感觉内心一惊，如醍醐灌顶。当谈到学校卫生与学生营养工作存在的严重的经费问题时，于若木同志语重心长地说："我们国家地域辽阔，底子薄，有些方面还是百废待兴，不仅卫生系统，其他战线都存在这个问题。我们只有以改革开放的理念，面对现实，充分运用党和政府的好政策，上下齐心、共同努力、克服困难搞好工作。我不是

'银行',政府用钱是讲'计划'的。不过,我可以为你们'宣传',还可以请更多领导'宣传'。"

第二次见到于若木同志,是在中南海怀仁堂。当时在卫生部办公厅领导的带领下,秘书组人员到中南海怀仁堂为次日"中国学生营养促进会"成立大会布置主席台。中央办公厅主任杨德中安排警卫部队的一位团长接待我们,交代怀仁堂设施、接待和警卫事宜。于若木同志不顾疲劳,也赶到怀仁堂,专门对如何接待主席台就座的首长、贵宾做了非常细致的嘱咐。因为我们秘书组工作人员绝大多数是第一次进入中南海怀仁堂承担会议服务工作,油然而生的神圣感倒使我们紧张起来。于若木同志却风趣地说,你们不是说学校卫生不受重视吗?这次学校卫生、学生营养的专业会议安排在中南海怀仁堂这个中央开会的地方召开,不仅对你们,包括对卫生部都可能是空前的第一次吧。尤其对这次会议,中办领导今日还专门亲自过问,并在会议中安排康(克清)老、浦(安修)及教育部、卫生部的领导同志来接见代表。这正说明党中央对全国学生营养工作和儿童青少年健康的特别关注。她的一番话,掀起了我们心中的涟漪。过去也曾想过,当今什么都比不上钱金贵,可是今天站在怀仁堂侧门,听她一番深情的谈话,才真正明白,其实国家的重视、政府的关心、首长的爱护更是令人鼓舞,是金钱买不到的。

第三次见到于若木同志是在"中国学生营养促进会"首届会议闭幕的前夕。当时我们正在为"于若木同志给各省、市、自治区的省长、市长及主席的一封信"作准备。于若木同志说:我们要让他们重视学生营养,加强食育刻不容缓。明天太迟了,孩子们不能等待。当然也要体谅这些父母官工作的千头万绪,所以要多宣传、多汇报。

第四次见到于若木同志是在她老人家不顾连续几天的日夜劳顿，亲自到龙潭宾馆接见参会的地方代表（每省、市、自治区一两人）时，她与各位与会代表近距离、面对面地提意见、谈情况、说办法、讨论问题。接见活动从晚上 8 时直至深夜，身患癌症的浦老（彭德怀夫人）和教育卫生等部委有关领导也陪同听取意见。我作为湖南省理事，与陈吉祥（湖南省卫生厅副厅长）理事一起进入接见厅汇报。当陈吉祥理事谈到湖南儿童青少年身体发育不尽如人意时，于若木同志与浦老交换了一下眼神就对我们说，湖南是鱼米之乡，应该将鱼米之富庶首惠于学生。人们不是说，穷不能穷教育，苦不能苦学生吗？他们是"八九点钟的太阳"，是祖国的未来和希望，当领导的必须有这个认识。获悉我来自湖南湘潭市，她拉着浦老指着我说：他是来自毛主席家乡的，也是彭老总故乡的人。接着，两位首长格外关切地询问毛主席家乡学生营养与学生健康状况后欣慰地说：你们做工作能本着一切从实际出发很细致，你们在毛主席家乡工作更应该遵循毛主席教导和期望——让学生"天天向上"，切实地为学生健康服务。

第五次见到于若木同志是在 1990 年第一个全国学生营养日活动上。我受命与施承斌秘书长在人民大会堂全国人大常委会第二会议室外厅迎候出席会议的党和国家领导人之一——习仲勋副委员长。于若木同志不顾连夜工作的辛劳，硬要和我们一起迎候首长。她告诉我们：习副委员长非常重视孩子的事，有他帮我们宣传学生营养促进工作，对全国学生营养促进工作是一次巨大的推动。后来，在一年一度的中国学生营养日——"5·20"活动中，又多次见到她，直到 1999 年 12 月，在上海召开的《中国学校卫生》杂志创刊 20 周年纪念学术研讨会和中国学生营养发展战略研讨会上，又再次近距离见到了于若木同志。

尽管当时她年事已高，体质虚弱，却依旧顽强地奋斗在中国学生营养促进事业的第一线上，显示了无产阶级革命家的高风亮节和鞠躬尽瘁的伟大情操。

最近，我有幸获得陈云纪念馆赠阅的《于若木画传》，这让我陷入了深深的怀念之中。于若木同志当年对我指导的情景，犹然再现。她真正是敢于担当、重视实践、忘我工作、奋斗到底的人，是勤奋为学、刻苦钻研、知识渊博、大器晚成的人，也是身居高位、礼贤下士、贡献卓越、朴实无华的人，更是铭刻印记在我们这些倾听过教诲的后辈，心目中崇敬的人。

作者简介

李无为：湖南省湘潭市疾病预防控制中心离休副主任医师，中国学生营养促进会首届理事，《中国学校卫生》杂志首任特约编辑

亲切的关怀　幸福的回忆

许慕侠

　　1999年9月,我应亚洲营养学会的邀请,出席了在韩国首尔召开的第八届亚洲营养大会,并在大会上作了《麦金利苹果醋的开发与研究》的论文演讲,得到了与会代表和组委会及联合国粮油组织营养专家高度重视和好评。大会期间,该论文荣获优秀论文奖,麦金利苹果醋也被专家和组委会推荐为21世纪重点推广的营养功能食品。

　　让我意想不到的是在亚洲营养会上获奖的事情和麦金利苹果醋的开发竟惊动了于若木同志。1999年10月中旬的一天,我接到了老来自中南海的邀请,请我于10月21日到中南海的家中,探讨和了解麦金利苹果醋的技术及营养。当我接到电话后,我仿佛在梦中。于若木同志在营养界的威望和影响,我早有耳闻,一直期待能有机会见到她并亲耳聆听她的教诲。

　　10月21日下午2点,我们一行4人如约来到中南海。当车驶到门前时,一位慈祥可掬的老人早已等在门前。我急不可待上前与她握手。于若木同志亲切地对我说:你是许慕侠,许总吧。我连连点头。她拉着我的手边说边进入会客厅。那次谈话进行了2个半小时。在谈话中,她真诚地教诲我：做食品的人就应像母亲给孩子做饭那样对消费者负责。要站在健康中华民族的角度上开发最营养、最安全的食品，同时，还对我在开发苹果醋这个产品上取得的成就和在亚洲营养会上取得的荣誉给予了高度赞扬。她说：你作为一个女同志在苹果醋的研发上、在营养科技的创新上真是巾帼不让须眉。我说：我是苹果醋专利发明人，沈阳很多熟悉我的人管我叫苹果醋妈妈。于若木同志则风趣地说：不准确，应叫苹果醋女皇。接着，我向她汇报了在亚洲营养会上的一些体会。于若木同志语重心长地对我说：麦金利苹果醋饮料确实是生物技术工程，它被确定为21世纪流行健康饮料及亚洲重点开发推广的功能食品，这个定位是很高的。你要保护好你们的核心技术苹果醋发酵的醋酸菌种。

2000年，在一次国际合作中，美国一家水资源公司提出以200万美元购买一支麦金利苹果醋发酵菌种的要求，我抛弃眼前利益的诱惑，当场给予了拒绝。于若木同志知道这件事后高度赞扬了我的决定。

2000年下半年，于若木同志在西安参观杨林工业园时，向工业园的有关人员介绍了麦金利苹果醋的相关情况，并亲自在杨林园区打电话给我，希望我和杨林工业园有技术上的合作。

2004年8月，于若木同志到沈阳出席一个营养会议期间，又一次接见了我。在交谈的过程中，她和我谈的最多的就是食品安全和学生营养问题。我也在同她一次次接触、交谈中，不断受到鼓舞、启发，不断开拓新的研究领域。于若木同志是我从事食品营养事业的导师，更像母亲。

作者简介

许慕侠：沈阳麦金利食品制造有限公司董事长，辽宁省政协委员

不能忘却的怀念

——追忆我国著名营养学家于若木同志

韩星海

> 多读书以养胆气,少忧虑以养心气。
> 戒发怒以养肝气,薄滋味以养胃气。
> 惟谨慎以养神气,顺时令以养元气。
> 须慷慨以养浩气,胸豁达以养正气。
> 傲冰霜以养骨气,当忍让以养和气。
> 应谦恭以养锐气,莫怠懈以养志气。
>
> ——于若木养生格言

常言说:雁过留声,人过留名。每次前去著名茶乡紫阳,在品尝富硒茶的清香时,接待方的男女老少,都会给我们讲起一个人——于若木同志。在她生前有近20年的时间,一直情系秦巴山中贫困县——紫阳,为把紫阳富硒茶产业推向一个新高度而无私奉献,直到生命的最后一息……而每次当我撰写有关茶文化文章时,她亲切慈祥的面容总在我眼前缭绕浮现,以至于让我的心灵长时间地颤抖,我早应该给她写这篇文章了,以表对老人家的缅怀之情。

　　于若木同志是伟大的无产阶级革命家、政治家,杰出的马克思主义者——陈云同志的夫人,也是我国著名的营养学家。她自1989年因紫阳县发现了硒资源而关注此县。后因该县出产的茶叶中富含硒而亲临实地考察。1990年4月14日,已是70岁高龄的她,首次来陕南紫阳县参加饮茶节活动,这对紫阳人民来说是天大的喜事。让人倍加感动的是她来回乘坐火车,并未有特殊优待。当时紫阳县接待条件很差,住宿没有像样的宾馆,只能在县招待所安排她的食宿,洗漱全是靠脸盆端水。于若木同志同大家一样,吃住在一起,开会在一起,从没有让县领导干部感到为难,倒觉得京城来的大贵宾如此平易近人。唯独不同的是,她的到来把紫阳富硒茶提到了一个让人意料之外的高度,她大讲人类营养保健中的硒作用,饮紫阳富硒茶的好处。她的讲话稿全是自己加班加点熬夜写出来的,而且讲得通俗易懂,有理有据,绝非信口开河,让参会的人们茅塞顿开,贫困紫阳有硒宝,莫把"黄金当废铜"。为了此次活动,于若木同志曾做过长时间的准备工作,多方调研,邀请有关人员在陕在京座谈交流,掌握第一手资料。

　　此后,于若木同志的心连接着紫阳县。在北京、上海、南京和香港等地举办的"硒元素"和茶文化研讨会上,只要她到会,都会把紫阳富硒茶的保健作用推心置腹地讲出来。可以这么说,在改革开放新时期,是她持久的鼓与呼,才使紫阳茶重获生机,这一点已成为紫阳人民的一个共识。我记得2000年春天,在北京国贸举办的一次名茶展示会上,于若木同志坐在主席台上,当讲到人为什么要饮茶的话题时,她从健康的角度特意讲了紫阳富硒茶的好处。她说,她向中央的老领导们都推荐这个名茶,在全国茶叶中,它的含硒量是最好的,况且紫阳的茶叶没有农药残留，是纯天然的保健饮品……当时，我就坐在台下，听到此话，心里头特别地舒畅，就像一杯芳香而又沁人肺腑的紫阳富硒茶润泽了我的心头……这也是我一生中难得的一次见到于若木同志。本以为因为茶的缘分，我们还会见面，但是，无情的现实已将我这个绿色的茶之梦击得支离破碎，而留给我的只有无限的怀念。

2006年3月31日，我们在陕的中华茶人联谊会会员与紫阳县人民群众一起，共同举办第五届紫阳富硒茶文化节暨中华（陕西）茶人联谊会第四届年会。我在向大会报告工作中特别提到了于若木同志，文中特别讲道：就在我们今天在茶乡举办论坛时，曾经长期担任过中华茶人联谊会名誉理事长的我国著名的营养学家于若木同志，一位可亲可敬的老茶人已经离我们远去，在此深表怀念之情……这正是空谷幽兰富硒茶，飘香万里留芳名！

于若木同志留给我们太多难以磨灭的印象。她为紫阳富硒茶作出了那么大的贡献，但每年春天，她都是自己掏腰包付钱给相关人员，为其购买紫阳富硒茶来品尝和馈赠他人。这种廉洁自律的高尚品德在紫阳县众口皆碑！她与贫困地区的人民心连心。紫阳县众多的党政干部和茶叶工作者，都与她近距离接触过，去京出差办事，只要她在，都会接大家去中南海的家中做客，面对面地与她交流，她询问当地茶产业的发展，结合实际工作，建议他们应该做什么，说得头头是道，无比亲切而又切合实际。人们提出来要与她照相合影，她从不拒绝；县上建议她为紫阳富硒茶留些墨迹，或为有关茶叶工作者撰写的茶书题写书名，她都一一答应，这些都成了珍贵的史料。

同样的渴望给予了我们同样的感受。延安时期的老新闻工作者张国宁先生，新中国成立后曾采访过老一辈革命家陈云等人，得知我偏爱茶文化的写作和研究，曾多次来我家和办公室，建议我要把于若木同志对紫阳人的感情和对紫阳富硒茶的贡献写篇文章。2008年7月10日，当我带着《紫阳富硒茶文化》书稿前去紫阳县征求意见时，县委书记罗雪剑、县政府调研员梅紫青等人翻阅了书稿后，建议我要为于若木同志大写一章节，其真情实意可见一斑。我也曾建议紫阳县的领导者，在风景秀丽的向阳镇茶研所，为于若木同志竖立一座雕像，让她面对奔流不息的江河，置身于茶园的深处，观看着眼前的富硒茶叶，给人一种"喜随众草长，得与幽人言"的意境，让她在草木中永活在我们心中。我还多次提议：我们中华茶人追求的是自然和奉献，每个人都要以实际行动向于若木同志学习。陕西的优秀茶人评选奖项奖杯，我们拟定冠名为"于若木杯"……但愿更多的人都能够获得这个奖项。

光阴似箭，于若木同志与我们永别已有九个春秋了。思念不尽的于老情，"天赋识灵草，自然钟野姿"。我们要代代相传，不能忘怀啊！您恰似紫阳深山秀谷中的幽兰，将一缕缕幽香送给人们……

本文原载《茶叶通讯》2009年第3期。

作者简介
韩星海：陕西茶文化系列交流丛书主编

殷殷情怀寄巴山
——追忆于若木同志对安康贫困山区人民的关怀

聂长久

著名营养学家于若木同志长期关怀贫困山区群众脱贫致富和人民的健康事业，并为之倾注了大量心血。如今斯人已去，但每每想起她对人民群众的关怀和为他们健康所付出的努力，我的心里就充满感动和敬意。

由于工作原因，我有幸多次接触并聆听于若木同志的教诲，亲身感受到她对山区人民的关怀之情。

第一次见到于若木同志是在首届紫阳富硒茶饮茶节上，她长途跋涉来到边远山区紫阳，亲临会议并发表重要讲话，深入茶乡调研富硒资源开发。她衣着朴素，平易近人，和蔼可亲，给我们留下了深刻印象。她十分关心山区人民的脱贫致富，在饮茶节上，她发表了"开发富硒紫阳茶，为全国人民健康服务是紫阳义不容辞的责任"的重要讲话，从营养学、食品学的角度全面阐述了紫阳富硒茶和富硒食品的开发价值及利用途径，为紫阳开发富硒茶等优势资源、带动群众脱贫致富起到了重要的指导作用。

后来我从事富硒食品的开发科技工作，有机会多次见到于若木同志，对她有了更深的了解，真切感受到她心系群众、朴实无华、博学谦逊的风范。她一直关心群众的营养问题。为解决缺硒地区群众补硒问题，提高他们的健康水平，她通过视察调研、召开会议、举办活动、发表讲话、撰写文章等多种形式，呼吁社会各界重视人民的营养健康问题，强调重视膳食平衡，开展营养教育，普及营养知识，推广营养配方。尤其是当她了解到紫阳富硒茶及紫阳系列富硒食品这一独特优势资源后，主动给予多方关心和支持，帮助贫困山区开发优势资源，并经常主动了解情况，积极向国内外宣传这一天然补硒食品。我曾多次到北京中南海她的家中拜访，汇报我的开发情况和想法。每次去，不管有多忙，她都抽出时间接待我们一行人，认真听取汇报，详细了解富硒食品开发和扶贫进展情况，给我们介绍国内外的新情况新动向，对今后的开发提出殷切希望，还牵线搭桥，介绍开发投资企业到紫阳投资开发优势资源，使我们很受启发和教育，促进了我们的开发进程。让我们难以忘怀和十分感动的是，她作为中央办公厅的科技顾问、陈云同志的夫人，看不到丝毫官气和架子，见到我们如同见到自己的亲人一样，对我们态度和蔼，非常热情，总是想方设法帮助我们。为了扩大富硒茶的影响，让更多的人受益，我们在北京举办了富硒茶及富硒食品宣传推介会，她不顾年迈和事务繁多，亲自出席会议，并作学术报告，会后，还给我们题词。由于她威望高，讲话深入浅出，注重说理引导，她的讲话对提高产品知名度、引起各方对健康的重视，促进产品市场开发等都起到了重要作用。1996年夏天，为了进一步提高国内对富硒食品保健作用的认识，增进国人健康，我们陪同新华社、中国食品报社的记者对她进行了专访。其间，她着重就富硒食品对人类健康的作用，缺硒地区人群如何科学补硒，提高健康水平等问题进行了系统阐述。采访经过其他中央媒体的大力宣传，一时间掀起了一股"富硒食品热"，对提高人们的思想认识、促进贫困山区资源开发起到了重要作用。当时于老已快八十，她温婉睿智的谈吐、亲切和蔼的笑容至今还时时浮现在我的眼前。

于若木同志住在中南海，去她家要经过层层关卡，让人望而却步。我们也想象着她家里一定是富丽堂皇，可真到她家中一看，却是极为普通，一点也不阔气，甚至有些简陋。书柜沙发地毯都很陈旧，她穿着也十分简单朴素，让我们肃然起敬，也很受教育。每次我们去看望她，总是带上些紫阳的富硒茶，她非常高兴。我们临走她总要赠予诸如铁观音茶等礼品，让我们十分感动。有一年我寄给她两麻袋紫阳富硒有机蔬菜——佛手瓜，她见到我对我说："你们那里的蔬菜是富硒的有机蔬菜，真好，我还送给了其他领导一些，大家都说好，你们要大力发展。"

在她的关心下，紫阳富硒资源开发取得了显著成绩，富硒茶和富硒食品已经成为山区群众致富奔小康的支柱产业，产品在国内外的知名度有了大幅度提高，产生了广泛的社会效益。于若木同志是著名营养学家，在她本应安享天伦之乐的时候，却为边远贫困山区脱贫致富和人民的健康事业辛苦操劳，给予关心与支持，这既是她关爱百姓高尚人格的写照，又是作为一名营养学家孜孜不倦的学术追求。她对山区人民的关怀让我们永远铭记，她的崇高品质更是我们永远学习的榜样！

本文原载《金秋》2009年第3期。

作者简介

聂长久：安康市委组织部副部长、老干部局局长

《少年儿童研究》杂志是一本家庭教育刊物，办刊方针是指导和帮助父母科学养育孩子，其中的一项内容是专门介绍营养知识的。在1998年的一段时间里，北京师范大学教科所的高影君教授经常为刊物写稿，和杂志的编辑之间有很多交流。当她得知我们很想采访营养学家时，就热心地帮我们联系中国食品工业协会顾问、研究员、党和国家领导人陈云的夫人于若木同志。

在确定可以到中南海采访时，我们都很激动，因为那是一个神秘和庄严的地方。

1998年7月18日，一个阳光明媚的上午，我们进入中南海，穿过一片果园，来到于若木同志的家。在她的会客室，我们采访了这位具有远见卓识的老人，亲耳聆听了她在营养方面的独到见解，亲身感受到了她对少年儿童健康成长的一片热忱。

生命首先在于营养

——访著名营养学家于若木同志

孙云晓　弓立新

我们明白"生命在于运动"的含义，但这名言的前提是"生命首先在于营养"。道理很简单，没有营养，生命就会停止，还谈什么运动呢？于若木同志是一位德高望重的老前辈。早在20世纪80年代初，她就提出"营养应成为国策"。

在我国，她倡议成立了学生营养促进会，最初几年的工作重点在杭州。并且，她还主动捐钱设立学生营养餐。她认为："有许多做少年儿童工作的人，谈营养之外的事情很多，像服装、玩具、体育锻炼等等，可就是很少有人讲营养。也许是这件事情太普通了，谁能不吃饭呢，以至于被忽视了。她觉得这是缺陷，营养应该是第一位的。营养保健是一本万利的事情，无论给予多高的评价都是不过分。"

早餐吃什么？

儿童少年时期是一生中长身体、长知识、性成熟的重要阶段。这个阶段的营养状况是生长发育的物质基础，与心理、智力有着密切关系。现在，人民生活水平提高了，家长也重视孩子的营养，天天吃鱼、吃肉。可是，某项调查表明，城里的孩子营养不良的比例高于农村孩子。这让人有些费解。

于若木同志听了我们的议论，说："这就是文明病的表现。营养水平和经济状况不完全是同步的，它与知识结构一致。我认为，宴席的食物结构就是最不合理的，主要都是肉类、海鲜，几乎没有主食。常吃这种高脂肪、高蛋白的食品，很容易患糖尿病、高血压等疾病。有的人并没有觉悟，还认为这样吃饭是种享受呢！"

日常饮食中，三种最重要、最大量的营养素是碳水化合物、脂肪和蛋白质。其中的蛋白质曾被认为是人体中最重要的物质。150年前，荷兰化学家马尔德首先提出蛋白质一词，原意为"名列第一"。因为没有蛋白质，就没有生命。从现代营养学观点来看，三种营养素都同等重要，缺一不可，相互之间应保持平衡。但这丝毫也不能降低蛋白质的重要性。城市的许多人认识到蛋白质的重要性，早餐只喝牛奶、吃鸡蛋。她指出，这种吃法并不合理。

原因是什么呢？她接着给我们讲了碳水化合物的作用："碳水化合物是三种营养素中最大量、最廉价的营养源。作为食物，它主要是存在于粮食中的淀粉。碳水化合物是最干净的能源，它在人体内分解水和二氧化碳。二氧化碳可以通过呼吸排出体外，而蛋白质和脂肪在人体内分解后会产生残余物质，要经过肝脏解毒，从小便中排出。所以，合理的早餐应是牛奶、鸡蛋，再加馒头或面包和蔬菜。"

走出日常饮食中的误区

现在，有些父母为了孩子长得健壮，花费金钱买高级食品，认为越贵越有营养。她说，"这是走入了营养的误区。食物结构不合理造成儿童厌食的现象比比皆是。人体需要多种营养素，必须齐全，才能维持正常的新陈代谢。"她的话让我们联想到实际生活的一些营养问题，便借此机会仔细请教。

首先是儿童视力水平普遍下降，中小学生中近视眼的患病比率非常高。于老说："学生负担过重，室内照明条件不好，是影响视力的原因之一，但也需要从营养方面找原因。目前，我国青少年儿童维生素 A 的摄入量，普遍达不到供给量标准，甚至有些人还不足供给量的一半，这是一个长期存在的营养问题。缺乏维生素 A，容易导致夜盲（即黑天看不清东西），以及眼角膜干燥，细菌侵入而发生溃疡，最后穿孔而造成失明。改进的办法是：喝牛奶对预防维生素A缺乏很有效；多吃胡萝卜和红心白薯可增加胡萝卜素的摄入；若每半个月一次各种动物肝脏，则可摄入很多的维生素A，可以储存起来。"

其次，有关喝饮料和纯净水的问题。现在有许多孩子不爱喝水，渴了就喝饮料。她态度坚决地说："喝甜饮料是最有害的。它只有单一的糖分，基本没有维生素，即便有维生素C，也是合成的。喝甜的饮料后，使人产生饱腹感，吃正餐时没有食欲，形成恶性循环。我主张喝白开水，它是人体最必需的营养素。有的人长期喝纯净水，这样易患营养不良症，广告中说经过27层过滤的水如何卫生、干净，这实际是将水中的矿物质都损失了，对健康十分不利。至于矿泉水，如果名副其实，是有益的，它含钙、镁等矿物质，是人体所需的营养素。"

再次，现在的孩子大多爱吃麦当劳、肯德基等西式快餐，父母总是尽量满足要求。那么，这类食品的营养成分如何呢？她认为，这类快餐中动物蛋白的含量很高，吃完后最好再吃些蔬菜和水果使营养更全面、更合理。

最后，我们谈到了家庭中的饮食习惯。随着都市生活的节奏加快，父母忙于工作，真正下厨烧饭的时间越来越少，许多人常吃一些罐头火腿肠等肉制品。她说："我不赞成常吃罐头、火腿等食品。它们一般要加色素和防腐剂，常吃对人体有害。而且有的肉制品没有经过食品卫生部门的严格检验，配方不是很合理。我想，还是自己炖制的肉和排骨更富有营养。"

我们深深地感到，营养学确实是一门造福人类的科学，它能帮助人们洞察食物内部的奥秘，理解营养学与健康的关系。作为青少年儿童工作者，我们不仅要自己学习营养知识，还要让更多的父母领会它。

这一切的目的就是，让儿童拥有健康的身体，成为真正的幸福的一代新人。

本文原载《少年儿童研究》2006年第5期。

作者简介

孙云晓：中国青少年研究中心副主任、研究员，中国青少年研究会副会长，《少年儿童研究》杂志总编辑

弓立新：《少年儿童研究》杂志副主编

食育：亟待制定的国策

施宝华

习近平总书记在 2014 年 4 月 15 日主持召开的中央国安委首次会议上，提出了国家总体安全的战略思想。这是一个创新的、全面的安全战略思想，我们必须好好学习，深刻领会，并结合实际加以贯彻执行。

习近平总书记的安全战略思想，涵盖国家 11 个领域的战略安全。其中，将生态安全纳入总体安全体系，这是创造性的、高瞻远瞩的战略思想，与国家总体安全目标的实现息息相关，与人民生命安全息息相关。

所谓生态安全，主要是指人与自然关系和自然各要素（环境、资源、气候、物候、物种种群等）之间关系的协调和谐。生态安全是个系统性安全领域，下面有很多子系统安全领域。饮食安全就是其中一个事关全局的重要子系统安全领域。

我今天就民众的饮食安全面临的形势、问题、对策以及实施饮食安全战略等问题作些探讨，供业界参考、指教。

我国民众饮食生活的历史回顾三个时期、三个特点、三重挑战

中华人民共和国成立以来，我国民众的饮食生活，大致可分为三个时期，形成了三个特点，也使我国民众饮食生活面临着三大挑战。

第一，新中国成立以后，我国民众得到了政治上的解放，但由于生产力水平低下，经济处在恢复发展时期，民众仍未摆脱贫困，生活水平较低，饮食生活基本处于充饥状态。在当时，能得温饱就算是幸福生活了。民众饮食特别是农村居民，大都营养不足，卫生状况很差，因营养不良而引起的各种疾病高发，民众生长发育缓慢，平均寿命较低。直到1982年，我国进行的第一次营养调查表明，居民的热量摄入为2 400大卡，达需求量的低限。而蛋白质、维生素普遍偏低，动物性食品过少，蛋白质、钙、核黄素摄入偏少。其中，尤以中小学生为甚，蛋白质摄入量仅67克左右，不到需求量的低限。婴幼儿佝偻病、贫血等营养缺乏引起的疾病以及食物中毒和传染病的发病率较高。

国家在这个时期，仍处于"短缺经济"年代，无力在改善民众饮食营养上采取更多措施，但对饮食卫生开始加强监管。20世纪50年代制定了《食品卫生法》，有效降低了因不卫生引起的食物中毒和各种传染病的发病率，保障了居民饮食卫生和健康。

第二，改革开放以后，我国经济进入大发展的新时期。由于经济发展，民众收入增加，生活水平显著提高，用于饮食生活的投入，也持续增加，使饮食生活也进入了"小康时代"，人们不仅要求吃饱也要求吃好。但是，民众的饮食生活却遇到了"食物资源不安全"的新挑战。

在经济发展中，我们追求快速增长，"有水快流"，但忽视了环境

保护，生物安全防护。在农业特别是食物资源的种养业中，农药、化肥等大量使用，造成农田土壤、水域、水源的严重污染。据统计，我国已有 1/5 的农田土壤，受到严重污染，使生产的各种食物中残存农药等有害成分。在食品加工生产中，还大量使用有害添加剂，因而造成的食物资源和食品的严重不安全。这些年来，不断发生的食品安全事件，如乳业中的三聚氰胺事件，养禽业中的苏丹红、人造蛋事件，畜牧业中的"瘦肉精"事件，油脂业中的"地沟油"事件，等等，都是一些丧失良知的"技术人员""创造"的害人事件，在民众中引起不安恐慌。著名作家蒋子龙在几年前就写了一篇《我们还能放心吃什么？》的杂文。作者以调侃的笔调述说自己一天饮食的"心理过程"：晨起，外面买回早点油条、豆浆。作者就犯疑：这油条是否为"地沟油"炸的？豆浆是否用转基因大豆磨制的？中午，在外就餐，点了一个炒肉片和西红柿鸡蛋汤。作者心里就犯嘀咕，这肉里有"瘦肉精"吗？这蛋里有农药残留和苏丹红吗？晚间，在家喝杯牛奶。作者也犹豫：它会有"三聚氰胺"吗？在调侃之后，作者喊出了民众的共同心声：我们还能放心吃什么？

事实上，食品安全事件的频发，对我国民众健康已带来严重影响。这些年来因进食致畸、致癌、致突变的有毒食品等原因，城乡居民的癌症发病率持续升高。据统计，仅癌症每年新发病人达 300 万人，目前我国癌症病人高达 1 500 多万，位居世界第三。新生儿畸形发生率，急慢性中毒发生率也呈走高之势。特别是过去很少见的男女性不育症也呈走高趋势。

面对日趋严峻的食品安全形势，民众恐慌、忧虑情绪增长。国家也采取了果断措施来遏制食品安全问题发生，先后成立了国务院食品安全委员会和国家食品药品安全监督局，制定了《食品安全法》，把食品安全纳入了法治轨道。

但是，要从根本上解决食品安全问题并非轻而易举，它是一项复杂的系统工程，要建立从食物源头到餐桌的全程监控，要对农业进行有机化、生态化改造，要对食品的加工、生产、包装、贮存、运输进行全覆盖监管。做到这些，需要建立一支强大的多学科的科学研究和技术监测队伍，需要建立一支强有力的食品安全执法力量，需要多部门的协调配合，并进行长期艰苦努力。食品安全工作，任重道远，现在仅仅是开始。

第三，经济迅猛发展，社会财富积聚于权贵和巨商，他们成为"先富起来"一族。在全国公款吃喝、豪筵盛席，奢靡之风越刮越烈。大吃大喝已成社会常态，因过度吃喝，引起营养过剩或失衡，严重损害了民众健康。各种因吃喝不当引起的"富贵病"进入高发期。

中国的传统饮食文化是农耕社会的饮食文化，吃喝在社会交往中具有十分重要的地位。一切节气时令、红白喜事、迎来送往、欢聚庆祝的社会、民俗活动中，都要宴请吃喝。迈入现代，生活节奏加快，城乡居民都想摆脱炊事，变"做得吃"为上餐馆"买得吃"，已形成新潮流。这几十年来，城乡餐饮业迅速发展。改革开放初期，全国餐饮年营业额为400亿元左右，现在已突破1万亿元，占食品产业总额的50%左右。再者，由于营养科学不被重视，未能发挥对民众的营养指导与监督。在中国是"营养盲"多于"文盲"。有些官员、知识分子从未接受过营养科学知识教育，也不得不跻身"营养盲"之列。

因此，近20年来，中国社会的吃喝风之盛闻名天下。真是"神州处处皆'请吃',华夏天天去'吃请'",而且这种请吃都是豪筵盛席,吃德、吃风、吃相都很不文明,已经到了胡吃乱吃的地步。

这种"大吃大喝"带来的社会后果是相当严重的。据近几次营养调查表明:我国民众营养状况已呈现"双峰并存"的状况。

一方面,在欠发达地区,由于营养知识缺乏,有些农民将富有营养的禽蛋卖掉,去买回麦乳精、果汁或碳酸饮料来喂养孩子,结果是孩子越喂越瘦。据了解,在欠发达地区婴幼儿及儿童的营养不良发生率、贫血、佝偻病等发病率仍较高。

另一方面,在城市和一些经济发展好的农村,由于经济致富,吃喝风很盛。这就导致许多民众营养过剩或失衡。城市人体重超标或肥胖症发生率越来越高。据了解,仅北京市儿童体重超标和"小胖墩"就已超过15%。

由于营养过剩、失衡和过多摄入高脂肪、高热量、高蛋白的"三高"饮食,各种"富贵病",如高血压、糖尿病、脂肪肝、痛风、心脑血管疾病的发病率持续升高。

据2014年编制的《中国心血管疾病报告》称,2010年我国心血管病人已达2.9亿人,每年心血管病死亡人数达350万人,占总死亡人数的40.9%。发病年龄也大大提前,30—40岁中青年发病人数呈逐步增长势头,成为发病人群中的多发群体之一。另据陈竺在《营养治疗可能是治疗慢性疾病的关键》一文中披露:在2010年,我国已有糖尿病患者9 400万,高血压病人1.6亿,血脂异常者1.6亿,肥胖患者1.25亿,体重超标和肥胖病人3.5亿。其他如胆石症、脂肪肝、痛风病人也呈多发态势。而可怕的癌症,近20年间发病率增加了60%,死亡率增加了29.4%。其中尤以肺癌为甚,在过去30年间,肺癌发病率增加了 465%。

陈竺警告：慢性病人占目前就医病人总数的 80%，在今后十年，可能有 8 000 万慢性病人死亡。

这些"富贵病"持续高发，不仅严重损害了民众健康，也大大增加医院医疗工作的负担，现在所有医院都是人满为患，拥挤不堪。据最近报道，现在每年到北京就医的外地人达 2 亿多，平均每天 70 万人，它几乎占用了首都 20 多家三甲医院的主要医疗资源。这些医院本来的医疗任务就已满负荷。每天 70 多万外地病人，他们首当其冲，于是所有医院都处在严重超负荷中运转。一个专家，规定一班看 20 个病人，实际上都要看到 40—50 人。在过于繁重的任务压力下，医务人员疲惫不堪，很难再做到"热情、耐心、细致"。病人花了几天工夫，挂上一个号，看病只有"几分钟"，好多疑虑难解，这就必然导致"医患矛盾"突出的困局。

医院管理专家指出，现在人们都说"看病难、看病贵"，造成这个难以解决的"怪象"，除了医疗资源投入、建设和分配、布局等有缺陷外，"富贵病"病人不断迅猛增长也是一个极重要原因。现在，到医院就诊的病人中，"富贵病"患者约占 50%—70%，这些病诊疗大都疗程长、用药久，许多都需要终身服药。其医疗费用开支远远高于其他一般病种。

国外，仅肥胖症病人每年消耗的医疗费就占医疗费总额的 2%。据此标准推算，我国数亿"富贵病"患者的医疗费用就非常惊人。

因此，因营养过剩、失衡而致病的问题，已是我国不可不重视的严重社会问题。

应对饮食生活安全挑战的思路、重点、难点

从上面的介绍分析，我们可以看到，随着我国经济社会的发展、变化，民众的饮食生活遇到问题、挑战也越来越多。它告诉我们：吃不再是生来就会、随心所欲的本能行为，而是需要接受卫生科学、食品安全科学、营养科学指导的科学行为，它也是需要纳入法治轨道，接受社会管理、指导的社会行为。它也使我们感悟到"病从口入"这个卫生口号的概念内涵也随着民众饮食生活面临的新问题而不断扩充，从最初的饮食卫生演化为需要饮食卫生、饮食安全、饮食营养平衡知识才能防止"病从口入"的新概念内涵。它也使我们认识到：在当今社会，要让民众吃得安全、舒适，有益于民众身体健康，我们要有新思路、新举措、新目标，作出许多新努力！

从上面的介绍分析，我们还可以看到饮食生活安全这个问题，从根本上分析，可以概括为两个方面的问题：一是食物资源和食品的安全，这是奠定饮食生活安全的物质基础；二是通过教育、指导、科学监管，更新饮食文化观念，灌输饮食科学知识，实现民众饮食行为的安全化、科学化和文明化的目标。这是饮食安全的民众自身行为要求。只有食物资源和饮食行为这两方面的状况都得到重视，得到协调发展，民众的饮食安全目标才有实现的可能。

从现实情况看，食物资源安全的工作已得到政府的重视。这些年来，政府已采取了许多措施，作出了不懈努力，先后颁布实施的《食品卫生法》和《食品安全法》，将食物资源和食品安全纳入了法治轨道，建立了政府管理机构，建设了完整的科学研究、监管和执法的体系和队伍。虽然，目前我国食物资源、食品安全方面存在问题仍较多、

形势仍较严峻。但我们坚信,经过长期艰苦努力,食物资源和食品安全的目标定能实现。但是,饮食安全的另一个重要任务是实现民众的饮食行为的安全化、科学化和文明化的目标。这是一个实现民众自身饮食观念更新、提升饮食科学知识水平、养成科学饮食行为的艰苦细致工作,是国家一项重要的软实力建设任务。开展这项工作,不需要巨额资金,但它对我国饮食安全目标的实现却至为关键、至为重要、至为紧迫。但是,这项至为重要的工作在我国目前基本上未开展起来,要做好这项工作的基础又很薄弱,条件差距大,困难不小,具体来说:

第一,我国民众传统的饮食文化观念和习俗根深蒂固,要让他们接受先进饮食文化,更新饮食观念,接受科学饮食知识,养成科学饮食行为,是要付出艰苦努力的。

我国的传统饮食文化观念是封建社会形成的,基本上是农耕经济的文化。其中当然有许多辉煌的饮食文化遗产值得我们继承发掘,但也无需讳言,其中也有许多不合时代的糟粕。孔子就倡导"食不厌精、脍不厌细",为后世奉为饮食的金科玉律。我国的烹饪厨艺以此为训,发明了许多食物加工精细化的厨艺。用现代营养科学审视,食物加工过分精细,会导致营养成分和活性物质的丢失。又如历代都推崇"小锅小灶,自炊自食"饮食方式,现在则叫"大锅的饭,小锅的菜"。此外还有饮食要求猎奇求珍的畸形心理作祟。有的地方竟将人的胎儿作肴,办起胎儿宴、人奶宴。有的人在倡导吃鳄鱼、蝎子、活猴脑,还传播什么"不干不净,吃了没病""感情铁,不怕胃出血"等违反科学的饮食观。这些传承千年的传统饮食观念、习俗在中国人中传承着。要使他们观念更新,树立科学的饮食观念,养成科学的饮食行为,无疑是一场移风易俗的革命，需要社会动员和一套专业的机构和队伍进行深入的、长期宣传教育和具体指导、督促，才能使全体民众逐步树立符合时代要求的、科学的、文明的食德、食风和食行为。

第二，我国的营养科学仍是弱势的科学领域。我国的营养科学起步并不晚。早在19世纪末，随着西方列强入侵中国，开办起了协和、湘雅、华西等医院，这些医院都建立了营养科。1941年，我国就成立了"中国营养学会"。可是，1949年后，营养科学一度被斥为"为资产阶级服务的科学"，中国营养学会被撤销并入中国生理科学学会，从事营养科学的人员积极性受到挫伤，营养科学事业发展陷入滞缓状态。在"文化大革命"中，连中国生理科学学会也被撤销，营养科学更处于销声匿迹状态。直到1981年，才逐渐恢复，但始终未受重视。从1981年以来，我国无独立的营养科学研究机构，只在中国预防医学科学院下与劳动卫生、职业病等合署成立了"劳动卫生与营养研究所"，只有"半"个所几十个人从事营养研究。1982年，他们在有关部门"支援"下，进行了全国营养调查。但是，写出了《全国营养调查报告》上报后，主管部门未予重视，调查得出的我国民众营养状况问题和建议被"束之高阁"。他们也曾研究制定过《中国居民膳食指南》和《居民膳食营养宝塔》，但是，他们没有力量走向民众、走向社会，对餐饮业、公共食堂及居民进行宣传、指导、监管。这些"指南""宝塔"，民众知晓率很低，并未真正成为民众饮食行为的指南，营养学会对社会的影响力很微弱，这同国外情况形成鲜明差距。国外，如日本，在20世纪五六十年代，就有近50万名营养师，他们分布在全国的食品、餐饮企业和公共食堂，承担着营养配餐设计、营养监管，对民众的饮食生活进行有效的营养学干预，使民众饮食始终在科学化的轨道上进行。

第三，我国以往的决策层也不重视饮食行为科学化的问题。新中国成立初期，由于对营养科学有"左"的认识，当时的卫生主管部门，不仅撤销了中国营养学会，在本部机关，也无管理全国营养工作的部门。直到20世纪80年代，才在卫生防疫司下面设立了"食品、学校卫生处"，由"半个处长"主管着13亿人口大国的营养事业。在卫生部门的历史上，很少有把营养工作放上议事日程的记录。

特别是在20世纪90年代，联合国卫生署建议中国能参与实施营养改善行动计划。当时，著名营养促进活动家于若木、权威营养学家沈治平、顾景范等联合呼吁：卫生部能设立一个实施营养改善行动计划的办公室，组织协调推动我国营养改善行动计划实施。以此为发端加强我国营养事业发展。反映这项建议的内参发出后，国务院有关主管负责人已批示给卫生部研究办理，但当时的卫生部主要领导者未采纳这项建议。

由于主管部门忽视并放弃对营养事业发展的领导，使我国的营养事业长期处于滞缓和对民众饮食行为安全化、科学化、文明化难于有所作为的困境，这就大大加深了我国营养指导事业和外国的差距。

其一，在国外已是普遍实施营养法治的时代，我国仍是一个无营养法规的国家。早在20世纪80年代末，我国著名营养文化专家于若木等就曾发出呼吁，国家应通过营养立法来规范民众的饮食行为，但这项重要建议并未引起重视，致使民众有钱无知，胡吃滥吃，引起"富贵病"高发。由于没有制定营养师法，我国的食品、餐饮、公共食堂均无营养师进行营养配制和进行营养管控，厨艺人员又不进行营养配餐知识培训，提供的饮食大多不符合营养平衡的要求，"三高"饮食泛滥。

其二，营养指导事业本质上是一项将营养科学知识向民众宣讲、辅导监督其学会对自己饮食生活进行科学安排实施的事业，是一项群众教育性事业。在营养事业发达国家，民众从学校到社会不断接受营养科学知识教育，民众普遍掌握了饮食行为科学化的知识和技能。但我国无政府部门管理和领导营养知识普及和指导工作的开展，民众中"营养盲"众多，无节制的胡吃滥吃的不科学、不文明的食风严重。

其三，我国尚未建立一支能承担对全国13亿多民众进行营养指导的专业人才队伍。在国外，营养事业获得正常发展的国家都拥有一支稳定的经过专业培训的营养师队伍。日本在20世纪50年代就有近50万营养师从事营养宣传指导监督工作。到21世纪初，他们进一步意识到加强对民众营养科学知识普及教育指导的重要性，又颁布了《食育基本法》，之后日本全国营养师已发展到300万人左右，全国人口每300人中就有一名营养师。在欧洲、美国、印度等，也都有一支能担当民众营养宣传指导的专业队伍。

而在我国，几乎所有食品企业、餐饮企业、公共食堂都无营养师。因为，我国未颁布实施"营养师法"，因而，每年毕业的少量营养专业毕业生，都面临"毕业即失业"的困境，有许多毕业生都被迫改行。目前，我国经过正规培训的营养专业人员仅1万多名，中国营养学会在册会员也只有16 000人，这样少的专业人员能承担起13亿人口大国的营养指导的重任吗？他们只能从事一些营养学方面的一般性研究，没有条件和力量从事一些大课题的深度研究，更无条件开展走向社会和民众进行营养指导的社会性工作。

我国营养事业，目前仍处于"医院临床营养"阶段。我国过去大多数医院都设有营养科，后来，许多新办医院都不设营养科。特别是20世纪90年代，社会上兴起"后勤社会化"之风，许多医院的病员伙食都被社会餐馆或个人承包经营，营养科切断了对病员灶的管理和指导，使医院临床医疗失去了营养支持和辅助治疗的手段。总之，有限的医院临床营养事业也已处于被忽视、被削弱甚至被取消的困境。

在饮食进口方面，我国也缺乏营养监管。以炸鸡、炸薯条和可乐饮料为主的"洋快餐"，在其母国已被斥为"垃圾食品"，可是，它进入中国却长驱直入，毫无阻挡，现在在中国已有5 000多家门店，成为这些快餐公司最大的海外市场和利润源。我国营养学家早就对此表示忧虑，它将会影响我国民众特别是青少年的健康。近十多年，我国青少年中出现了高血压、糖尿病、胆结石、脂肪肝等"富贵病"病例，而且有明显增长之势。其实，其他国家对这种"垃圾食品"引进是有限制规定的。

食育要列为国策，食育是解决饮食生活安全的根本途径

上述情况告诉我们：对饮食安全极为重要的民众饮食行为的安全化、科学化、文明化方面，我们几乎没有开展有效的工作。

民众的饮食行为的安全化、科学化、文明化，在实现饮食安全这个目标中，是占主导的问题，也是决定性的问题。我们必须给予足够的重视，制定必要的政策、法规，采取非常的举措，振兴民众饮食行为安全化、科学化、文明化事业。这项工作，在实现中国梦的伟业中具有非常的重要性、必要性和紧迫性。

一些国家的经验证明，开展这项事业的最重要、最有效的举措是：

对全体民众实行终生的食育教育、指导和监督。

什么是食育？就是对全体民众进行持续的饮食卫生、饮食安全、饮食营养适量平衡的知识和技能教育，使民众树立饮食安全理念，掌握饮食安全化、科学化、文明化的知识技能，养成饮食安全、科学、文明的食德、食知、食风和行为习惯，实现饮食安全，达到改善民众体质，减少疾病，提高民众素质，增强国家软实力的目的。

食育在21世纪被许多国家重视不是偶然的。在某种意义上说，它是人类社会走向现代化的伴生物。20世纪是人类科学技术突飞猛进时期，许多新科技像一把双刃剑，既带给人们新的方便和享受，又隐伏着戕害人类的弊端。人类生存环境不断被污染恶化，食物资源受到污染毒害。由于民众普遍富裕，人们生活奢侈，饮食科学知识贫乏，饮食行为随心所欲。各种省力的器械频频问世，人们的体力活动大大弱化，导致人类代谢功能弱化。各种"富贵病"多发，大大损害了人类健康和生命质量。正是这些弊端，才引起人们对饮食行为科学化的重视。

我国是营养科学事业落后和薄弱的国家。民众饮食基本陷于随心所欲无节制的大吃大喝，乱吃乱喝状态，民众的各种富贵病急剧上升，已成为威胁民众健康的严重的社会问题。我们难道能背起六七亿"富贵病"病人和亚健康民众以及十来亿不懂饮食行为安全化、科学化、文明化的民众的沉重包袱奔向现代化国家目标吗？这是绝对不行的。所以，我们不能再忽视和回避"让民众学会并重视饮食行为安全化、科学化、文明化"这个问题。这是严肃的社会问题，必须采取果断举措制定实施"食育"国策。

关于实施食育国策的建议

如何实施食育国策？业界人士提出了如下建议：

第一，希望国家领导决策层就食育战略问题组织有关专家，对我国民众饮食行为状况、因饮食不当而导致的富贵病发病状况及我国饮食科学和营养科学发展状况等进行全面调查研究。在弄清状况、问题与形势要求的基础上，邀集经济、社会、农业、食业、食学科技、医学、食物营养、卫生、安全、健康宣传、媒体传播等方面专家，就实施食育战略的必要性、重要性、紧迫性、可行性等进行充分研究论证，形成专家共识。然后，再报呈党中央、国务院研究决策，建议将对全民实施食育战略列为国策。

第二，要逐步建立实施食育国策的政府管理体系。食育是涉及全民动员教育、管理的长期性的事业，必须要有政府行为的介入。国外，都在中央政府设立食育委员会，由总理或主席兼任食育委员会的最高首长，由政府各有关部门负责人作为委员会组成人员，对贯彻实施食育国策重大问题进行决策。此外，在省、地、县也要建立相应的厅、局、处单位，负责管理辖地食育国策的实施。

第三，在制定食育国策后，应在全国不同条件的地区，选择若干点，进行食育国策试点。探索实施食育国策的工作方式、方法，从中总结出一套适合我国国情的实施食育国策的工作模式，以免全面推广时走弯路。

第四，食育是一项涉及全民的持久进行的事业，各国都将食育国策实施纳入法治轨道。在食育国策实施成熟后，应逐步研究制定"食育法"，对食育概念进行法律界定，包括食育的性质、任务、目的要求、实施原则；政府及有关部门应承担的任务和职责、民众应尽的义务和责任，对拒绝贯彻实施食育国策及消极抵制、不作为等行为的惩处做出法律规定。

各国经验证明，对全国亿万民众进行持久有效的食育教育和指导，规范民众饮食行为是有一定约束性的社会管理措施。实施法治极有必要，它对我国民众体质与素质的增强与提高国家软实力具有非常重要的意义。

在"食育基本法"制定颁布之前，还应制定我国的"营养法"和"营养师法"，要规范民众的营养摄入的标准，要把民众营养摄入状况列入民众每年的体检项目，发现失常、失衡要采取有效措施进行干预。要将全国食品企业、公共食堂及其他生产供应、营销食品的单位需要配备营养师，作为开业、经营的必备条件。对经营食品的个体户，必须进行营养科学培训，取得经营许可证后方许可经营。

第五，实施食育国策，要从娃娃抓起。把对青少年和大中小学生的饮食行为安全化、科学化、文明化的教育指导放在教育工作突出位置。要把食育内容列入我国的教育方针，认真加以贯彻。长期以来，我们注意了"生命在于运动"的说教，但是，正如营养促进活动家于若木在综合国内外生命科学研究成果后，提出了"生命首先在于营养"的重要论断。她认为营养是生命健康的物质基础，也是"生命在于运动"的物质基础。过去，我们在各级学校设置了体育课，配备了体育教师，而从未重视食育和设置食育课。实践已充分证明：重体育而忽视食育教育的观点是片面的，现在到了坚决纠正这种片面性的时候了。要在从幼儿园到小学、中学、大学都设置食育课，根据不同年龄段学生状况，进行有针对性的食育教学和膳食管理。要配备食育教师。食育教师的任务一是对学生饮食行为进行全面教育和具体指导，二是对学校伙食进行营养配餐指导和营养监督、管理。教育部门、教材建设部门应组织专家编写食育课本，供全国各级学校采用。要把食育教育进行情况，作为考核学校校长工作的指标之一。对于忽视、抵制不执行食育教育方针的学校要进行必要的督促改进，屡教不改且造成不良后果的可应予必要的惩处。

第六，实施食育国策，当前最大的困难就是人才奇缺。这要求我们采取特殊措施培养饮食行为安全化、科学化、文明化的专门人才。我国现有医学院校140多所，其中设有营养学或营养专业的很少，每年培养的营养专业人才只千余人，根本无法适应未来实施食育国策的形势需要。国家应从现在起，就责成全国所有医学院校开办营养学系或营养专业，加紧营养人才培养，以在从"营养师法"颁布后，满足社会需要。目前，一些非医学院校也开设了营养系或营养专业，培养营养人才，应予以扶持鼓励。但必须要他们加强医学基础理论、技术的课程培训。因为营养学是不能离开医学基础的，离不开人体生理的、病理的、医学的支持，千万不能培养只懂营养不懂医学基础知识的营养师。

第七，要大力加强饮食安全化、科学化、文明化科学技术的研究开发。饮食不安全是从传统农耕社会迈向现代化的伴生物。一些现代化先行国家较早意识到食物卫生、食物资源安全和营养摄入平衡对健康和生命安全的极端重要性。从而，他们一方面加强法治和政府管理，规范食物资源生产加工和民众饮食行为。另一方面，也加强对食物安全，饮食行为安全化和科学化、文明化的科学研究，近十多年来，取得了很多重要成果。如对食物成分的分析、研究大大深化，发现了许多食物有对人体有特殊保健价值的成分和活性物质。他们已发现，调整膳食品种结构，可以减缓甚至疗治好"富贵病"或癌症，还发现了许多新的有利于健康的饮食行为方式，对有"富贵病"倾向和亚健康人群及时推出有针对性的饮食行为干预方案，取得了良好的医疗保健效果。

美国著名营养学家柯林·坎贝尔与中国科学家合作，对中国民众饮食与健康问题，进行了20年的调查研究。他们发现：民众多食肉、蛋、奶等食品有害健康，是导致疾病和死亡的重要原因。他们曾经做过实验，有一组对象每天进食20%动物蛋白，另一组进食5%动物蛋白，结果进食20%动物蛋白的无一例外罹患各种疾病，而进食5%动物蛋白的对象无一患病，身体健康。由此他们提出，多食动物食品是疾病和死亡的祸根。为此，他们推出了《中国健康调查报告》和《救命食物》两本著作，推进了人类饮食改革。

中国卫生部原部长、全国人大常委会副委员长陈竺发表了类似观点文章。他在《营养治疗将是慢性病治疗的关键》一文中认为，当前，我国慢性病人急速增多，在求医总人数中有80%的求医者都是慢性病患者，这可能与民众饮食营养过剩或失衡有关。他提出，我国今后所有诊治慢性病人的医生都要掌握营养学，对病人治病要开两个处方，一张是治病药方，一张是营养指导方。他警告说，今后10年，我国将有8 000万人死于慢性病，陈竺所说的慢性病当然包括我们所说的"富贵病"。

我国在这方面，过去未重视，因而饮食安全科学同发达国家有较大差距。现在，如果我国实施食育国策，也必须加快饮食安全科学研究步伐，应考虑成立国家级的饮食安全科学研究院，汇集人才，开展广泛深入的饮食安全科学研究。应该说，我国开展这项研究是有传统饮食文化优势的。我国有传统的"药食同源"理论，已经明确有许多种食物具有医疗保健功效，还发现了有数以万种植物可以成为人们的"野菜"。其中有许多也有医疗保健功效，只是我们对它们医疗功效的原理、有效成分提取研究不够。但这方面研究前景非常看好。早在30年前，我国科学家就从一种蒿草中提取了一种叫"青蒿素"的物质，它对疟疾病有特效。此项发现在国内并未受到重视，只在研究单位给研究者评了一个二等奖，但在30年后，却获得了美国最高医学奖，认为它为人类消灭疟疾作出了重要贡献。

对我国说来，开展食物安全研究重要课题还很多，任务也很重。如我国已有五分之一的农田被污染，如何使它们"恢复健康"？又如，我国过度兴建水力发电大坝，已使我国生态严重破坏。不仅造成了如今严重的水旱灾害，也使许多珍贵的可食动植物物种灭绝。如何医治这个"水电过度开发"后遗症也是一大难题。总之，在饮食安全领域值得我国深入研究的课题非常之多，任务非常艰巨。

第八，我国强大众多的公共传媒，将是贯彻实施食育国策的重要力量。党和政府要号召、鼓励全国各种传统和新媒体，宣传、报道、解读国家出台的有关食育国策的法规、政策、决策部署和实施进展、动向。地方的、涉食的各种媒体、要拨出一定的版面、频道、时段资源深入具体地传播食育知识、技能，使民众深入认识理解实施食育国策的必要性、重要性、紧迫性，自觉投入贯彻执行食育国策的行列，也使媒体成为宣传、指导民众实行食育国策的舆论先导和教育指导的强大的系列平台。

总之，"食育"是人类社会走向现代化征程中，应对饮食安全与营养失衡而导致人类健康危害，而采取的应对之策，先行国家的经验证明这些政策是必要的，也是可行的。现在，我国也正在现代化征程上迅跑，也取得了举世瞩目的伟大成就。但是，我们近几十年来未重视饮食行为安全、科学、文明建设这项重要工作。我国面临的与饮食不科学而带来的危害已相当严重。因此，我作为对食界、医界、农界有三十多年接触的过来人，已痛切地感受到饮食不当的极大危害性，因而写出了这篇文章。文章的观点未必完全正确，论证也未必充分，但拳拳爱国之心是有的。我恳切希望我们的高瞻远瞩的英明决策者、智慧明理的科学家、通情达理的百姓同胞都来重视，思考一下我国制定食育国策这个问题，采取有效、果断举措去拯救已经患有或正在患着"富贵病"的六七亿同胞，使我国13亿同胞从此走上安全、科学、文明的饮食之道，使中华民族成为健康文明的伟大民族立足于世界。如果不是这样，那么，"吃垮中国"的梦呓，不是不会变成可怕的现实！

作者简介

施宝华：新华社高级记者，国内部原主编，原中国新闻学院教授，北京经济社会研究院研究员

仿佛有所思，至今青未了

王　凯

2001年毕业离京前夕在于陆琳校长家中探访时，本打算随校长探望她的姐姐于若木，电话联系后说于若木先生在医院治疗就未去成。2001年晚些时候，于若木、于陆琳两位先生曾来浙江推进营养事业发展，据随行的于老侄孙女于耀华大姐（于道泉先生长孙女）回京后于10月6日的来信告知：那天她们给我打电话就是打不通，后来慈溪市领导来杭州接于老去视察，此行也就未能面晤于若木先生，连同她们带给我的"陈云首日封"也是再带回北京邮寄给我的。这也算是一件憾事。之后陆续收到的消息就是于若木先生为了营养事业累倒了，后来就是令人不忍的先生辞世的消息。时间过得真快，于若木先生离开我们快十年了，世人对于老的敬仰和缅怀却从未停歇。仓促之余，用"先生若木，营养泰斗"作了几句诗，说诗其实是不恰当的，因为文句粗疏，却真实表达我心中对于老的仰止之情。

先贤丹绂家学渊，

生女式穀雅如兰。

若渴求知沐风雨，
木秀于林有晴天。
营营逐逐为护苗，
养生济世康而健。
泰岳巍峨音犹在，
斗转星移又十年。

到 2016 年 2 月 28 日，于若木先生离开我们就有十个年头了。十年间，无数敬重于先生的人们用各种方式回忆、缅怀先生。于若木先生与我虽素未谋面，却神交已久。我是于若木先生胞妹于陆琳的学生，和于陆琳先生交往颇多，多次去总参寓所拜访陆琳校长。陆琳校长对我这个后学也颇多爱护，予以教益，也多提及她在姐姐带领下走上革命道路的人生轨迹。

从和于陆琳校长谈话中知道于氏兄妹共六人，两位兄弟、四个姐妹，其中三妹于若木和四妹于陆琳从幼时相伴，到 1937 年一起从山东奔赴延安参加革命，再到 2006 年 2 月 28 日于若木辞世，两人几乎没有分开过。即使离休后所从事的营业事业和教育事业也是相携相伴、共同扶持。缅怀于若木先生，我更愿意回顾先生不同凡响的人生历程，体会先生坚韧内敛的高贵品质，似乎沉浸在历史之中就能获得更多的精神共鸣以砥砺后人前行。

家有渊源

于若木先生，本名于式毂，又名于陆华，生长在一个具有深厚传统文化氛围和爱国进步思想的书香门第,出生于山东济南,籍贯山东淄博。父亲于丹绂(字明信)是清末最后一届举人,早年就读于日本著名的早稻田大学,是官派留日学生总监。他思想开明,在日本时就加入了孙中山创办的兴中会,回国后不满腐败现状,弃官办学,是山东教育界的老前辈,与鞠思敏、范明枢、王祝晨一同被誉为山东四大教育家。他的言传身教给他的子女们打下了坚实的国学基础和人格基石。

长兄于道泉先生素有"语言奇才"的美誉,精通十三种语言,游学欧洲十余年,是中国藏学界泰斗。他是时下流行的《第六代达赖喇嘛仓央嘉措情歌》的首译者。于道泉早年加入中国共产党,是著名作家萧乾的入党介绍人。胡适先生对道泉先生的评语是"天才往往都有些怪脾气",季羡林先生评论他的道泉老友"是一个有天才的人,学富五车,满腹经纶,根本不知道名利二字……于道泉先生是我们的楷模"。

二哥于道源留学日本,后考入燕京大学国文系,后又转入北京大学国文系,是"左联"成员。于道源到延安参加革命后,又去沂蒙山区打游击,担任《大众日报》编辑,不幸的是在解放战争中牺牲。于陆琳先生讲过,中华人民共和国成立后她和姐姐于若木到山东多次打听二哥牺牲情况,但终未获果。

大姐于式玉曾先后就读于日本早稻田音乐学院及奈良女子高等师范,她的先生李安宅教授是我国社会学的奠基人之一,新中国成立前是燕京大学社会学系主任。1950年十八军进藏,贺龙元帅向军长张国华、政委谭冠三推荐了李安宅、于式玉教授夫妇。李安宅、于式玉夫妇创办了颇负盛名的昌都小学(现名昌都实验小学)和拉萨小学。毛泽东同志在与十世班禅谈话时曾说:"我们人民解放军进了西藏,给西藏人民做的事情不多,修通两条公路,办了两个小学……"毛主席把修路和办小学并提,足见这几所小学的重要性。

陆琳校长曾和我聊到有次她遇到雷洁琼先生,雷洁琼先生就对她赞叹于式玉先生的语言天赋——雷洁琼先生和于式玉先生一起赴内蒙古搞社会调研,于式玉先生在极短的时间就初步掌握了蒙古语,让同行的雷洁琼先生惊讶不已。

二姐于式金留学日本,长期在北京扶轮中学执教,二姐夫朱景梓教授曾任山西工学院副院长。

四妹于式坤(后改名于陆琳),钟赤兵夫人。1937年随着三姐于陆华奔赴革命圣地延安参加革命。中华人民共和国成立后创办了北海幼儿园得到周恩来总理的高度赞扬,这所幼儿园出了许多共和国的部长。于陆琳留学苏联,回国后先后在北京师范大学、国防工委、军事学院工作。离休后与聂真、范若愚、刘达、张友渔等一起创办了中国第一所民办大学。后来和姐姐于若木一起致力于中国营养事业,特别是学生营养事业的开拓。

于若木在姐妹中排行老三,很受二哥于道源的喜爱,她也由此深受二哥的影响,很早就在二哥的指引下阅读一些进步文学作品,她本人也流露出进步思想。这引起了她的语文老师中共地下党员周小舟的注意。于若木从山东女子学校考到北平市立女子一中(现名161中学)求学时,改名于陆华,住在大哥于道泉在北平的家中。周小舟将于陆华的进步情况介绍给当时负责女一中地下党组织的郭明秋(林枫夫人),郭明秋同志予以了特别的关心和引导,于陆华在女一中受到地下党组织的考察和锻炼。在参与并经受一二·九运动的考验和磨砺后,于陆华加入了共青团组织，并在 1936 年 9 月加入中国共产党。

女一中培养了许多世人熟知的历史人物，于陆华在女一中的同学里就有著名的电影演员张瑞芳、邓小平夫人卓琳等。由于住在大哥家，有着固定的住所，于陆华具备当时很多地下党同志所不具备的家庭条件。所以在那个特殊的年代，在那场特殊的斗争中，她一直担当着地下党交通站的工作。在血与火的考验中，于陆华逐步成长，她的革命思想越发成熟，她的革命追求越发坚定。

1937 年根据党组织的安排，于陆华和妹妹于陆琳来到解放区延安，并被分配到成仿吾担任校长的陕北公学学习。到延安后，为了保护在国统区的亲人，她取《楚辞·离骚》中"折若木以拂日兮，聊逍遥以相羊"里"若木"一词，改名为于若木。而陈云同志在婚后为和其他人区分对于若木的称呼，则是称呼"陆华"这一旧名。

忠贞勤勉

于若木到延安后，勤奋学习、努力工作、追求进步。当时，刚从苏联回国的陈云同志身体虚弱、经常流鼻血，中央为了照顾陈云同志，决定在陕公选派合适的学员作为看护员去照顾他。最终选择了历史清白、政治可靠、性格温和的于若木前往，也得益于在北平女一中曾经学习过简单的军事护理知识，于若木很快就胜任了这个工作。

经过一段时间的接触和了解，陈云很欣赏于若木的本分朴实，于若木也很崇拜陈云的政治坚定、处事老练，两人互相倾慕很快确定了恋爱关系并最终建立家庭。邓小平在获悉情况后还写了一首打油诗相赠陈云：千里姻缘一线牵，鼻痛带来美姻缘，中山政策女秘书，先生路线看护员。

于若木婚后在学习上更加严格要求自己，刻苦努力以求进步来尽可能减少和丈夫陈云在政治上、能力上、地位上的悬殊差异。陈云也积极帮助她，晚上在窑洞里经常给于若木讲大革命年代的斗争严峻性。于是，陈云在婚房给于若木上党课的故事在延安一时传为美谈。

成家后的于若木充分扮演起贤内助角色。在物资极其紧张的年代，为了当好家、照顾好陈云同志，她是想尽一切办法，帮助陈云同志管好家庭的"大后方"。廖承志同志送给陈云同志六双棉线袜子，为了珍惜使用这战争年代难得的物件，于若木善于向在延安的老革命、老红军学习，把新袜子袜底中间开一条缝，袜底上翻，再上一个棉布的袜底，每当袜底磨损时她就拆除旧布袜底再上一个新布袜底。就这样，六双袜子穿了抗战八年，一点没有问题。那个时候，陈云同志这个级别的干部，中央每年发一套棉袄，发的棉袄往往内衬的棉花絮的不匀，厚薄不均。于若木就开动脑筋，把棉袄拆了，自己重新絮一遍，把后背等容易着凉的部位加厚棉花，缝制时线再纫的密一些，使保温更好些。陈云同志穿了妻子特制的棉袄之后，虚弱、易患感冒的身体从此很少再感冒。从此以后，六双袜子和一件棉袄的故事在延安又成为一个动人的典故。我想这棉线纫的不仅是一名妻子对丈夫相濡以沫的深情厚谊，更缝制进了那个年代两人艰难困苦却又甜蜜充实的岁月情怀。

于若木在照顾好陈云同志以外，还切实担当起照顾好妹妹于陆琳的责任。在革命老人任均（冯友兰妻妹，孙维世六姨）口述的《我这九十年中》中就可以充分感受到于若木对于陆琳的爱。

任均回忆：1941年春，毛主席请延安鲁艺的京剧骨干去他家做客，让江青找于陆琳这位"名票"。于陆琳又找任均她们，去了阿甲、王一达等十来个同志。毛主席对人客气，双手递烟，历史、艺术、京剧，什么都聊，还请同志们吃大米饭。任均提及由于大米饭在延安是很少见的东西，因此印象深刻。任均和于陆琳都喜欢京剧。两人都有一个举人父亲，两位父亲又是同年中举。于家是兄妹六人，任家是姐妹六人，两人又都是家里老幺。任均本名任平坤，于陆琳本名于式坤，都带"坤"字。于陆琳有陈云这个老革命的姐夫，任均也有老革命的姐夫孙炳文（孙维世父亲，被国民党杀害）。两人感觉特别投缘，越处越好，成了无话不谈的密友。鲁艺准备成立平剧院时，有"延安梅兰芳"之称的任均想邀请于陆琳到剧团来工作，于陆琳表示自己愿意但得问问姐姐意见。时任院长康生就去找于若木谈调于陆琳来剧团的事情。于若木经过慎重考虑最终没有同意于陆琳去做戏剧工作，于陆琳也就没能去成剧团。当时康生还曾笑言："于若木于若木，真是块木头。"

　　于若木作为陈云家庭的大管家，对子女教育上是也言传身教，要求非常严格。陈云同志长女陈伟力在回忆时就说到，母亲自己从不以首长夫人自居，要求她们从小就学会独立，自己干家务，不依靠他人，自己学做菜、学蒸馒头，上了初中要自己学会扎衣服等。陈家孙辈的衣服也都是大的穿了给小的。朴实家风得以传承延续。

　　于若木在工作和生活中也是学习丈夫陈云，以普通人自居，待人接物平易近人、简单朴素。1949年后她在中财委、中科院植物园等单位上班，从来都是自己骑自行车上下班，不搭公车。兴建十三陵水库时，也都是按照普通劳动者要求，自己去十三陵参加劳动，坚持了一个月。她骑车在长安街时，被一个小伙子撞了，强忍疼痛蹬车回到家，还不肯休息。后来在妹妹于陆琳的坚持下去看了一位骨科老大夫，才发现是骨折了……

为霞满天

我记得陆琳校长讲过，于若木先生在北平读书时就接触过家政学科，所以她对营养事业予以关注和潜心研究是有起源的。事实上，于若木先生关注营养很早。早在新中国成立初期，她就要求家中厨师注意营养搭配、不能失衡，注重荤素搭配，主张多吃杂粮。她经常向家人及厨师宣传营养知识并建议中南海的厨师学习营养知识。在三年自然灾害时期，很多干部群众都得了浮肿病。于若木先生通过请教专家，得知得病的主要原因是缺少蛋白质，每个成年人每天吃 2 两黄豆就能预防发生浮肿病。她立即将这个情况向陈云同志作了报告，陈云同志很重视这一情况，马上要东北调黄豆进关，支援中央。这个建议让困难时期的许多群众的健康状况得以改善，其中就包含着于若木先生的一份功劳。

毛主席很重视调查研究，说过"没有调查就没有发言权"这样著名的论断。在此方面，陈云和毛主席非常相似，他也非常重视调查研究。他认为："我们应该用百分之九十以上的时间去弄清情况，用不到百分之十的时间来决定政策。"陈云同志非常擅长搞调查研究，不仅通过会议座谈这样正式的渠道调研，还通过身边的熟人、朋友建立自己的信息渠道。他为"统销统购"政策的实施在家乡上海青浦小蒸公社搞的调研就是如此。因为环境熟悉，群众也敢讲话，所以得出事实真相更有把握。陈云同志在大豆问题上同样如此，没有因为于若木是基层干部而认为"人微言轻"，经过研究后，认为正确，照样采纳。

1983 年，于若木先生在《红旗》杂志上发表了《营养——关系人民体质的大事》的文章，正式开启她为此倾注后半生全部心血的营养促进事业。

在接下来的 20 多年间，于若木先生秉承"位卑未敢忘忧国"的高贵品质，不顾家人的劝慰，放弃乐享天伦的晚年生活，把关乎民族根本、民生基础的"营养事业"作为自己的奋斗事业，团结了一大批具有远见卓识的教育专家、卫生专家、行政管理专家一起干事业、一起作奉献。这其中的佼佼者有于陆琳、施承斌（已故，原卫生部主任医师）、邓书读（公卫主任医师）、高影君（于陆琳的学生，北京师范大学副研究员）等。其中，邓书读老人自安徽蚌埠《中国学校卫生》杂志退休后，在于老邀请下离家赴京筹办行业促进组织和介绍营养学知识的报纸。在推动于若木营养文化事业中作出重大贡献的有两位，一位是新华社高级记者施宝华，他曾数次在于老的支持下以新华社通稿的形式发表重要文章，对社会各界尤其是高层震动很大。另一位是卫生部卫生监督司原外长朱培赋，她曾在于老支持下，与国务院有关同志，一起制定了几个年代的国家食物与营养发展战略。

于若木先生凭借她丰富的阅历和深厚的学养，通过团结各界人士，依靠这些专家为主搭建的工作班底，把改善人民营养特别是青少年儿童营养作为自己晚年的奋斗目标，办成了一系列大事。

1984 年，在她的指导下中国营养学会成立，并在浙江省杭州市开启深入中小学校调研、试点改善学生营养活动。1986 年 10 月，她倡议并主持了在安徽省蚌埠市举行了全国"首届学生营养与课间加餐研讨会"。1986 年 12 月，她积极支持新华社记者施宝华采写了《营养指导——一项待拟的国策》，在国家媒体上发表，吹响冲锋号角。1987 年，她主持在杭州召开了"学生营养现场观摩会"。1989 年，她创建了"中国学生营养促进会"。1989 年元月，她亲笔给各省、市领导同志写信，恳请政府重点关注学生营养工作。1990年她和她所领导的团队制定了学生营养远期发展目标和近期工作计划，冠名为"护苗工程"，并倡议每年5月20日为中国学生营养日。从1990年举行首届"5·20中国学生营养日"起，习仲勋、万里等25位副国级以上中央领导同志应邀分别参加历届的宣传活动，为各级政府树立了关怀与支持学生营养工作的榜样，促进了全国学生营养促进工作的发展。李铁映同志被于若木先生的奋斗精神所感动，积极支持"护苗工程"的实施与《中国学生营养报》的公开发行。

于若木先生利用中央主要领导同志每年春节看望老同志的机会，向他们积极建言，宣讲营养的重要性、必要性与紧迫性，推动把营养工作列入政府的工作日程。于老的努力没有白费。1999年春节，江泽民、朱镕基等中央领导同志看望她时，充分肯定她在学校建立营养餐制度的建议，立即要求北京市带头发展学生营养餐，北京学生营养事业蓬勃发展，北京学生营养餐企业像雨后春笋般应时蓬勃。国务院领导同志接受了她的实施"大豆行动计划"的建议，拨专款在东北三省扩大学生豆奶试点。杭州市副市长陈端接受了于老要她"必须把学生营养搞好"的建议，亲自指导我国第一个学生营养午餐试点，并推广到全市。北京市副市长林文漪积极推广营养午餐，使北京市营养事业在原来的基础上再获发展。上海市的学生营养事业也在时任副市长谢丽娟的关心和支持下稳步发展。

在于若木先生的奔走呼吁下，各地的学生营养工作都能得到一位当地政府的分管领导同志亲自过问，一时间，使得中国学生营养事业呈现出崭新的发展局面。

这20年间，由于于老的奔走呼吁，亲身站台支持，营养事业从

"小资"到民生大事得到前所未有的重视。营养界也普遍认为于若木这20多年主导改善营养尤其是学生营养的探索,加快了我国营养事业特别是学生营养事业的发展,取得丰硕成果,是我国营养事业发展史上最为辉煌的时期。于老功绩至伟。

我在于若木营养观上的获益,就是于陆琳校长赠与的于若木先生编撰的《循经取穴胶布疗法》一书。于老用亲身实践,总结出一套简单便利、确有奇效的保健办法。我自己就试用了书中许多办法,很有收益。这个"循经取穴胶布疗法"最大的意义在于使经济收入不高的群体在应对生活常见病诊时有了一个经济实用、简单便利的法子,对于自我保健也大有好处。

广大青年学生、普通群众受益于于若木先生推动的营养事业,我们在缅怀于若木先生时就应该传承于若木营养观,高举于若木这面营养事业的旗帜,全社会重视营养特别是青少年儿童营养事业。因为只有儿童发育健壮,成人才能精力充沛,老人才能健康长寿。在社会经济迅速发展的今天,营养指导显得尤为重要。

转眼,于老离开大家十个年头了。我却似乎感到于老并没有走远,她只是静静地站在一边,微驼的身影一如既往地低着头,"仿佛有所思,至今青未了"。

作者简介

王　凯:浙江万达旅游集团有限公司办公室主任,于陆琳学生,学生时代在于陆琳同志的影响下加入中国共产党

[纪录片文本]

题记：
　　我出来参加革命，就是希望为这个社会作出贡献。

——于若木

上善若水　大爱若木
——怀念于若木同志

上　篇
领袖夫人——
勉力共赴家国事　一路风雨一路情

　　这是一位87岁老人留给世界的最后影像。她曾经走过波澜起伏的人生历程，留给了人们无数鲜活的记忆。这位出身教育世家的女子，一生不避风雨，勉力向前，为爱倾情，为国执着。晚年更是为民族营养事业呕心沥血、无私奉献、艰辛探索。

　　她把一生献给了自己深爱着的祖国和孩子，同时也无怨无悔地深爱着自己的丈夫——忠于党和人民的革命家陈云同志。虽然陈云同志体质较弱，但却有90高寿，这与于若木无微不至的照顾是分不开的。在58年的耳濡目染之下，陈云同志谈起养身之道也颇有心得。

陈云同期声：

吃得少一点，吃饭留三口，饭后百步走，讨个老婆丑，活到九十九。

陈云说话风趣，引得大家都笑了，不过大家的笑声表明一点，他们不认同陈云有一个丑老婆，因为于若木可是一位长相端庄秀气的老太太，而她年轻时也是一个漂亮秀丽的姑娘。

于若木原名于陆华，生于1919年，祖籍山东淄博临淄区葛家庄。其父于明信是我国第一批留日学生，是孔孟故乡近代教育的奠基人之一。

于若木1927年在济南就读，1933年转到北平求学。受到爱国进步思想的熏陶，她于读书期间参加了一二·九学生运动。1936年初，她加入了中国共产主义青年团。同年9月，又加入中国共产党。1937年，这位温婉清丽的大家闺秀毅然决定和妹妹一起奔赴延安，时年仅18岁。

在延安，遵循革命队伍的保密原则，同时为了使生活在国统区的家人亲友免受牵连，于陆华正式改名为于若木，名字出自从小听父亲为她讲解的《楚辞》："折若木以拂日兮，聊逍遥以相羊。"

于若木　陈云同志夫人

那天我就到中央组织部报到，因为我是带了中央的组织介绍信到延安的，所以呢我的历史清白，一直都说我的，组织上都认为我历史清楚，也是历史清白，后来呢，组织就分配我到陕北公学学习。

选择来到延安，于若木就是选择了自己的人生道路，而命运也在这里为她安排了涓滴一生的诚挚爱情与婚姻。

于若木　陈云同志夫人

十二月间，十二月初，那时候一个盛大的欢迎会，这个场面也是很大的，那些领导人呢，像毛主席、朱总啊，反正几个领导同志吧，可能还有张闻天同志等等，他们都在那个桌子上站着，或者是桌子上再放椅子，被欢迎的呢，就是王明、康生、陈云同志，那个场面呢非常激动人心。

想起和陈云第一次近在咫尺的见面，回忆起延安年代的一幕幕，于若木至今仍然激动不已，难以自持。

于若木　陈云同志夫人

有一天晚上召开一个党员会，我们正在开会的时候（陈云来了）。

1937年年底，因过度劳累。陈云习惯性流鼻血的老毛病又复发了，致使他不得不处于半工作半病休的状态。中共中央组织部决定在陕北公学挑选一位女学员去担任首长的护理员。经过组织上严格的筛选，他们找到了最合适的护理人选——于若木。

于若木　陈云同志夫人

我想选我呢，是有道理的，因为首先我是党员，还有呢，看了我的历史清楚，看了我的表现呢比较好，大概有那么几个条件吧。

对初到陈云身边的日子，于若木是这样回忆的："我去后，只是给他按时往鼻子里滴滴药水。因为医生要求他静养，所以便常和我聊聊天，有时还让我唱革命歌曲。相处久了，彼此便自然而然地产生了感情，关系逐渐密切起来。"

于若木　陈云同志夫人

后来他说，我看你这个人呢很老实、很本分、很朴实，他说他自己也是老实人，你愿意跟我做朋友吗？我说我当然愿意了。

不久，于若木的二哥于道源也来到延安。陈云将他作为于家代表，郑重地提出了和于若木恋爱结婚的请求。于道源对陈云印象甚佳，欣然同意了他们的婚事。

后来,于若木在给旅居英国伦敦的大哥于道泉的信中写道:"虽然他大了我14岁,但是我对自己的婚姻很满意。"

不久,邓小平从太行山回到延安,当他听说这桩婚事,立刻挥笔写下了一首打油诗,以纪念二人相知相恋的过程。"千里姻缘一线牵,鼻痛带来美姻缘。中山政策女秘书,先生路线看护员。——邓小平"

延安的生活虽然艰苦,但还是安定的。尤其是长女陈伟力和长子陈元的出生,给这个家庭带来了更多的欢乐。

从此,陈云和于若木携手相伴漫漫人生长路。无论是战争年代还是和平岁月,无论是顺境还是逆境,他们相濡以沫、患难与共。

陈伟力　陈云同志长女

我母亲呢,一生都是以照顾我父亲为主,她在家里头呢,也是一直都强调爸爸(陈云)的需求是第一位,他(陈云)要怎么样,我们大家都为这个让路。

陈方　陈云同志次子

她说:你爸爸说了,他是搞经济工作的,是吧。他要管好咱们国家这个大家,说咱们这个小家,陈云(父亲)对于若木(母亲)说,咱们这个小家就你管,你就把咱们这个小家管好。说我管,我呢为这个大家(国家)多做事情。

姜仕亮　陈云同志生前秘书

不管是首长的什么事,她都时时刻刻放在心上,特别是首长生活方面、饮食方面,她都亲自过问;首长吃的每道菜,每样东西,她都精心地去布置、去研究;这个几十年如一日,包括首长穿的衣服，缝缝补补，她都亲自去做。于老真是首长家里一位好的后勤部长。

爱妻与子女成就了陈云这位革命家温馨的家庭和人生的大后方，于若木不仅视他为丈夫，更待他如师长、战友、同志，倾其一生敬重他、守候他，更是无微不至地照顾他，一如二人初识时那个小小的看护员。

中　篇
慈爱母亲——
高格清韵塑儿女　低调坦荡走人生

中华人民共和国成立后，陈云主持全国财政经济工作，成为中国社会主义经济建设的重要开创者和奠基人。

在这块功勋章的背后，是于若木几十年如一日的默默付出与鼎力支持。她与陈云一生共育有5名子女，几乎独自承担了全部对孩子们悉心照料、教诲成人的责任。儿女们出生在高级干部家庭，于若木却不允许他们有任何特殊化，这份母爱伟大而深沉，充满脉脉温情，却又严肃刚正。

陈伟华　陈云同志次女

母亲还教我织毛衣，这件毛衣呢，是我妈妈手把手教我的，教我织的唯一（一件毛衣），我长这么大自己织过一件毛衣。

陈方　陈云同志次子

上了幼儿园还是快到上小学的时候，有一天（母亲）就突然跟我说，你要学会自己洗衣服。其实那会儿我们家有一个保姆，但是就是这种情况下，那会儿还没有洗衣机，所以我妈妈开始就让我们自己洗衣服。

慈母的点滴教育理念，都来自她自己在生活和工作中的以身作则。除了一名好妻子、好母亲，于若木更是陈云多年来最亲密的战友与同志。从延安到东北，从抗战到建国，她形影不离支持陈云的工作，却从未借身份之便为自己谋取一丝福利。

陈元　陈云同志长子

我父亲一直说，公家的车不能坐，所以我们出门都是骑自行车。我母亲也是。

朱佳木　陈云同志生前秘书

在解放初期，（陈云同志是）中财委主任的时候，那个时候她也在中财委工作，本来完全可以搭乘陈云同志的车到中财委上班，但是陈云同志走陈云的，她自己骑自行车上班。

20世纪50年代，全国掀起建设浪潮。北京兴修十三陵水库时，工地施工十分艰辛，并不适合女性劳作，然而身为国家工作人员的于若木没有因为陈云的位高权重而自恃。每次到十三陵水库义务劳动的日子，她总是积极响应在最前端，不等天亮就起床，与同事们一起，蹬着自行车骑上整整四个小时的路程准时到达工地，并且一干就是一个多月。

朱佳木　陈云同志生前秘书

作为一个高级领导人的夫人，我感觉到她确实是一个表率。就是她从不干预陈云同志的政务，也从不利用陈云同志的地位。于若木同志她非常低调，不愿意出头露面。总的印象啊，是一位非常慈祥的，非常和蔼的，我觉得也是一个很热情的这样一位老妈妈。

1964年12月，于若木调中国科学院植物研究所。不久到该所下属的香山植物园工作，任党总支书记。

杨美容　中科院植物所研究员

她跟我们组里面每一个人，不管是工人还是知识分子，大家都叫她于大姐。对于我们每一个人她都很关心。不管是谁，她主动给人家小孩订牛奶。

张治明　中科院植物所研究员

她给我的印象啊，于若木同志对人确实非常地热情，可以说热情如火，你有什么困难有什么事情，你找到她，她绝对是能帮忙的就帮忙。

于若木的和善待人、严于律己不仅是发自内心的高尚个人情操与修养，更有对陈云及整个家庭名誉的爱护和守卫，这份在她心中从未动摇过的高贵品德，甚至在陈云去世后也依然坚守。

陈伟兰　陈云同志三女儿

我爸爸去世大概没有一个礼拜，她就开始参加营养界这个会，就是在遗体告别的那一天，她在营养界有个会，她就跟人家说这个礼拜我不能参加。她就说你们要原谅我，因为有这么大的一个事情。因为按理说我父亲去世，对她是一个很大的打击。但她都能够很快（恢复），我记不清了，好像是在一个礼拜内，她就去参加营养界的会了。她没有躺在我父亲政治的光环下。

作为一名领袖夫人，于若木终其一生守护家庭、照顾子女，是陈云最忠诚的人生伴侣与贤内助。但如果只将她定义为一位贤惠的妻子、慈爱的母亲，却未免太过保守，于若木的光芒与价值，将在更大的人生舞台上熠熠生辉。

下 篇
营养学家——
双手扶持千木茂　慈怀灌注万花稠

中国改革开放后，人民生活水平得到了极大提高，但营养事业，这项对民族振兴极为重要的事业在我国却是极其落后。

长年对家庭的悉心照料，使得于若木积累了许多宝贵的营养学知识，也因此在本该颐养天年的晚年对此萌生了浓厚的兴趣与热情，她决心投入这项亟待振兴的重要事业。

于若木学习英语的同期声

Bond 黏合剂　纤维素 Cellulose

1983 年，于若木撰写了第一篇营养学论文《营养——关系人民体质的大事》，并发表在当年的《红旗》杂志上。文章一经发表，立刻在社会上引起了强烈反响。并被评为 1979—1983 年《红旗》杂志优秀理论文章。营养学界看了这篇文章后十分兴奋，于若木的加入无疑为他们鼓舞了士气，增强了信心。

陈高钦　中央宣传部老干部

1983 年，她送我这篇文章。然后呢，我在《红旗》杂志社给她发表，发表该文我是学了 5 遍，从头到尾学了 5 遍，下了功夫了。首先呢，在文字上做了一些必要的修饰，然后呢，改完以后，我就送给了总编辑，叫作王忍之。最后批给我，他说发表，我就发表了。发表以后，在国内外，影响极大。

蒋建平　国家食物营养咨询委员会副主任

这是一个标志，这是于老对我们营养学的一个很重要的一个贡献，具有里程碑的意义。

于若木在文中指出，中国营养事业落后，一个最突出的标志就是民众营养意识淡薄。因此，向民众宣传普及营养知识是推进我国营养事业发展最快的举措。

1986年12月25日，《健康报》头版发表了新华社高级记者施宝华专访于若木的长篇文章《营养指导：一项待拟的国策》。这篇文章第一次把营养指导上升到国家政策的高度，在营养学界产生了极大的反响。

施宝华　新华社高级记者

这篇文章主要谈中国营养事业的发展问题，她一方面就是指出当前我们这个国家现在营养事业没有得到发展，另一方面要求我们要重视对营养事业的发展。这个稿子开始在《健康报》上登出来以后，中国营养界就反响非常强烈。

于若木最喜欢的一句话是"人类应当把她拥有的最好的东西给予儿童"。因此她大声疾呼："对学生全面负责就是对民族未来负责，对儿童教育和健康的投资，是最重要的投资。"

改革开放初期，中国双职工多，脖子上挂钥匙的孩子多，为了解决"挂钥匙"孩子的吃饭问题，于若木提出要大力推广学生营养午餐，并把杭州作为开展学生营养工作的试点。

陈端　杭州市副市长

于老要下决心在杭州做她的学生营养工作的实验品，那这个对杭州来讲，是一个机遇啦，也是个挑战。

叶炳泉　杭州市学生营养午餐中心董事长

于老到杭州就问我们，杭州的学生营养状况怎么样啊？那我们市里领导就到杭州向于老汇报。我们汇报了我们乳品厂现在正在开发这样一个营养食品。于老很感兴趣，说这是做了一件好事。

朱俐娟　杭州市防疫站工作人员

于老不但关心学生的健康，还为我们着想，当时学生营养促进会成立的时候，没有经费。单位比较穷。那么她就去找青春宝的老总冯根生。她要了1万块钱给我们学生营养促进会开展工作。

1989年1月15日，中国学生营养促进会在北京人民大会堂召开成立大会，于若木出任会长。

于若木　陈云同志夫人

我是一个叫学生营养促进会的会长，开始是会长，后来是名誉会长。我是这个学生营养促进会的创始人、倡导者。所以开始是我亲自抓，成立的一个学生营养促进会，主要是向青少年宣传营养知识，开展学生营养午餐，推动学生营养奶、学生豆奶工作。

于若木不仅关心学生营养问题，对于制作学生营养食品的公司更是大力支持，甚至自掏腰包予以物力财力的支持，帮助解决实际困难。

裴玉秀　北京御秀营养配餐研究院院长

大豆行动计划，不是有一个豆浆机吗？豆乳机。于老一下子弄了10台，她不是找人家要的，她是自己花钱买的，她都捐给了学校。

丁静　北京润生集团董事长

当时做营养计算的时候，我们连电脑都没有，总是找别人，求爹爹拜奶奶，找这个找那个人去给我们算算代量。于老给了这笔钱以后呢，我当时非常感动，我觉得她对我的鼓励是很大的。为了她一心为国家的精神，深深地影响了我，所以我坚持能够走到今天。

20世纪90年代，中国孩子们的营养水平虽然有了很大的提高，但是仍然存在有相当多的学生营养不良、营养素摄入不足的严重问题。针对这些问题，于若木相继提出了"大豆行动计划""学生营养午餐"以及"护苗系统工程"，以改善中国儿童的体质。

朱佳木　陈云同志生前秘书

于若木同志她特别关注的是青少年的营养问题。我经常听她说"一杯牛奶强壮一个民族"。就是她提倡，我们中小学生每一天起码应该喝一杯牛奶，就是由政府以及家长大家合作，共同来解决这个问题。

王峰　于若木同志生前工作人员

（于老）还到社会上募集一些资金，还有一些企业家、志愿做公益事业的一些人士，到山区去给学校捐豆奶机，让每个孩子能够在中午喝到一杯豆奶，来解决学生地方病，一些营养不良的问题。老人家这么多年从来没有停止过这方面的工作。

柴魏中　北京大学教授

正因为于老对中国营养事业在国家层面的推动，才有了今天学生的营养配餐的工作进展，她在学生营养供餐中，提倡豆和奶等营养食品的意义，从而推动了中国营养产业的发展。

1999年春节，江泽民总书记、朱镕基总理专程前来看望于若木，关心她的身体健康，而她却趁机向党和国家的最高领导人说起了推广和普及学生营养午餐和营养奶的问题。

陈伟力　陈云同志长女

（她说）我要把学生营养午餐这个事情推广，要一直坚持下去。后来关注到学生身上去了，关注度就集中在学生营养上了，因为这个是关系到未来的，是一个更重要的国家战略问题。所以那个时候，在江泽民同志来给她拜年的时候，我就配合她讲了这个问题，讲了为什么要提学生营养午餐的原因。

邓书读　《中国学校卫生》杂志原常务副总编

说过以后，这几个领导很重视。江泽民走了以后，马上就打电话给当时的北京市委书记贾庆林，说学生营养餐你们一定要搞，要在全国做表率。

裴玉秀　北京御秀营养配餐研究院院长

这可以说是于老带领老一辈营养学家开拓的一个事业，也是一个民族复兴的梦，因为只有学生营养餐做好了，让孩子们吃健康了，民族才健康，民族才兴旺。

此后，许多城市纷纷响应江泽民总书记的号召，制定计划，采取措施，掀起了开展学生营养午餐、学生奶、学生豆奶工作的高潮。

于若木不仅关心着青少年的营养发展，还格外关注微量元素对身体健康的研究。

程良斌　紫阳县高级农艺师

她这个人非常认真。当时区县的一个同志，也考虑得非常周全。当时就请于老给我们题个字。于老早就考虑好了，把题词就题了："开发富硒紫阳茶，为全国人民健康服务，是紫阳县义不容辞的责任"。当时我们感到非常振奋，把紫阳茶和全国人民健康联系起来了。

正是有了于若木坚持不懈的推动，中国微量元素的开发取得了快速的发展。因此，她还被选为中国微量元素与健康学会理事长、中国微量元素科学研究会会长。

孙树侠　中国保健协会食物营养与安全专业委员会会长

我们这个硒的开发上，是凡开会她都去，因为那个湖北的陈丕显啊、陈锡联啊这些所有的老领导都帮恩施自治州开展硒产品的开发。

所以我们那时候搞硒搞得非常热闹，就是当时老一辈啊都出来。

孔祥瑞　中国微量元素之父

如果要是她不站在高屋建瓴的，有那么大的胸怀，有那么大的远见的话，我觉得微量元素发展不会这么快。（于若木）起了一个舵手的作用。

于若木在临终前仍然关注着我国营养事业的发展。2006年2月8日，人大副委员长韩启德、国家公众营养中心主任于小冬和孙树侠一起看望于若木。她仍然关心着她的事业。

2006年2月28日，走过八十七年人生旅程的于若木，在北京医院安详地与世长辞。

在近七十年的革命生涯中，于若木对共产主义事业忠贞不渝。她早年参加革命工作，历尽艰辛，饱经风霜，磨砺出坚定的革命事业心和政治责任感，晚年更是燃烧了自己，成为中国营养保健事业的开拓者。她知识渊博，学风严谨，造诣深厚，以自身渊博的知识和科学的胆识，给现实和未来以深远的启迪。她更用自己的爱与关怀，展现了一位老革命家心系民族未来的高风亮节，成为了我国营养学的开拓者和营养事业的一面永恒的旗帜和典范。

黄泰康　农工民主党中央联络委员会主任

于若木老先生，她对这个中国营养学贡献是卓著的，她的这种执着的工作精神，是将永远激励着后人不断向前的。

邹力行　国务院研究室原工作人员

于老以她特殊的身份和特别的智慧，为提高广大人民群众的生活质量和健康水平作出了特殊的贡献。我们深切地怀念她。她的思想，她的坚持，她的奉献，永远值得我们学习。

斯人已逝，风范长存。我们相信，于若木在新时期所开创的营养学事业，在改革开放春风的沐浴下，在党中央的关心下，在营养学界全体同仁的共同努力下，一定会绽放出更加美丽的花朵！

执笔：汪求实　冯露丹

深切缅怀于若木同志　　紫阳富硒茶香飘全国政协礼堂
——"中国营养发展论坛暨纪念于若木同志诞辰95周年"大会见闻

柯增伟

刚刚圆满完成APCE会议的北京，秋高气爽，景色宜人。2014年11月28日，"中国营养发展论坛暨纪念于若木同志诞辰95周年"研讨会在全国政协大礼堂东南厅召开。

会场布置简洁端庄，会场喷绘背景采用于若木同志生前大幅生活照片，那慈祥面容与和蔼目光，把推动国民营养工作、提高中华民族素质的满满正能量传递到会场的每个角落。

全国政协副主席、于若木同志长子陈元等领导出席会议，于若木同志长女陈伟力代表家属讲话。中共上海市委宣传部副部长、上海市文明办主任、陈云纪念馆管理委员会主任燕爽和中国农工民主党中央联络委员会主任黄泰康分别代表主办方致辞，于若木同志家属、全国各地著名营养学专家、教授及于若木身边工作人员等120余人出席会议。

紫阳县受邀组团参会，并提供了会议用茶。包容着大巴山的清新，浸润着汉水甘醇的紫阳富硒茶叶，翻腾在全国政协礼堂的专用茶杯中，用自身的独特清香，追思着自己的"伯乐"。

与会领导和专家学者，纷纷把自己所带的茶杯放在一边，品饮起于老生前最推崇的紫阳富硒茶，畅谈我国营养事业发展的历史进程，缅怀于若木同志为我国营养事业发展，提高中华民族素质所作出的重要贡献。

于若木同志是党和国家领导人陈云同志的夫人，我国著名的营养学家，先后在中国食品工业协会等多个国家级食品科研、管理和媒体机构担任顾问、会长和总编辑等职，先后汇集出版了《于若木论学生营养》等多部专著，倡导实施了学生营养餐等众多民生工程。在当时，于老所从事的营养学事业填补了国家空白。

据了解，于若木同志与紫阳结缘始于紫阳富硒茶。1987年，在杭州茶叶国际会议上公布的紫阳茶叶含硒量报告，引起了于若木同志的关注，此时她一直在致力于缺硒地区的地方病和癌症的防治工作。1989年，《紫阳富硒茶品质、含硒水平及保健作用研究》一文在北京通过了营养学、医学、地方病学及茶学专家的科学鉴定。于老在知道消息后，不顾自己已年近古稀，坚持到紫阳实地考察。自此于老开始了长达19年大力支持开发紫阳富硒茶的征程。

1990年4月中旬，于老亲赴山城紫阳，考察了紫阳县茶叶试验站和紫阳县茶厂，参加了安康地区首届饮茶节。1990年7月3日，在于老亲自筹划下，紫阳富硒茶专家评议会在北京人民大会堂召开。会上，习仲勋副委员长为紫阳茶题词："健康佳品，驰誉神州"。于若木同志在会上发言，全力推荐紫阳茶。在她看来，大力发展紫阳茶是造福天下缺硒群众的健康之道，也是帮助紫阳山区人民脱贫致富的一条光明之路，是利国利民的好事、善事。

1996年5月9日，于老还促成并出席了在新华社新闻大厦召开的"'96北京紫阳富硒茶暨富硒食品宣传推广会"。

由于常年研究和品饮，于老对紫阳富硒茶的感受特别深刻。从1989年至1996年间，于老曾多次为紫阳富硒茶题词。第一次题词："开发富硒紫阳茶为全国人民健康服务是紫阳县义不容辞的责任"，把开发富硒紫阳茶提到"为全国人民健康服务"的高度；第二次题词："紫阳茶富硒抗癌，色香味俱佳，系茶中珍品"，高度评价了紫阳富硒茶的内在品质和保健作用；第三次题词"国饮新秀天然富硒紫阳茶"是在她极力提倡茶为国饮的背景下题写的，题词指出了紫阳富硒茶在中国茶叶界的高端地位。

伴随着于若木同志的一路关怀，紫阳富硒茶从无到有、从弱到强，先后获得原产地保护、地理标志证明商标和中国驰名商标，并成功筹建全国第一个茶叶类"知名品牌示范区"。如今，紫阳茶园面积已达18万亩，年产茶量4 188吨，产值7亿元，区域公用品牌价值达13.52亿元，全县10万茶农因茶走上致富路。

会上，于若木同志身边工作人员，在发言中多次提到于老每年给紫阳汇款购买茶叶和向身边亲朋好友推荐紫阳富硒茶等感人故事。

全体与会人员观看了《上善若水 大爱若木——怀念于若木同志》文献片，介绍于若木生平的《于若木画传》也在会上首发，书中《重视微量元素》章节，用了5个专页重点介绍了于老的紫阳富硒茶情结。茶叶专家程良斌向会议提交的长达万字的材料《于若木大力支持开发紫阳富硒资源的故事》被会议论文集收录。

会议由陈云纪念馆与中国农工民主党中央联络委员会联合举办。

作者简介

柯增伟：紫阳县电视台记者

后 记

2014年是陈云同志夫人于若木同志诞辰95周年。2014年11月28日，由陈云纪念馆、中国农工民主党中央联络委员会联合举办的"中国营养发展论坛暨纪念于若木同志诞辰95周年"大会在全国政协大礼堂召开。会上，陈云纪念馆管理委员会、中国农工民主党中央联络委员会、于若木同志生前身边工作人员及北京大学、北京师范大学、山东大学的专家学者分别进行了交流发言。发言中，与会者系统总结了于若木同志为中国营养事业发展、提高中华民族素质所作出的贡献，深切缅怀了在指导中国营养事业发展的实践中所展现的崇高风范。大家一致表示，要在于若木开创的营养事业的基础上，团结一致，努力奋斗，继续把中国营养事业推向前进。

会后，陈云纪念馆决定把发言稿汇编成册，在此基础上又特别向于若木同志身边工作人员、与她生前有过工作往来的老同志征集稿件，编成《缅怀于若木》一书。

2019年是于若木同志诞辰100周年，本书的出版也是对于若木同志的纪念。

本书的编辑出版凝聚了许多同志的心血。在此，首先应感谢本书所收录的四十余篇文章的作者。这些专家学者所撰写的文章是本书的重要组成部分。同时，本书的出版得到了施承斌、施宝华、罗海鸥、陈庆立、朱培赋、安建华、付维俭、王粟、王峰、李桂英、任园春、周玮、杨二林、戴振杰等同志的大力支持，在此表示衷心感谢。需要说明的是，在编辑过程中，我们对部分文章做了适当的修改和删减，同时，限于编者水平，书中难免有不当之处，欢迎读者批评指正。

陈云纪念馆

2015年11月

再版说明

《缅怀于若木》一书是在 2016 年于若木同志逝世 10 周年之际，为了更好地纪念于若木同志为中国营养事业发展、提高中华民族素质所作出的杰出贡献，由陈云纪念馆编辑，上海社会科学院出版社出版。

该书主要收集了 2014 年 11 月 28 日在全国政协大礼堂召开的由陈云纪念馆、中国农工民主党中央联络委员会联合举办的"中国营养发展论坛暨纪念于若木同志诞辰 95 周年"大会上的发言稿，以及向她身边的工作人员、与她生前有过工作往来的老同志所征集到的稿件，最终汇编而成的。

今年是于若木同志诞辰 100 周年，为了深切缅怀于若木同志忠诚于党、服务人民、爱国爱家的高尚情怀，我们又最新征集到一些纪念于若木的文稿。这些文章主要来源于：2019 年 4 月 11 日在北京国务院第二招待所举行的"纪念于若木同志诞辰 100 周年"座谈会上的发言稿，以及与会专家、于若木亲属和身边工作人员的各种纪念、缅怀性的文章。这些新资料、新成果很好地充实了于若木的研究，填补了很多于若木研究上的空白。

我们决定在 2016 年版本的基础上，再增加上这些文章，重新编辑再版《缅怀于若木》一书，以便更好地纪念和研究于若木同志及其人格风范。

  本次再版工作一定存在疏漏和不当之处，敬请读者批评指正！

陈云纪念馆

2019 年 8 月 5 日

图书在版编目(CIP)数据

缅怀于若木 / 陈云纪念馆编 . — 2版 . — 上海：上海社会科学院出版社，2020
 ISBN 978-7-5520-3059-4

Ⅰ.①缅… Ⅱ.①陈… Ⅲ.①于若木(1919—2006)—纪念文集 Ⅳ.①K826.2-53

中国版本图书馆CIP数据核字(2020)第021999号

缅怀于若木(第二版)

编　　　者：	陈云纪念馆
责任编辑：	杜颖颖
封面设计：	黄婧昉
出版发行：	上海社会科学院出版社
	上海顺昌路622号　邮编200025
	电话总机 021-63315947　销售热线 021-53063735
	http://www.sassp.cn　E-mail: sassp@sassp.cn
照　　排：	南京理工出版信息技术有限公司
印　　刷：	江苏凤凰数码印务有限公司
开　　本：	710毫米×1010毫米　1/16
印　　张：	21.75
插　　页：	2
字　　数：	251千字
版　　次：	2020年5月第1版　2020年5月第1次印刷

ISBN 978-7-5520-3059-4/K·551　　　　　　　　　　　　定价：89.80元

版权所有　翻印必究